雨ニモマケズ

外国人記者が伝えた東日本大震災

STRONG IN THE RAIN

LUCY BIRMINGHAM
DAVID McNEILL

ルーシー・バーミンガム
デイヴィッド・マクニール 著
PARC自主読書会翻訳グループ 訳

えにし書房

東北の人々に捧げる
ナナコに。そして
セイヤ、ニナ、サチ、ルカに。
よりよい未来がくることを願って。

「雨ニモマケズ」

宮沢賢治

雨ニモマケズ
風ニモマケズ
雪ニモ夏ノ暑サニモマケヌ
丈夫ナカラダヲモチ
慾ハナク
決シテ瞋ラズ
イツモシヅカニワラッテヰル
一日ニ玄米四合ト
味噌ト少シノ野菜ヲタベ
アラユルコトヲ
ジブンヲカンジョウニ入レズニ
ヨクミキキシワカリ
ソシテワスレズ
野原ノ松ノ林ノ蔭ノ
小サナ萱ブキノ小屋ニヰテ

東ニ病気ノコドモアレバ
行ッテ看病シテヤリ
西ニツカレタ母アレバ
行ッテソノ稲ノ束ヲ負ヒ
南ニ死ニサウナ人アレバ
行ッテコハガラナクテモイヽトイヒ
北ニケンクヮヤソショウガアレバ
ツマラナイカラヤメロトイヒ
ヒデリノトキハナミダヲナガシ
サムサノナツハオロオロアルキ
ミンナニデクノボートヨバレ
ホメラレモセズ
クニモサレズ
サウイフモノニ
ワタシハナリタイ

日本語版刊行の経緯

本書は、*Strong in the Rain* : Surviving Japan's Earthquake, Tsunami, and Fukushima Nuclear Disaster　By Lucy Birmingham & David McNeill（New York, Palgrave Macmillan, 2012）の全訳であるが、特定非営利活動法人「アジア太平洋資料センター」（Pacific Asia Resource Center : PARC パルク）が開講する「ＰＡＲＣ自由学校」受講生有志の読書会による翻訳が元となっている。

ＰＡＲＣは、南と北の人びとが対等・平等に生きることのできる社会をつくることをめざして様々な活動に取り組んでおり、ＰＡＲＣ自由学校はその一環として世界と社会を知り、新たな価値観や活動を生み出すオルタナティブな学びの場という位置づけである。

読書会のメンバーは、自由学校の数ある講座のうち「海外で発信される英文資料を読み解く」といったコンセプトの講座の受講生あるいは受講生だった方々である。二〇〇六年二月から始まった読書会では、ジョン・ダワー（Dower, John W.）の *Embracing Defeat*（邦題：『敗北を抱きしめて』、岩波書店、二〇〇四年）を皮切りに、現在までに七点英文の原書を読了（翻訳）している。チョムスキー、スーザン・ジョージほか、いずれも大冊でかつスラスラとは読めない、いわゆる「硬い本」である。

読書会の発表は、火曜午前に開かれる講座の後、午後から行われ、五～十名のメンバーが輪番で担当し、四～七ページの英文を全訳して事前にメンバーに送信。当日読み進めながら疑問点の指摘、意見交換、修正するという形で進められ、担当箇所に関しては担当者が参考資料を作成するという本格的なものである。

本書も同様の形式で二〇一四年五月から二〇一五年五月にかけて読み込まれた。3・11後すぐに被災地へ入り取材を重ねた、日本をよく知る外国人ジャーナリスト二名による東日本大震災のルポルタージュである本書は、いろいろな形で継続して震災復興支援活動を続けているメンバーもいる読書会にとって、とりわけ身近なテーマであり、自らの問題として考えさせられることの多いものであった。

こうして翻訳されたままとなっていた本書であるが、読書会のメンバーの一人が、えにし書房で別件の打ち合わせをしている際、たまたま私の耳に入ることとなった。概要を聞き興味を持った私は、二〇一六年五月、読書会の手になる訳校を一読し、すぐに小社で出版する決意を固め、六月に原著者に面談、読書会の翻訳を元に編集作業に着手し、通常の手続きを経て出版に至った次第である。

さて、東日本大震災に取材したこれほど優れたルポルタージュが、これまで日本で翻訳出版されなかったこと自体、本書が指摘するところの、日本のメディアの体質の一端のみならず、日本そのものを表していると言えるのではなかろうか。そしてまた震災から五年以上経過した現在でも本書が新鮮に感じられるのであれば、震災の教訓どころか五年間でむしろ事態が後退してしまっているのではないか。だとすると、この五年間は何だったのか？　こうした危機感が原著者、翻訳者、出版社に共有されている現在であるからこそ、今回の出版は実現したのではないかと思う。

ところで、編集に際し、大いなる熱意と長期にわたる丹念な作業によって、とてもわかりやすい訳校を仕上げてくださった仮名称ＰＡＲＣ・自主読書会のメンバーのみなさまに心より敬意を表し、厚く御礼申し上げます。仮名称というのは、この読書会は決まった名前がないまま今日まで活動してきたので、便宜上の表記だからである。

「読書会はオープンで参加希望者は大歓迎ですから、かえって固定化した名称がないほうが、敷居が低くてよいのかもしれません。問題意識を高め共有する貴重な『学びと仲間の場』」とは、あるメンバーの会を代表しての言葉である。

このような会が市民レベルで存在し出版にまで漕ぎつけるのだから、日本もまだまだ捨てたものじゃない。より一層のご活躍を期待しております。

最後に、原著者ルーシー・バーミンガム氏、デイヴィッド・マクニール氏に日本人として心より敬意を表したい。言うまでもなくご両名は「ジャーナリスト」である。ジャーナリストが当たり前に仕事をしづらくなっている日本で、ご両名はそれぞれの良心に従って、「当たり前」に仕事をしてくれたからこそ、本書は年月を経ても色あせないのであり、それは本書に、ジャーナリズムが息づいているからにほかならない。

そして本書を、小社のような設立間もない独立系ひとり版元から出版することを快諾くださったことに、厚く御礼申し上げます。

二〇一六年十一月

えにし書房代表　塚田敬幸

日本語版へのまえがき

五年半前、東北の震災は日本を揺るがし、東北地方沿岸部を広範囲に破壊し、一万九千人の命を奪った。大量の避難民は十六万人にのぼる。震災は、震災に対する備え、原子力発電所、政府や組織の透明性と説明責任など激しい議論のきっかけとなった。議論は今も続いている。

震災は人生の最も大きな物語に私たちを投げ入れた。ほかの外国人記者と同じように、私たちは地震後二ヵ月の大半は多忙で、家族も大きなストレスを経験した。私たちのできる唯一の方法で読者に震災を伝えようとした。被害を受けた日本人の生活を通して。

この本では六人の被災者にたどり着いた。震災を伝えようと何度も東北地方に足を運び、目にしたものからしばしば大きな感銘を受けた。陸前高田では、学校の体育館に避難している地域の人々が一時的なコミュニティーを組織していた。かつて自分たちが属し、今は破壊された「地区」を示す札をつけていることに私たちは驚かされた。

このようなコミュニティーの絆は、海に呑み込まれたもろい木造の家屋よりもはるかに強力な構造物だった。食糧、飲料水、洗面用の湯が気を配り、途切れることなく供給された。主婦、教師、消防士が指導力を発揮した。誰が、何を手に入れるかで争いはなかった。

私たちは、こういった普通の人々の目を通して震災を語る方法を考え始めた。どの震災にも起こるように、三月十一日も最善と最悪の両面に遭遇した。この本で記録した通り原子力ムラでの行動にはいくつか最悪のものを見た。しかし地域の人々の無私無欲、勇気には感心させられた。ニュースは、しばしばこうした人々からの数行の証言で終わる。私たちはこのような人々のことを書こうと決めた。「原発」はマクニールが、「地震と津波」はバーミンガムが扱うということで、取材を大まかに分担した。

デイヴィッド・マクニールは、まず二〇一一年四月の初めに南相馬市市長の桜井勝延と会った。桜井は市への支援を要請してユーチューブで動画を流し、一時、日本で最も有名になった人物の一人である。桜井の話にはいろいろな点で惹きつけられるところがあった。市がほとんど壊滅した時、自分の身辺で起こっていることをさておいて、彼は市長として両親や自己の安全よりも選挙民のために奮闘した。

彼は危機について、また日本が直面している大問題について隠し立てしなかった。それは日本の政治家として珍しいことだ。市長室は報道関係者に開放されて、市長はどんな質問にも誠実で、率直に応じた。震災を通じて市の先頭に立ってきた彼は、今日でも、起こったことに対して批判的である。

この本のための取材を始めた時、漁師にインタビューすべきだと思った。日本人の生活は海と切り離せないものであり、福島の震災は、海で生業を立てている男女にとっての悲劇だった。私たちは相馬双葉漁業協同組合を通してイチダ・ヨシオを知った。初めて会った時、イチダは話すのは一回だけで、二度は話したくないと言った。彼は起こったことを再体験したくなかったのだ。

原発の作業員をインタビューすることはもっと難題だった。たとえそういう人が見つかったとしても、ジャーナリストに話しているような時間があるだろうか？　マクニールは何日もあちこちに電話をかけていたが、ある日、コンビニの外で電話を切り、いわき市の居酒屋で呑んだ。そこは第一原子力発電所の非番の作業員がたまに時間を過ごしに来る所だった。そこでフリーの日本人報道記者から紹介されて、カイと出会った。カイは本名を使わないでほしいと言った。彼は原発プラントで働いているだけでなく、第一原子力発電所から数キロの所で少年時代を過ごしていた。

ルーシー・バーミンガムは複数の友人を介してウワベ・セツコと会った。話を聞ける人を探しているうちに、最後に彼女の義弟にたどり着いた。津波で波に呑まれて死亡したセツコの夫の弟だった。震災の一ヵ月ほど後で、セツコに会った時、夫を失くして深い悲しみの中にいたが、外国人ジャーナリストと失った悲しみを共有することを望んだ。彼女が夫の死や自分の住む町である陸前高田市の惨状について思い出す時の寛大さや気持ちの強さにバーミンガムは心を動かされた。

外国人の見方を伝える日本人以外の震災の体験者を見つけることは当初簡単なことに思われた。バーミンガムはすぐにデイヴィッド・チュムレオンラートのことを知った。彼の勇敢な話は、アメリカＣＢＳのテレビ番組「60minutes」で世界に配信されていた。デイヴィッドはまさに求めている人だった。しかし控えめで穏やかな世代の一人で、テキサス出身のタイ系アメリカ人であるデイヴィッドには、その番組がもたらしたメディアの注目が仰々しいものにしか感じられなかった。だから新しい取材を断っていた。バーミンガムの説得がデイヴィッドの気持ちを変えた。彼は松島で教えていた小学校で溺れかけていた子どもや大人を助けた痛ましい話をしてくれることになった。

大人たちのインタビューを完全なものにするには若者が必要だということで私たちは意見が一致した。しかしそういう若者を見つけることは、意外にも難しかった。バーミンガムは最後には良い出会いがあった。仙台で活動しているカメラマンを通して十八歳のサイトウ・トオルと会った。トオルの高校の校長をそのカメラマンが知っていたからだ。紹介された時、トオルは前途のある優秀な高校三年生ということだった。震災時、数週間後に近づいたこの地域で有名な東北大学への入学を心待ちにしていた。だが牡鹿半島にある彼の荻浜地区を津波が呑み込み、彼の夢をほとんど打ち壊してしまった。以前は家屋が建っていた荒れ果てた場所で最初に会った時、あきらかに彼の未来は根本的に変わってしまっていた。

この本のタイトルに選んだ語は、有名な俳優、渡辺謙を通して知った。二〇一一年、渡辺謙は東北の震災の生存者を励ますために、宮沢賢治のよく知られた詩「雨ニモマケズ」の朗読をビデオに撮り、広く発信した。マクニールは、最初日本語と格闘しながら読み、後には友人であり、同じ仕事をしているロジャー・プルバースが訳した「Strong in the Rain」という訳で、宮沢賢治の作品を読み始めた。宮沢賢治がなぜ東北の震災の桂冠詩人という栄誉を得たのかはすぐに理解できた。岩手の人ではあるが、自然を愛した科学者であり、その自然が原発事故によって破壊されてしまったからだ。百年前に宮沢は、人間は生きていくには自然と共生する必要があることを見抜いていた。それは今日さらに強い確信になっている。

彼の洞察力や精神性には安らぎがあった。桜井市長が宮沢賢治を愛読する理由の一つでもある。「世界がぜんたい幸福にならないうちは個人の幸福はあり得ない」これが宮沢の有名な言葉である。

3・11以来、日本人はストイックで、均質的で、一億人が結束しているという考えの中に、私たちはナショナリズムや排他主義の要素を見る。しかし引用される目的が何であれ、宮沢の詩は、非常に大きな重圧のもとにいる普通の人々の回復力について今も真実を含んでいる。

（ルーシー・バーミンガム記）

雨ニモマケズ 〈目次〉

東北
震源地
福島原発
東京
半径200km

序章　二〇一一年三月十一日

誰かが嵐に備えなくては

——ロバート・フロスト◆[1]『かつて太平洋の側で』

デイヴィッド・マクニール――品川（東京）にて

東京に住む人はだれでも、大地震が来たときどこにいるのだろうかと思い描く。一九九三年に私が初めて留学で来たときのことだ。大手町から丸の内のビジネス街の地下に四方八方に広がる、混雑して天井の低いショッピング・センターを歩きながら、私は黙示録が頭に浮かんだ。そこにある言葉はさして的外れでもない。東京には聖書にあるような、並外れた、おそらく類のない大災害の歴史がある。一九二三年、マグニチュード七・九の地震と津波によって横浜と東京の大部分が壊滅し、十万人もの人々が圧死・焼死・溺死した。大震災が襲った九月一日は今では「防災の日」となり、全国の学校で生徒が机の下で身を守ったのち教室から避難する訓練が行われている。地震は頻繁に東京その他の都市を襲って被害を出している。日本の象徴である富士山は東京から百キロのところに脅すようにそびえ立ち、いつなんどき数百万トンの火山灰を世界最大の首都に噴出してもおかしくない。

私はよく尋ねられる。数千年にわたるおびただしい恐怖の記憶を共有する人々は、どのようにしてその記憶を抑えてくじけず毎日を送っているのかと。日本人は恐怖を抑えているわけでも、くじけず暮らしているわけでもなく、ともかく泰然自若としているわけではない、というのが一つの答えだ。言うまでもなく、地震や津波、火山の恐怖はほとんどの日本人の心の奥底にある。3・11以来、インタビューすると、地震が起きた瞬間、身を守るため、本能的に机の下に潜り込み、自宅から逃げ、海岸から逃げたという人々の話を私は幾度となく耳にした。大船渡の写真家サトウ・カナエは地震が来たとき車に向かって一目散に走り、車で逃げたのだが、途中で避難しない住民たちも見かけたと話した（結局彼らは亡くなった）。相馬では、漁師イチダ・ヨシオが揺れ始めたとたん風呂から飛び出し、港へ駆けつけて漁船を外海へ出したが、港に戻ったときには無残な光景であったという話。こうした話が私の脳裏に浮かぶ。

だが、まさに地震や津波に襲われているにもかかわらず、生き延びるために言い伝えられた古来の教訓を、多くの人々が無視していた。大船渡は過去に巨大津波に襲われたことがあり、地元の工場で働くコムカイ・アキオは、地震が来たとき海から急いで車で逃げ、下校中の児童たちに会ったことを話してくれた。「子どもたちは海の方へ歩いていたので私は車の窓ガラスを下げて、『津波てんでんこ！　津波がきたぞ！　とにかく逃げろ！』と叫んだ」子どもたちは六十一歳の予言者「カサンドラ」◆[2]に、「うん、うん」と言った。一九六〇年に津波が家々を押し流してしまった記憶のあるコムカイは、あの子どもたちはどれくらい助かったのだろうかと今でも気になっている。「あの子たちは私の言うことを本気にしなかった。私たちは海のすぐそばに住んでいるだけに海が近いことを忘れている。津波が来て家を流されてやっと海が目に入り、近いことに気づかされるんだ」と彼は語った。

幾世代もの人々が故郷を襲った津波の最高地点に石碑を建ててきたが、そのうちその教訓は忘れられる。風化した石碑には、住民の記憶が薄れていくことを諭す言葉が記されている。

都市部は科学技術や政府、産業界が唱える安全神話に包まれているので、都会人は自然災害から安全だと信じることができる。日本には世界で最も精度の高い早期地震警報システムがあり、それはハイテク技術と必要性が結びついたものだ。環太平洋火山帯に属する四つの地殻変動性沈み込みプレートに乗っているという地質学的な特徴があるため、日本には百を超える活火山、死火山があり、毎年千五百回もの地震が記録されている。

都市生活者は大方の人々よりも安全な方だ。しかし、日本に来て二年経ったとき、自然現象である地震がもたらす不安定要素と機能性の高い都市生活との衝突による犠牲がやはり恐ろしく高いと思い知らされることが起きた。「阪神・淡路大震災」として知られる一九九五年の神戸の大地震では六千四百人の命が奪われ、四万人が負傷、多数の子どもが孤児となり、GDPの二・五パーセントが奪い去られた。横倒しになった高速道路と神戸の中心街の火災の映像は、戦後復興を遂げたことを誇っていた国にとって世界中に知れ渡った屈辱であった。震災のあと、私は給水のボランティアをして街を歩き回ったが、そこで気づいたのは、郊外にある新しいタイプの中流層住宅地区はほとんど被害を受けなかったが、重い瓦屋根の木造住宅が建ち並ぶ古くからの低所得者層地区が壊滅したことであった。はたして東京はどうなるのだろうか、と私は思った。

この大震災から十六年後、一年のうちでとても心地よい時期の三月十一日金曜日、さわやかな晴天の午後、私はパートナーであるナナコと都内の大きなターミナル駅の一つ、品川駅にいた。私たちにとって幸せなときで、六月末に出産予定の息子ルカの誕生を心待ちにしていた。地震が起きたとき、私は身重のパートナーと東京でも有数の混雑する駅の最も古いエリアにいた。

通常の地震のようにガタガタ揺れ始めたのではなく、ほぼゆったりとうねるような揺れで始まった。次第に揺れは激しくなり、ついに駅の天井がガタガタと音をたててきしみ、ガラスがプラットホームに落ちて粉々になった。どこかで女の人がキャーと叫び、夫婦、子どもはお互いにしがみついた。男の人が出口に向かって駆け出し、改札口で躓いた。駅員がプラットホームを全速力で行ったり来たりして、やみくもに手を振り、利用客に向かって線路に近づかないように叫んでいるのを、私は釘付けになって見ていた。東京の人たちがパニックになるのを目にすることは滅多になく、それだけに怖かった。私たちはその場に立ち尽くし、心臓は激しく鼓動し、屋根を見上げて心の中で屋根が私たちの頭に落ちてこないことを祈った。揺れは永久に続くように思えた。後に聞いたところによると、最も激しい揺れは三〜五分続いたそうで、この地震の正式名称は「東北地方太平洋沖地震」となった。神戸の地震は二十秒だった。

揺れが収まり、何トンもの鉄鋼やコンクリートの下敷きになるかもしれないという恐怖が消えると、泣き出す人もいた。誰もが安堵したような空気が混雑した駅に流れ、大きな溜息が一つにまとまったようであった。それからみんなバッグから携帯電話を取り出し、安全を確かめようと家族や友人に必死に電話をかけ始め、回線はパンクしそうだった。「怖かった！」と中年女性。「だめだと思った」との声もあった。多くの人々がおぼつかない足取りで茫然として歩いていた。その日のスケジュールは見通しが立たず、生活の助けになるテクノロジーは役に立たない状態になった。電車は止まり、電話回線はパンクし、停電を繰り返した。利用客は駅の目立たないコーナーに押しやられている公衆電話に向かって先を争った。[1]

これらすべては地震からほんの数秒のことであり、気がつくと私たちは荒れた海で群生するフジツボのようにお互いにしがみついていた。私たちは離れてゆっくりと出口に向かって進んだ。ナナコは都心から世田谷にいる母親に電話をかけ始めたが、連絡がつかないと泣いた。通りに出て六キロ先の有楽町の外国人記者クラブに向かって歩いていると、たくさんの会社員がキャンディカラーのヘルメットを被ってビルの外に集まり、不安な面持ちで空の方を見上げていた。消防車や救急車は物悲しい音を響かせていた。近隣の区役所からはサイレンが鳴り続けていた。東京湾の方角からどんよりした黒い煙が立ち昇った。

洒落た街、銀座ではサラリーマンがテレビの周辺に集まり、数百キロ離れた太平洋沿岸で巨大な津波が家や車、町を押し流しているライブ映像を目のあたりにして、わが目を疑うように首を振った。それが東北地方を襲った大災害を私が初めて目にした瞬間であった。公共放送局ＮＨＫの取材ヘリコプターは、震源地付近で最大の都市、仙台を飛び立ち、津波が内陸へと突き進む様子をフィルムに収めていた。衝撃を受けたレポーターの声は緊張感で上擦り、長さ数キロのインクを流したような巨大な津波は、海岸や水田、家、車を呑み込み始めた。必死に逃れようとするドライバーは車ごとさらわれ、まるでおもちゃのように東北の太平洋沿岸に広がる早春の水田や町並みに放り上げられた。私たちの周辺では、日頃よそよそしくて感情を出さない東京人が、あまりのことに驚きの声をあげた。「いや〜、大変だ」、「信じられない」、「この人たちはどうなるの?」世界の終わりはこのようなものに違いないと私たちは話した。

ルーシー・バーミンガム——渋谷(東京)にて

また地震だわ、とゆるい横揺れを感じた私は何気なく思った。そのとき私は二〇〇〇年から仕事をしていたNHKの東京のニュース編集室にいた。数秒前に、ごったがえしている部屋にいた六十人ばかりの携帯電話がブーブーという耳障りな地震予報の警告音を発していた。日本の携帯電話はどれも自動地震警報の機能が組み込まれている。騒がしい携帯電話の警報音は、地球上で最も地震の多い国に住んでいることを私たちに改めて思い起こさせた。

だが数秒後、突然もの凄い激しい揺れがやってきて、驚いた私たちはとっさに作業を中断した。今回は違った。いつものような横揺れではなく、紛れもなく強い縦揺れで、何かとても深刻なことが私たちの身に降りかかるような予兆がはっきりと感じとれた。窓の外に広がる代々木公園の森や上空に目をやると、深刻で不吉な警告のように雲間に見える青空を黒い雲が素早く覆っていくのが見えた。下の方では上半身裸の二人の男性がバスケットボールをしている。ひんやりする三月の気候や彼らの真下で大きくうねっている大地に気づかずに。

揺れが激しくなると、古い本館の建物は怒りに満ちたようなきしむ音を伴って揺れ始めた。窓はガタガタと大きな音を立て、物が棚から落ちた。私はみんながするようにデスクの下に飛び込むと、おびえた同僚が身体をボールのように丸めて、わなわなと震え、目には涙があふれそうになっているのが目に入った。「大丈夫よ」と彼女をなだめようと声をかけたが、その自信もすぐに消え失せた。この地震は、長年の私の日本滞在で経験したことのないような、はるかに強く長いものだった。

私は即座に十代の三人の子どもたちのことが頭に浮かび、不安が募って吐き気に襲われた。恐怖による奇妙なタイムワープに捕らわれているかのように、数秒が数時間のように感じられ、その間の地震の揺れは、まるで私たちの足下でドラゴンが尻尾を激しく打っているようだった。

ガタガタとした揺れがようやく収まって私たちはみなデスクの下から出た。早速、携帯電話で子どもたちに連絡を取ろうとした。しかし、電話回線は混み合っているのか、一時停止であった。私の携帯メールにも返信はない。固定電話を使ってなんとか日本人の義母と連絡が取れたが、その後固定電話も繋がらなくなった。

「心配しないで。セイヤから連絡があって家に向かっているそうだから」と義母が言った。私は安堵の溜息をついた。十九歳の息子は渋谷駅にいて、地震が来たときちょうど電車に乗るところであった。もう少し前だったら、すし詰めの電車で数時間立ち往生するか、もっと悪い状況だったであろう。十四歳の娘サチは近所の友人宅にいることがわかった。友人の両親が彼女を見守ってくれるはずだ。

あとは十七歳の短気な娘ニナ。彼女は電車で一時間あまり、二度乗り換えて高校に通っている。ありとあらゆる状況を考えると私の心臓は激しく鼓動した。広大な都市環境で生活するにあたり、親はただ信頼するしかない。首都圏はほぼコネチカット州と同じ面積で、バングラデシュの二倍の人口密度だ。幸いに、東京はおおむね子どもには安全な都市だ。しかしこのような大地震では、ニナの命は天に任せるしかない。

午後八時四十八分に届いたニナのメール、「私は大丈夫。今晩は学校に泊まる」は忘れられないものとなるだろう。彼女は教室のマットの上で友人と横になっている写真を添付していた。彼女は、数百人の生徒、先生、そして避難してきた親たちと一緒だった。その瞬間、私の募る一方だった不安は喜びの安堵感へと変わった。そして子どもたちへの愛と感謝の気持ちにあふれた。また、このことは次々と明るみに出る新たな事実に向き合う力を私に与えてくれた。この地震は前代未聞の三重の災害になっていったのである。

翌日の早朝、家に戻ってから近所に住む夫の両親の家に行った。両親は次々に映し出されるテレビのニュースをじっと見ていた。「これは大変な誕生日だ」と義父は言った。三月十二日は彼の八十五歳の誕生日だった。「私は第二次世界大戦や神戸大震災に生き残り、今度は日本史上最悪の地震に遭遇した。もうこれで最後にしてほしい」と言った。

広島、長崎の原爆を覚えている義父のような人々にとって、事態は最悪だった。東京から二百五十キロ離れた東北沿岸の福島第一原子力発電所の六基の原子炉の状況が悪化する一方のようだった。事業主の東京電力（TEPCO）は放射性物質が発電所から漏れた可能性がある、と午前六時四十五分に発表した。

天然資源が限られ、外国の石油に依存せざるを得ない日本は、原爆投下を経験した世界で唯一の国であるにもかかわらず、一九六〇年代以降、原子力を利用するエネルギー政策を進めた。政府の大幅な後ろ盾と業界との密接な関係によって、この政策はそれ以後不動のものとなった。三〇パーセントの利用計画が二〇三〇年までに五〇パーセントに拡大される。様々な段階で五十五基が稼働しており、増設の計画もあった。隠蔽や安全報告の改ざんのクレームがある中で、数ヵ所の発電所で深刻な事故が起きていた。

地質学者はこのように地震の多発する国土に原子力発電所を建造することは莫大な危険性があると警告

していた。しかし、安全でクリーンなエネルギー源として原発は推進され、一般住民の反対も限られていた。原発建設が計画された地域では、反対する人を地方自治体は金で抑えた。一九七一年に運転開始した福島第一原子力発電所は、経済成長の停滞や人口過疎に見舞われ、歴史的にも貧しい東北地方に雇用をもたらした。ここで発電された電力の一ワットたりとも福島で使われることはない。すべてが東京で使われた。今では福島県の人々は過去の取引に恐るべき代償を支払うことになった。

地震と津波から二日後の三月十三日の日曜日の朝までに、風や河川によって福島から運ばれた放射能が東京に達するかもしれない、とのニュースが外国人社会に広がり始めた。各国大使館が自国民に対して東京、さらには日本からも退去することを勧めているという噂が流れた。

大脱出のアラームが日曜日の夜、発せられた。フランス大使館が東京から離れるように自国民にメールを流したのだ。他の欧州各国もすぐに追従した。その週の後半、インターナショナルスクールが休校になり、不安は最高潮に達した。アメリカ第七艦隊は船舶、航空機、人員を東京から離れた外海に移動させた。計測器が高い放射能を検出したからである。

今なお閉鎖的と感じられ、外国人嫌いでさえあるこの国で、外国人の脱出は苛立ちを招いた。この国では、外国の意図に不信を感じるのは、表面に現れる現象からがほとんどである。多くの国内および国際企業の内部から不満が生じ、日本人スタッフは見捨てられたと感じた。外国人に対する軽い軽蔑を含む言葉「ガイジン」をもじった「フライ人」という言葉が出現し始めた。しかし道路、空港、鉄道の駅を塞ぐ大量の大脱出は、外国人による現象ばかりとはいえなかった。避難する余裕のあるあらゆる人を含んでいた。日本人もたくさんいたのだ。

銀行業界ではプライベートにチャーター便を用意して脱出したところもあった。大半の人々が出入国管理事務所やチケットの窓口、ガソリンスタンドでの長蛇の列を経験した。関西地方、主に京都、大阪、神戸は避難先として選択されるようになった。海外企業の中には、東京のオフィスを閉めて一時的に大阪に移し、ホテルのスイートルームや会議室を予約するものもあった。空室気味だったホテルが3・11の大地震後、避難してきた人々でいっぱいになった。

三月十七日木曜日、私の子どもたちは夫、彼の両親、ペットの犬とともに関西へ出発した。それが最も安全で責任ある決定と思えた。私はジャーナリストとして東京に残ることが私の責任だと思った。しかし別れを告げるときは、これまでになく最も辛い瞬間だった。涙をこらえていると不安が次々と胸をよぎった。家族を目にするのはこれで最後なのだろうか。メディアが報道していたように、本当に東京は放射能汚染地域になる可能性があるのだろうか。私の将来をガンに譲り渡そうとしているのだろうか。私は親としての責任を果たそうとしているのだろうか。

そのときニナが思いがけず心を込めて私を抱きしめた。目に涙を浮かべながら防護用のフェイスマスクの入った箱を私に手渡した。「ママ、大丈夫よ。でも必ずマスクをつけてね」とニナはしっかりと言った。私は一瞬ためらったが、着けてみると約束した。「私たち、乗り切れるわよ」と、ニナは微笑みながら付け加えた。そのとき、彼女たちの世代がこの悲劇の担い手になるのだろうと気がついた。彼女たちの手でこの世界を変えることができるだろうか。

デイヴィッド・マクニール――東京にて

東北でくたくたに疲れる三日間を過ごした後、三月十四日に東京に戻ってきた。ナナコのメールで私は仕事をいったん中止した。「お腹の赤ちゃんとここにいるのはとても不安なの。悪い夢をみて眠れない……あなたのことが頭から離れない」「できるだけ早く帰ってきて！ お願い!! 涙が止まらなくて……」というメールだった。いつもは目まぐるしく活気にあふれた東京が、まるで血管から血が抜き取られたようだった。繰り返される停電、食料やガソリンの配給、増え続ける死亡者数、収まることのない余震や津波の恐怖がテレビ画面にあふれていた。原発がメルトダウンに至らないように作業員が苦闘しているとNHKが伝えた。数千の学校が休校し、工場や会社は電力を節約するために時間を短縮していた。

東京にいる外国人の友人の多くが、休暇をとったり、大阪や香港、韓国、タイを転々として、ひそかに東京を離れていた。しかし東京の生活の一端がパニックになった時でさえ、私の周りではサラリーマンが朝晩通勤し、主婦は早朝から水や牛乳を求めて列を作っていた。危機的状況になった最悪の週の間にも、地元のレンタルショップの勤勉な店員は私がDVDを期限が過ぎたのにまだ返却していないと連日電話してきた。それはまさに日本的な危機だった。何もかもが崩壊しつつあるように見えても、それでも自らの役割は保っているのだろう。

ナナコは放射能を避けるために大阪に出発し、彼女と別れた後、オンライン紙インディペンデントにこのことを解説した記事を書くことにした。彼女を駅で見送ったあと私は疲れて、感傷的になり、駅構内のコーヒーショップへ逃げ込んだ。きちんとした身なりの四人のウエイトレスが「いらっしゃいませ！」と一本調子に奏でるように私を出迎えた。そしていつもながらの気配りのよい応対で私の注文をきいた。今にも泣き出しそうな私にコーヒーを差し出し、「ごゆっくり」と晴れやかに若い女性は言った。生活の舞台が崩壊しているとき、いかにして人々が日常生活を継続するかというとき、平常時のように働く多くの日本人の、見事で不可解な能力について私は思い巡らした。今でもなおウエイトレスはこの世で最も重要なことは私の二百八十円のオーダーであるかのように行動していた。

日本人は日常に戻ることしか考えていない、その程度の頭しかないから、と言う人もいる。私にたびたび電話してきたレンタルショップの店員のことを友人に話すと、友人の一人は軽蔑して「ロボットなんだよ」と言った。私はそうは思わない。あのウエイトレスたちだって放射能のことを心配する家族がいる人間だ。彼女たちは気持ちを切らないようにしていたのだ。そうでないと他の人たちを落ち込ませるだろうし、混乱を招くだろうから、と私は考えたい。

日本を再生するのにその資質だけで十分であろうか。国を窮地に陥れたのは単に天然元素（放射能）ではない。日本にとって悲惨な戦争も終わりに近づいた一九四五年三月、アメリカの爆撃機はまだ眠っている東京に約五十万発の焼夷弾を投下した。四十万平方キロメートルの市街地が焼け野原になり十万人が殺された。その人たちは攻撃作戦の立案者カーチス・ルメイ将軍の言葉を借りると「黒焦げにされ、熱湯を浴びせられ、火傷を負って亡くなった」これは第二次世界大戦中、単独では最大の大量殺人である。一九四五年二月十三日のドイツの都市ドレスデンの破壊さえも小さく思える。一九四五年八月十五日にようやく爆撃機の音が止まったときまでに、およそ七十都市が瓦礫となり、五十万人をはるかに上回る人々が死亡した。それも大半が民間人だった。

戦争によって三百万人以上の日本人が犠牲になり国の富の四分の一が焼失し、台湾、南朝鮮、満州国、中国北部、ミクロネシアといった略奪した植民地のすべてを失うことになった。しかし日本は歴史上おそらく最も目覚ましい経済再建をやり遂げ、実に三十年で戦後の屈辱的な荒廃から世界第二位の経済大国へと上り詰めた。この偉業は日本経済の奇跡と言われた。ほんの二十五年前、日本は世界ナンバーワンの経済大国という合言葉を唱えて米国を追い越すのではないかと予言された時代もあった。日本は敗れたが、消えたわけではなかった。しかし一般市民の生活に対する大災害の衝撃についてはどうであろうか。それが本書のテーマである。

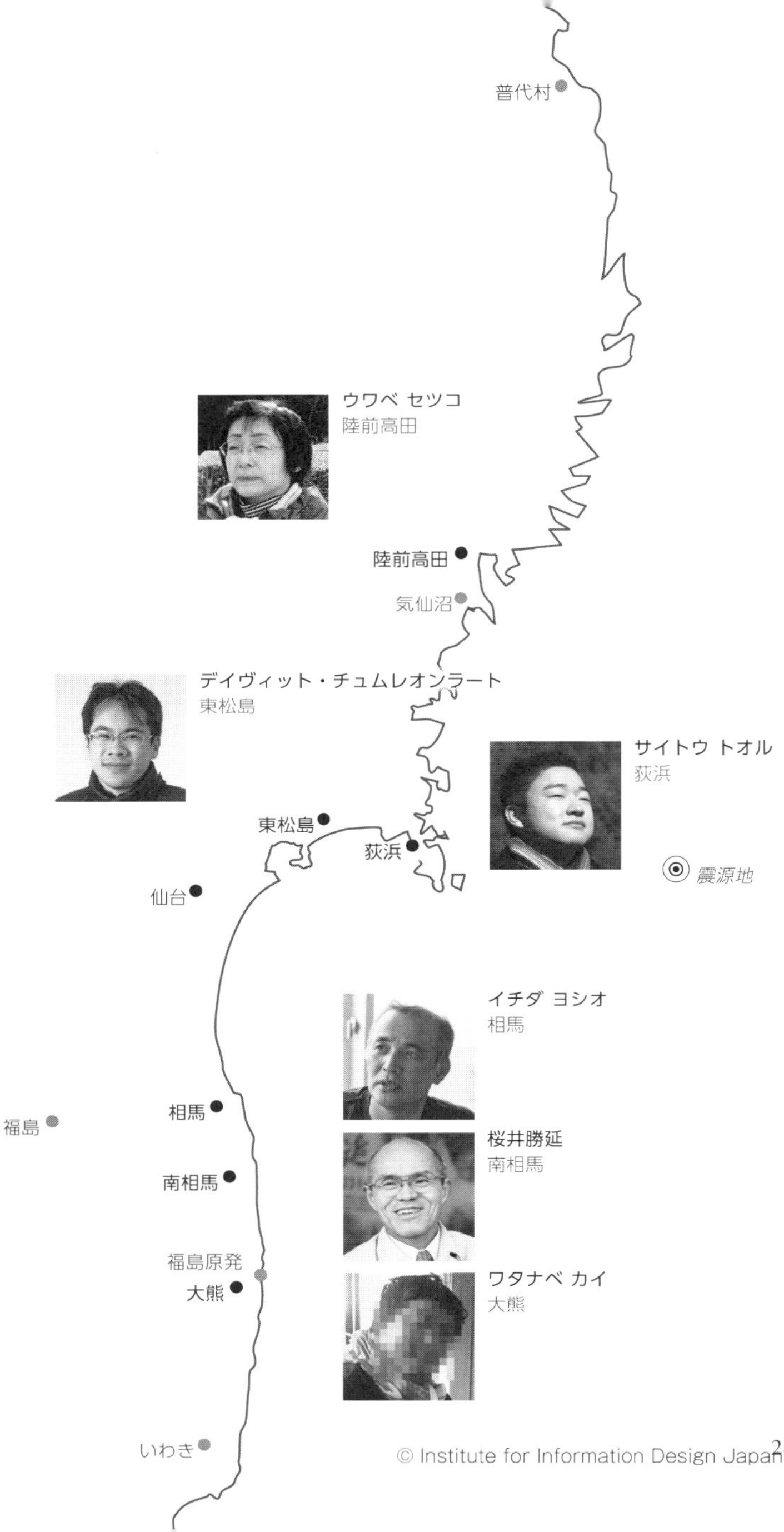
普代村
ウワベ セツコ
陸前高田
陸前高田
気仙沼
デイヴィット・チュムレオンラート
東松島
サイトウ トオル
荻浜
東松島
荻浜
震源地
仙台
イチダ ヨシオ
相馬
相馬
福島
桜井勝延
南相馬
南相馬
福島原発
大熊
ワタナベ カイ
大熊
いわき

第1章　地震[1]

雨ニモマケズ
サウイフモノニ　ワタシハナリタイ

——宮沢賢治「雨ニモマケズ」

「世の中とは時として、重く我々にのしかかるものです」と桜井勝延市長は、災害で自分の南相馬市の命がもう少しで絶やされるところであったあの日を思い出しながら、そう語った。大震災は桜井市長に対しても、その他何百万人もの日本人と同じように、仕事の最中に起こった。東北沿岸部の南相馬市（福島県）の市長である桜井は、訪問団一行と市役所の四階にいた時、建物が揺れ始めた。最初は緩やかに、続いてガタガタと揺れ、激しい震動は永遠に続くように思われた。建物の一部で悲鳴が聞こえた。他の人たちは、遠く彼方に、神様に、もしかすると地面そのものに「助けて！」「止めてくれ！」と助けを求め始めた。市長室の上の壁にひびが入った。真っ直ぐ立っていられない、と市長は察知した。築四十年の建物の天井を見上げ、続いて目の前の机の上に置かれた水差しに目をやり、すんでの所で手でおさえた。強い震動でガタガタ揺れ出し、あわや倒れて水がこぼれるところだった。桜井は、特に怖がっていない自分に驚いた。なるようにしかならない、と内心思った。

二〇一一年三月十一日の朝には、その日がいつもとは異なるだろうとは、そして窮地に追いやられ疲労困憊の市長の表情が、危機の最中、地球上に発信されて、思いも寄らぬ英雄の一人になるだろう、と思わせることは何一つなかった。市長に選ばれた二〇一〇年一月以来、平日に毎日してきたように、その日も古ぼけた地方の市役所の正面玄関を通り抜けて行き、職員たちに元気よく挨拶しながら、三階の市長室へと階段を上って行った。そこからは、十一キロほど離れた海岸まで、低い住宅が密集して碁盤の目のように延びているのが見渡せた。海辺は、夏の太陽がきらめく時には太平洋の紺碧の海を油を引いたようにさせ、素晴らしく美しく、何千人ものサーファーたちを北泉海岸へと惹き付けている。冬には西方に連なる荘厳な山々が真っ白になって、下方にある南相馬の灰褐色の老朽化した建物をくっきりと際立たせている。

いつも通り、忙しい日程が待ち受けていた。午前中にはスタッフと打ち合わせをし、続いて地元の中学校の卒業式で数百人の若者たちに式辞を述べる予定だった。その日が終わる頃には、市の子どもたち約百人が死んでいることになった。一部は仮設の遺体安置所に置かれ、その中にこれまで会ったことのある卒業生の誰かがいるだろうか、などと思い巡らす暇があれば、そう考えていたことだろう。昼食後、南相馬市を訪問中の国会議員一行と会合をすることになっていた。夕方には、自分の年老いた両親と――七十代後半で夫婦でなんとか暮らしていたが――顔を合わせていたことだろう。

小柄で鳥に似た桜井のぱっとしない外見からは、その恐るべき精神力は見えなかった。南相馬周辺の住民たちは、桜井がマラソンに備えて村里をジョギングしている姿を見慣れていた。桜井が政界への道を選んだのは、一つには怒りに突き動かされたからだ。桜井は、地元で牧畜や農業を二十五年間やってきたところで、南相馬市のある福島県が、自分の六千百二十坪の農地の近くに産廃処分場の設置を許可してしまったのを絶望のうちに見守っていた。地元の有機米や有機野菜の評判を高めようと、農薬で汚染された土壌をきれいにするなど、仲間の農家と一緒に進めてきたあらゆる骨折り仕事が台無しにされた、と桜井は思った。そこで仲間と共に、産廃業者を隣の宮城県の大都市、仙台にある裁判所に訴え出たが、十二年間闘って敗訴した。法廷闘争中ずっと桜井は、暴力的やくざに嫌がらせを受け、時には脅迫もされた。やくざはゴミ処理場のような汚くて危険な職業の大部分を牛耳っていたので、桜井が処分場建設を阻止しようとすることに腹を立てていたのだ。

企業権力と衝突して、また企業が桜井やその他小規模農家に対抗して役所と結託したとわかって、桜井はすっかり精神的にまいってしまった。「我々は法廷の中で判決を聞くことさえ許されなかった」と桜井は思い起こす。「自分の人生で、これまでになく腹が立った。我々から遠く離れている人々に、どうやって人生に重大な影響を及ぼすような判決が下せるのだろうか?」闘うために法を使っても無意味だと判断した。

つまり政治の中にいなければならないとわかり、公職選挙に出馬したのだ。

　桜井はこうして人生に目覚めたが、その思いを東北沿岸の市職員と七万千人の市民は実際上分かち合っていた。市長としての日々は、学校訪問やスピーチ、報告、親や農民や労働者との会合などで埋め尽くされ――公務にクタクタになるまで取り組んだ。同居している自分の両親のための時間はほとんどなかった。ほぼ毎日、暗くなるまで市長室に詰めて、頭上の壁に飾られた、額入りのいかめしい顔の前任者たちの肖像写真の下でコツコツ働いていた。

　五十五歳、桜井は嵐にもめげない自分を、好きな宮沢賢治の詩の化身とみなしていた。賢治とは母校が同じ岩手大学であった。

　雨ニモマケズ、風ニモマケズ、雪ニモ夏ノ暑サニモマケヌ、丈夫ナカラダヲモチ、慾ハナク、決シテ瞋ラズ、イツモシズカニワラッテヰル……サウイフモノニワタシハナリタイ……こうした資質がその日から限度まで試されることになる。

　桜井市長と南相馬の住民が三月十一日午後二時四十六分に体感した激しい揺れは、市長室の東約百キロ、三陸沖の海面下約三十キロに位置する、日本で最も不安定な断層の一つによって起こった。地殻は八枚の巨大な構造プレートから成っており、各プレートは何百年間も移動し続け、互いに摩擦し合ってきて、そのうち最大の太平洋プレートは、日本の本州の下方にある岩盤の下に潜り込んでいる。摩擦で生じるストレスは、結局は解き放たれるのだが、3・11のように破壊的に放たれるものは滅多にない。科学者たちは後に、TNT百万キロトン以上の破壊力と推定するに至った。ちなみに一九四五年広島に落とされた原爆はTNT十五キロトンであった。今回の地震の威力は、東北の太平洋沿岸を約二・五メートル合衆国側に引き寄せた。古代の日本人は地震を怒れる神々のせいにした。地球上最も高度な技術社会の一つに住む現

代人でさえ、自分たちは何か悪いことをしたのかしら、と時々考えた。(2)
揺れが弱まった。恐らく五〜六分続いた。桜井は落ち着こうと大きく息を吸って、市役所内で見つけた人は誰も外に連れ出し、それからメンバー十五人をかき集め始めた。市役所の外で臨時災害対策本部を設置する必要があった。南相馬は太平洋沿岸の市なので、津波はよく起こりうるものであった。築四十年の市役所は、津波の危機に晒されるには海から遠く離れていた。しかし建物は、最初の地震の衝撃波には持ちこたえたが、誰にも余震を乗り切れるようには思えなかった。身を切るような寒さに震えたが、誰も屋内にいたくなかった。男も女も、身内の安否を確認しようと携帯で電話し始めた。データ通信量が通常の六十倍も重くなって、回線が麻痺してしまったとわかるや、泣いている人たちもいた。市長の周囲に群がる声、声、声はパニックや不安を帯びていた。桜井も知らなかったが、南相馬の住民の一部はすでに屋根の下敷きになって死んでいた。約七メートルの津波は四十分後だった。南に約二十四キロの福島第一原発では、電源が失われ、一連の重大事故を引き起こし、数日後には南相馬の初期の災害は深刻な危機へと変化することになった。

日本はどこにも負けない地震検知警報システムを持っている。全国的オンライン・システムは揺れを検知し、震源地を算出し、国内のあちらこちらに置かれた千個以上の地震計から短い警報を送信する。警報システムはまずP波（縦波、速くて短い波長の波で被害はほとんどない）の兆候を検知する。P波の数秒後に破壊的S波（横波、長い波長の波）が続く。これらの蛇のような地震波は建物を破壊し、地滑りを引き起こす恐るべき波動である。

地震検知警報システムは独立行政法人・防災科学技術研究所によって管理されるが、地震警報を出すのは気象庁である。震源地に一番近い所に設置された地震計は、ほんの数秒で、警報が必要かどうかの決定に十分なシグナルを検知する。警報は自動的に工場や学校、TVネットワーク、ラジオ局、携帯電話へと発せられる。破壊的S波は秒速約四キロで進むので、およそ三十二秒で北東部の海岸沿いの多くの町をひどくガタガタ揺らしたことだろう。南に約三百キロの東京には、大体九十秒で到達しただろう。警報システムは、この破壊的S波が襲って、揺れがひどくなる数秒前から一、二分前に警報を出せるだけだが、これこそが生死の分かれ目となる。安全なところに身を隠し、道路脇に車を寄せ、エレベーターに乗り込む寸前に一歩退き、外科手術を止めるなどに、辛うじて十分な時間でありうる。[3]

津波警報は、更にいろいろな計算が必要とされるので、もっと時間がかかる。地域別津波警報は3・11大地震が襲って九分後に出された。津波の被害を最も受けた地域では、恐らく住民は津波警報を受けてから、わずか十五〜二十分しかなかった。3・11大地震は非常に大きかったので、ずっと南極まで寄せて行く津波を引き起こし、南極の氷棚をひび割れさせた。しかし、そうした破壊的津波の長い歴史にもかかわらず、長年にわたる誤警報は、東北地方の沿岸生活の危難に対し、住民を慣れさせてしまった。

この地震が破滅的になるだろう、と信じる人はほとんどいなかったし、市長も特に、地震の被害を見ようと屋上へと駆け上がりながら、そう思ってはいなかった。目を細めて遠くを見ると、土煙として知られている砂埃がもうもうと空高く舞い上がっているのが見えた。「火事かな?」と大声で言うと、「いや、あれは海岸線に激しくぶつかっている津波です」と告げられた。桜井は、津波の巨大さに驚愕した。「言葉を失ってしまった。大津波が迫ってきているのがわかったから」と桜井。そう話している最中にも、大津波は老いも若きも、沿岸に住む家族全員もどんどん呑み込んでいった。津波はジェット旅客機の速度、時速八百キロ[4]で海を渡ってきて、それから速度を落とし、東北の浅い沿岸水域に到達するや波は引き延ばされ、沿岸を取り囲む丘陵によって一層高く駆け上って行った。沿岸から何キロも離れた国道六号線(東京中央区〜仙台）まで達するとは、ましてや、さらに内陸部にある桜井の両親の家にまで押し寄せるとは思いも寄らなかった。後になって、津波が両親の家の一階まで来ていたことがわかった。両親は逃げていた。生き延びたとの知らせを受けるのは数日経ってからのことになった。

南相馬の桜井市長のオフィスから約二十四キロのところに、ワタナベ・カイが生まれ育った人口一万千五百人の小さな町、大熊町がある。この町は地震、津波による被害をまともに受け、広範囲にわたり最も深刻な影響を受けた。良くも悪くも大熊町は、六基の原子炉のある福島原子力発電所による商業上の恩恵に浴していた。この原子力発電所は地元の数百人に仕事を与え、事業主である東京電力は、政府と一緒になって、原発反対派が薬物中毒になぞらえた一連のプロセスの中で、周辺地域の経済に何百億円もつぎ込んできた。東京電力は地元のスポーツセンターを建て直したり、プレイグランドを建設したりして地元に深く根を下ろしてきた。福島第一原発見学のスクール・ツアーを企画し、また大熊町には映画館がないので公民館で子どもたちのためにアニメ映画を上映さえした。

日本が原子力発電へ突き進むことへの反対が、一九六〇年代後半から一九七〇年代にかけて散発的に燃え上がっていた。この頃、専門家が原発を世界で最も地震の起きやすい不安定な国土に建設することの危険性について警告していたからである。これら専門家は、経済も景気づき、原子力が国家威信の象徴となった時期にメディアが概して無関心で敵対的でさえあることに気づいた。一部の専門家は自分の研究者としてのキャリアが閉ざされたとわかったし、いささか裏切り者のようにあしらわれた(5)。

ワタナベ・カイが一九八三年に生まれた頃までには、一九七一年の福島原発の建設開始決定が引き金となって起きた激しい議論や反対運動は鎮静化していた。東京電力は、東京への電力供給を独占して、国の電力の三分の一を占める発送電を制御して、あらゆるレベルでの政策に「実質的」影響力を及ぼしながら、日本最大の有力企業の一つになっていた。(6) カイが二〇〇一年に高校を卒業する頃、どこに勤めるかについて家族内でほとんど話し合われなかった。友人の一部は、東京へ、大学へ、または大都市の会社へと発って行った。カイは大学など検討もしなかった。両親は小さな食堂を経営し、息子を大学に進学させる余裕はなかった。「原発で働くことが自分にとってごく自然な選択だと見られていた」と思い起こす。「原発は地元にとって空気のような存在で、少しも心配ではなかった」と語る。

ロック・ミュージックや車、電子機器が大好きな二十七歳のカイは、頑丈でがっちりした体格だ。母方の祖父は二十年以上原発で働いていた。八十歳近くで今もなお元気な家長の存在は、原子力発電所についてなかなか消えない懸念を晴らしてくれた。「他の人たちは、ガンや白血病になるのでは、爆発するのでは、などと心配してきたかもしれないが、わが家ではそんなことを話し合ったこともない」とカイはキッパリと語る。

ワタナベ・カイはメンテナンス労働の仕事に就いた。それは、配管内部の圧力の点検、バルブの開閉、必要が生じた際の放射能測定であった。彼は仕事が好きで、それを重要だと感じていた。「私たちは社会のために、東京のために安全な電気を供給するのが使命だと考えていました。私はそれを誇りに思っていました」。その仕事の報酬は月に十八万円で、日本の若手の事務職とほぼ同額だった。彼は十年後もまだ、「弁当代」として一日千円の手当はあったが、それと同額しかもらっていなかった。

三月十一日、カイは発電所から数キロのところにある、両親や兄弟と一緒に住む家で、いつものように起床した。そして仕事に向かうためバスに乗った。午前中、一号機、二号機そして三号機の原子炉の周りを巡回して、作業手順書に従って働き、バルブの圧力の点検を行い、また異常の兆候がないかどうか検査した。昼食をとるために事務所に帰った。それから午後の仕事に戻り、二時四十五分頃、早めに仕事を終えた。事務所に帰った時、建物が前後にと振動し始めるのを感じ、そして古い配管や金属どうしがギシギシときしみ、ガタガタ揺れ動く音を聞いた。地震だと思い、心臓の鼓動はとたんに早まった。一連の地震は前の週にもあり、同僚の何人かは、大きな地震がくるぞと冗談で言っていたほどだった。けれども今は冗談などではない。揺れが強くなるにつれて、その場にうずくまってしまった。それは今まで感じたことのないほどの強い地震であり、日本の最も古い原子力発電所の一つのど真ん中にいたのだ。彼は次のように回想した。「私はすぐに、それが何かとてもおそろしいものの始まりだとわかった。私は生き延びられるのかそれとも死ぬのだろうかと考えた」。

　震源はどこだろう、とカイは出口をめざして走りながら考えた。おそらく福島の海岸をさらに北上した宮城県あたりだろう。そこには大きな原因となりそうな場所がある。四年前に西の方の新潟県で起こった地震について、本で読んだことを思い出した。そこは世界で最大の原子力発電所、すなわち柏崎刈羽原発のほぼ直下だった。地震のために八人が死亡し、配管は破裂し、放射能を含んだ蒸気が漏出した。それは福島第一での新たな最新式の免震重要棟の建設を含む、地震に対する備えの基準の見直しを迫るものであった。[7] 今回、死者は何人になるのだろうか。新技術の原子力発電所と、地震の根本的な不可避性との間の、一触即発的なこの対立関係の中から、いったい何が起こるのだろうか。建物の中は今、真っ暗になった。警報がむせぶように鳴った。

　出口は太平洋に面した六基の原子炉から最も遠くにあり、海からは一・六キロ程だった。ひとまず外に出たが、彼の住む大熊町は数キロ先のところだった。出口のすぐ外の右手はビジターセンターで、日本中の多くのその種の施設と同様に、漫画のキャラクターによる花綱装飾が施されていた。約五メートルに達する深い亀裂が、壁に描かれた銀色の文字を真っ直ぐ貫いて走り、「原子力」という漢字が剥落していた。もし彼がその光景を映画で見たのなら、そのような人工的で不自然な象徴物に思わず笑ってしまっただろう。二百人ぐらいの男たちが出口の周りに群がり、外に出る前に放射能測定器を返却する順番を待っていた。班長たちは部下の員数確認をし、誰も行方不明者がいないか確かめていた。発電所では六千四百十五人が働いており、うち五千五百人以上がカイのような下請け労働者だった。

「一体どうなるのだろう」、「どこへ行くのだ」と何人かがつぶやいた。同僚たちが手順書に目を通しているのを見ていると、カイは少し気持ちが落ち着いた。ここは、労働者が仕事道具を放り出し、家族のために出口の方に走っていってしまうようなお国柄ではないのだ、と彼は考えた。まずは任務が第一だ。彼らが待っていると津波警報が鳴りわたった。所定時間内に出口の外に出られない者は緊急時対策室に向かい、救助されるのを待った。カイは考えた。今はもう、制御棒は確実に炉心内部に挿入され、炉内での核燃料の連鎖反応は止められている。ウラン燃料はおそらくすでに冷却されている。災害は確実に回避されたのだと。

けれども福島第一の災害はすでに悪化しはじめていた。発電所の冷却装置への電力はすぐに不能に陥っていた。午後三時三十七分、バックアップ電源のディーゼル発電機は、津波に呑み込まれようとしていた。津波が到着する以前でさえ地震によって、配管および一号機原子炉のための冷却装置は致命的な損傷を受け、核燃料はメルトダウンへと進み始めていたかもしれない。

柏崎刈羽原発の危機の際に、みんなが逃げようとして出口に殺到したことを東京電力は知り、そのため新しい規則が導入された。福島第一でもし事態が本当に決定的な危機にあると思われるときには、班長は作業員の放射能測定をする権限をもたされ、メインゲートの外で待機することを指示されていた。カイは、発電所の作業員が黙って一人ひとり列に並び、門を通り抜けていくのを見た。年配の警備員に向かって一人か二人が急いでくれと叫んだが、それだけのことだった。もしこれがアメリカかヨーロッパのどこかの国だったら、守衛はパニックに陥った作業員によって殴られるか張り倒されていたかもしれない、と考えた。「私たちはまったく、いつもやっているのと同じように行動しました。それは見ていて驚くほどでした」。発電所を離れ、家族を探すために数キロ先の自宅に急いだ。

どこで暮らしていても、漁師たちにとって朝は早く始まる。第一原子力発電所から約四十五キロ北の海岸にある人口三万五千人の港町、相馬市では、漁師の朝は午前三時に始まった。午後二時までに、イチダ・ヨシオの一日の仕事は終わった。彼は、生計の源になっている海からはおよそ百メートルのところに住んでいた。その日、五トンの船を相馬港に係留し、とったイワシ、イカ、サバを漁業協同組合に水揚げしたあと、浴室でひげをそっていた。彼はいつものように昼寝をしてから、妻を仕事場の水産加工場まで迎えに行き、そして年老いた両親のところに行くつもりだった。

五十三歳の、目鼻立ちの整ったイチダの顔は、海での生活によって濃く日焼けしている。彼はその仕事を生業とする家の三代目で、また最後の世代でもある。息子は学校の先生で、娘は結婚して南の方に引っ越していったからだ。彼は別に不幸ではない。もともと漁師は、将来の保証もない厳しい生活である。相馬市、さらに海岸を南下した双葉や南相馬の仲間たちは、しばしば不漁や乱獲、地球温暖化について話題にしていた。多くの悩みと、海やそれを支えている脆弱な生態系に影響を及ぼす、多くの危険が常に存在し、それらはときどき彼を、夜通しまんじりともさせないものとなっていた。

浴室に座っているとき、家全体が震え、揺さぶられた。強い地震だった。目を見開き、棚がガタガタ揺れ、鏡が割れ、棚の上の物がみんな落下し始めるのを眺めた。湯が浴槽からあふれ出た。イチダはすぐに年を取った両親を思ったが、次いで心を襲った考えは津波だった。地殻は相馬の下で、千年にわたって激しく移動していたのであり、彼の先代たちは次の危険、つまり本当の危険が太平洋からやってくることを知っていた。「ここら辺ではだれもが、地震のあとには津波が来ることを知っているから」。

ひげそり途中の顔のまま浴槽を飛び出し、衣服に手足を通し、車めがけて走った。あとで彼は、危険が去るのを待つ間、冷たい空気の中で震えながら座っているとき、身に着ける服について、どうして注意を払わなかったのかと、忌々しく思うこととなった。すぐ近くの両親の住まいに車を走らせた。そこでは両親がすでに逃げる準備をしていた。七十五歳の母親は、数年前、脳卒中となったために体の一部が麻痺していた。「今度のは強烈だった」と彼の父親は言った。「家が壊れるかと思った」彼らの動作はイライラするほど緩慢だった。両親と妻を、町の高台にある地域コミュニティーセンターの安全な場所に連れていき、それを終えると、彼は船に思い切りエンジンかけて、沖に向かった。日本の数世紀中で最大の津波に向かってまっしぐらに進み、そこで波を乗り越えることができ、おかげで船を救うことができた。残された時間は三十分もなかったのだ。

相馬の漁業協同組合の建物はしっかりした二階建てで、太平洋に面した港の縁に建っていた。一階は倉庫で、そこでは毎朝、漁師たちが漁獲物を計量し、床に並べた。組合長の阿部庄一は、その上の階の間仕切りのない事務所に毎日座り、電話を取ったり、大声で注文を出したりしながら窓の外の海を見ていた。何十年もそうしていたため、彼はそこで働く千人の漁師のほとんどを知っていた。イチダもその一人だった。イチダは三月十一日に自分の軽のピックアップ・バンに乗って到着し、船に飛び乗ると海の方向に疾走していった。十二、三隻ほどの船のエンジンはすでに始動して、海を撹拌し、ディーゼルの臭いを帯びた空気を充満させていった。男たちは怒鳴り合い、綱を投げた。遠くにはトロール船が大急ぎで海に向かっていたが、阿部にはまだ多くの船が港を離れていないことがわかった。出発した船は実に整然とした隊列をなして進み、ぶつかりあうことも追い越してしまうこともなかった。彼は特に先頭をゆく男に、強い誇りと賞賛の気持ちを感じた。先の予想がつかないだけに決断が最も難しいからだ。漁師は常にお互い助け合っている、と彼は思った。このような時でも、協調の精神は健在なのだ。

三月十一日の二日前、「下盤層」（堆積土層などの下にある岩床）の断層である、その地域の悪名高い不安定な地層は猛烈に揺さぶられ、強い地震と津波の警戒をうながしていた。東北地方の沿岸部でそのことを知っていた人はごくわずかだった。ほとんどの人は一生のうちで何百回も、その地方の市役所からの警報サイレン、あるいはＮＨＫのラジオやテレビの放送で警報を聞いていた。その地域では前世紀に、少なくとも三回の致命的な津波を記録し、その中には百四十二人の死者を出した一九六〇年の津波もあった。そのたびに、海から引き上げられた遺体は埋葬され、高い防潮堤が築かれ、住宅は海岸から後退して移設され、そして人々の生活は続けられた。

今回は様相が違っていた。阿部は事務所のガラス越しに、防潮堤の入口で、港に向かって海水が波頭を立て、そして泡立ち始めているのを見た。海水は数方向から同時に来るように見えたが、最も大きい波は東の方だった。彼は、遠くに別の波を認めた。それは海水が崖に向かって激しく回転するかのようだった。その波は巨大だった。

相馬での破壊状況は、三月十一日の多くの恐ろしい瞬間と同様に、アマチュアのビデオに撮られている。突堤を見下ろす丘の上の安全な場所から、友人二人が津波到着の光景を撮影したのであり、それには、若い男の騒ぎぶりから次第に信じられない様子に至るまでの、彼ら自身の声による反応がたまたま録音されている。ビデオには一人の男が、遠くに第一波が姿を見せたときでさえ、気が付くこともなく海に向かって歩いている姿が映っている。「あの男はまるで死にたがってでもいるようだね」と撮影者が笑う。「波の来る方角は不気味だよ。それがどっちの方から来るのかさっぱりわからない」とその友達が言う。海水は波状的にやって来ており、日光をさえぎるほどで、最後に最悪の事態がおとずれた。海水がおよそ高さ十四メートルの漁協の屋根に達したとき、阿部の小さな姿は、建物の屋上まで懸命に逃げる様子が撮らえられ、そこで彼は天窓に指先でつかまったことによって助かるのである。濁流は事務所の窓を粉みじんにし、彼の椅子やテーブルを、自動車、住宅そして人間と一緒にさらってしまう。もはやビデオ画面の最後の方では、撮影者の二人の男はほとんど黙り込んでしまい、目のあたりにしているものを理解できない。

イチダは大洋上に出た。「私は船がその頂きで跳ね上げられたとき、第一の津波の到着したのを感じることができた」と彼は回想する。さらに二回の大波の頂きに持ち上げられた。それは少なくとも十三、四メートルの高さだった。まるで高速のエレベーターに乗せられているようで、とたんに吐き気を覚えた。だが、ほとんどその直後には、海は鏡のように不気味なほど平坦になった。彼の後方では、男たちは波が崩れる前に、海の中でエンジンをふかした。日本の海岸沿いにいる漁師たちは次のことを知っている。巨大な津波から自分の船を守る唯一の手段は、逃げようとする本能に打ち克ち、波が浅いところから頂点に達するより先に、波に向かって突っ込むことである。いったん港内へ入ってしまうと、津波に蓄積された潜在的エネルギーは、あらゆるもの、そしてあらゆる人に対してひどい破壊をもたらす。彼の同僚のうち百人ほどはそうした教訓を忘れていたため、そのような幸運を手にすることができなかった。

イチダは自分の船から、波が浜辺に砕け落ちるときの水煙を認めることができた。それは空中高く舞い上がった。あとで港に戻ったとき、荒廃のひどさに驚かされた。最も強力な三番目の津波は三キロ以上の内陸まで侵入し、相馬の港は洗い流された。船は海水によっておもちゃのように放り投げられた。破壊は彼の住宅と住んでいたコミュニティーにも及んだ。しかしその災難は単なる始まりに過ぎなかった。約四十五キロ先では、福島第一原子力発電所の三基の原子炉がすでに制御できず、過熱しつつあった。結局、漏出した放射性毒物が海へ流れ出し、そこから魚、プランクトンおよび海藻を汚染することになる。福島の漁師たちは何世紀もの間海で働いてきたのであり、それは電気などのできる前から、明治維新以前から、そしておそらく天皇が現われる前からである。今後は、いったいどうなるのであろうか。

第2章　津波

もっと走れ！　もっと走れ！――ウワベ・セツコ

1741
2003, 1952
2011,1737
1993
1983
2011, 1960, 1896, 1737
震源地
2011, 896
2007, 1964
福島原発
2011
東京
2011
1855, 1923
1498, 1293
887
1944
1854
1361
1854
1946, 684
1854, 1698
1792
1605

日本の津波被害史

日本ほど津波の被害に遭ってきた国はない。以下、過去日本に大きな被害をもたらした巨大津波を選び出した。日本の公式統計とジェフ・テューダー（Geoff Tudor）が日本外国特派員協会の機関誌 No.1 新聞に寄稿した歴史的記録を参考にした。

684年11月29日　大白鳳地震（天武地震）と津波。これ以前にもあったが記録とし残っている日本最古の地震津波記録。死者多数。
869年7月9日　貞観三陸（仙台）、死者1,000人
887年8月26日　仁和南海津波　死者不明
1293年5月27日　鎌倉　死者23,000人
1361年4月3日　正平南海　死者700人
1498年9月20日　明応南海　鎌倉の大仏殿が津波で倒壊　死者3～4万人
1605年2月3日　慶長南海道　死者5000人
1611年12月2日　駿府（現在の静岡）死者は不明
1698年12月22日　西海道南海道　死者は不明
1707年10月28日　宝永四国　死者3万人
1737年6月15日　三陸と北海道（釜石が大被害）死者不明
1741年8月29日　西北海道　死者不明
1771年4月4日　八重山島　死者12,000人
1792年5月21日　九州の雲仙、島原　死者15,000人
1854年11月4,5,7日　第三安政　死者8万～10万
1855年11月11日　安政江戸大地震　死者1万人
1896年6月15日　明治三陸　死者22000人
1923年9月1日　関東大震災　死者105,000人
1933年3月3日　昭和三陸　死者3,064人
1944年12月7日　東南海　死者1,223人
1946年6月16日　南海　死者1330人
1952年3月4日　十勝沖　死者33人
1960年5月23日　チリ地震津波　三陸、八戸で死者142人
1964年6月16日　新潟　28人死亡
1983年5月26日　日本海　死者104人
1993年7月12日　北海道南西沖地震、奥尻、死者250人
2003年9月26日　東海沖　2人死亡
2007年7月16日　新潟　（少なくとも）7人死亡
2011年3月11日　東北　2012年3月時点で死者19,125人

「津波が来るぞ！」事務員が学校の体育館に駆け込んできて叫んだ。ヘルメットの下の顔には恐怖が見て取れた。デイヴィッド・チュムレオンラートはそれを聞いて驚いた。地震は格段に強かったが、本当に津波の危険があるのか。この小学校は海からおよそ三キロ以上離れていて、体育館は津波に対する地域の避難場所として最近改築されたばかりだった。

デイヴィッドは体育館の入口のドア近くに立ち、百人ほどの子どもたちが避難しようとして、体育館の後ろの舞台の方や、二階のギャラリーに通じる狭い吹き抜けの階段に殺到するのを見た。二十五人ぐらいの教師と子どもを連れに来た二十人ほどの親たちが、近くの老人ホームから避難してきた高齢者たちを助けることができた。全部で五十人ほどの高齢者の中には車椅子に括り付けられている人もいた。

地震に続く停電の後、体育館はまるで大きな洞窟のようだった。背後では次から次へとパニックが起きていたが、デイヴィッドは奇妙な落ち着きを感じた。彼は固く閉じたガラスの扉越しに前方を、強い興味と同時に強い恐怖をもって凝視した。一体何が起きつつあるのか。時計をちらっと見ながら考えた。三月十一日の午後三時十分だった。

奇妙な音が起きた。それは低く轟き、空気を切り裂きながら急速で走る列車のようで、どんどん大きくなり、驚くほど近い。突然ガラスの扉越しに、体育館と校舎の間で大きく盛り上がった水がうねっているのが見えた。水は黒い怪物のように、瓦礫に覆われて、流れる先にあるものすべてを呑み込んでいた。隣接する駐車場の車が水にさらわれ、サイコロのようにもまれていた。「大変だ！」ドアの下から浸水し始めた時、デイヴィッドはつぶやいた。

彼が高いステージに駆け上がろうと振り向いた時、波に押し流された一台の車が体育館のドアに激突した。その衝撃でガラスが割れ、大きな穴が開いた。水が板張りの床に勢いをつけて流れ込み、たちまち水面がどんどん盛り上がり、体育館をプールに変えていった。翌日の卒業式に備え、きちんと並べられていた椅子が壁の方に打ち寄せられた。その後すぐ木製の演壇と机が渦巻く水の中で上下していた。

デイヴィッドの心臓は激しく鼓動し、海水がステージに達した時の子どもたちの恐怖の叫び声が聞こえないほどだった。目の前の光景はスローモーションの悪夢と化した。流れ込んだ波は、後ろの壁に当たって、ステージの上にいた人をすべてふるい落とし、体育館の横壁の方へ、膨れ上がる巨大な冷たい水の塊の奥深くへと押し流した。

死に物狂いでステージの壁にしがみついているうちに、水でデイヴィッドは感覚がなくなっていった。泳ぎは得意ではなかったので、巻き込む勢いの水から逃れようともがいた。もう入口の扉の方には向いていなかったので、その時にはステージの辺りと近くの水の中で手足をバタバタさせている人々がよく見えた。福祉施設の高齢者の人たちが必死で浮かんでいようとして、見つけたものなら何にでもしがみついていた。

一人の老人が――彼には女性がしがみついていたのだが――、横を流れる際にデイヴィッドの肩をつかんだので、人の鎖のようになった。重みに耐えかねてデイヴィッドは壁をつかんでいられなかった。彼がそばにあったステージのカーテンをつかむ間に、その二人は流されていった。

カーテンが外れることを恐れ、他の人を何としても助けたいと思ったので、彼はそばに流れてきた木製の階段に飛び乗った。渦巻く水の真ん中の方まで押し流された。その時までに水はバスケットボールのリングの高さまで達し、二階のギャラリーまであとほんの二十センチのところまで来ていた。彼はもう一度飛び込み、少し泳いで、なんとかギャラリーの手すりの一番下をつかむことができた。

もはやギャラリーの細い通路が唯一の安全な逃げ場だった。水からはい上がろうとした時、片足が滑り、何か固い物の上に乗った。黒い泥水の中で彼には壁から突き出た物は見えなかったが、それが救いとなった。片手でギャラリーの手すりをつかみ、両足は固い物体の上で安定を得て、ようやく腿の深さで水中に立つことができた。周囲の状況が見回せる高さだった。彼は大半の児童がギャラリーまでたどり着くか、そこに向かって泳いでいるのを見て安心した。学校の厳しい水泳訓練のたまものだった。数人の先生が浮かんでいる体育マットの上に乗り、子どもや大人を助け上げていた。

突然、彼の方に向かって中学生の教え子の一人が必死で立ち泳ぎで、ほとんど沈みそうになりながら近づいてきた。デイヴィッドは手を伸ばして少年のジャージをつかみ、手すりに引っぱり寄せた。ギャラリーの上に立っていた一団の人たちが水から助け上げた。振り向いて周りを見ると、死に物狂いで浮き沈みしている女性が見えた。彼女は必死で赤ん坊をつかんでいた。彼女が横を流される際、デイヴィッドはその女性をしっかりとつかみ、二人を無事引き上げることができた。

「デイヴィッド先生、デイヴィッド先生。助けて！　助けて！」助けを求める必死の声が混乱の中で反響した。それは四人の小学生の彼の児童たちと一人の女性で、皆、今にもひっくり返りそうな大きな机にしがみついていた。「手を離すな！」と大声で返したものの、その机まで手が届かなかった。「助けて！」と彼らは叫んだ。机が近づくまでの時間は永遠かと思われた。ついにデイヴィッドは片足を伸ばして机の端を捉えることができ、彼らをギャラリーのところまで引き寄せた。小さな漂流者たちは女性が後に続く間、机の向こうで震えていた。デイヴィッドはそばに行った。少年たちは手すりを這い上がり、危機を逃れたが、みんな疲れきって体が動かなかった。

休む間はなかった。視界の隅でデイヴィッドはステージの階段からかなり離れたギャラリーの端までクロールで行こうとしている人を目にした。近づいてみると、それはカサハラ先生で、体は冷え切っていた。水を隔てた向こうには、高齢のおびえた様子の女性たちが数人いて、必死で階段までたどり着こうとしていた。デイヴィッドは、中が空洞の学校の木製の階段を橋のようにして彼女たちを渡らせられるかもしれないと思った。だが空洞の各踏み台のところに水を入れて沈ませ、積み重ねられるようにしないといけないだろう。

両手足を使い、デイヴィッドはその難儀で骨が折れる作業を開始した。すぐに指は真っ赤になり、ヒリヒリした。ところが、その避難路が現れるや、パニックになった一人の女性がその上に飛び乗り、横転してしまった。デイヴィッドと女性は冷たい水に投げ出され、手足をバタバタともがき、喘いだ。カサハラ先生がどうにか女性をその階段の上に引き上げ、デイヴィッドは後からクロールで泳いで、水から出た。デイヴィッドの体はどうにもできないほど震え、濡れて凍った衣服がツララのように体にへばりついた。

苦しい試練を終わらせ給えという彼の祈りに応えるかのように、水が引き始めた。しかし、狭苦しい、身を切る寒さの貯蔵室で五十人の他の生存者たちと、寒さに身を寄せ合い、余震に身を固くして立っていた時、彼の人生で最も長い夜はまだ始まったばかりであった。

太陽が輝いて、長い東北の冬の後の大気に春の香りがしていた東松島のあの日の早朝、デイヴィッドはアパートを出た。車に乗り込むと、素早く頭の中でチェックした。金曜日だ。そうだ。今日は野蒜《のびる》小学校だ。ワクワクするような感じだった。その日は年度の最後の日だった。カメラを忘れていないか確かめた。翌日が卒業式で、それに向けて練習する子どもたちの写真を絶対何枚か撮りたいと思っていた。日本のすべての学校と同様、学校は三月に終了し、四月に始まる。

その日の予定は普段とは少し違うはずで、デイヴィッドは五、六年生たちと過ごす予定だった。二年間英語を教えてきた四校の中でもこの学校が一番楽しみだった。子どもたちは利口で、人見知りせず、陽気だった。多分優れた教師たちとの組み合わせのたまものだったのだろう。デイヴィッドは二人の教師と一緒に仕事をしたが、二人とも英語の授業に熱心だった。彼らとの相乗効果がたくさんあり、結果がそれを示した。ここの子どもたちは彼が教えてきた多くの子どもたちと違って、間違いをすることに尻込みしなかった。子どもたちは活発で積極的だったので、授業時間はいつも飛ぶように過ぎたものだ。

　デイヴィッドは二十九歳で、四校でたった一人だけの外国人教師だった。地域の子どもの数は急速に減少していて、それは日本の高齢化と人口減少化の結果であるが、農村地域はことに顕著なのである。ネイティブの英語教師はごく少数しか必要ではなかった。彼は珍しいだけでなく、まさに人気者だった。温かい人柄と、素早く浮かぶ微笑みや人なつっこい振る舞いはどんな人をもホッとさせた。児童たちはよく彼に「ハーフ」かどうか尋ねた。つまり半分日本人で半分は外国人かという意味である。「違うよ。ちょっと違う」と彼は苦笑いで答え、自分はアメリカ人だが、両親はタイ出身だと説明した。両親がアメリカの大学に行き、テキサスで出会ったと。デイヴィッドと弟と妹はヒューストンで生まれた。「だけどテキサスって何？　ヒューストンって何？」児童たちは聞いたものだ。そこで彼が宇宙船を計画しているＮＡＳＡを知っているかと聞くと、驚くことに一番年少の子でさえ知っていて、彼らの想像力は説明するうちに膨れ上がった。テキサスは世界地図の単なる点ではなく、デイヴィッド先生と呼ばれる友好的で温かい顔を持っていた。

　デイヴィッドは故郷からはるか離れた日本が自分の故郷になるなどとは、ましてその東北沿岸の東松島[1]のような小さな海辺の町などは想像したこともなかった。近くの有名な松島は日本三景の一つと言われ、人気の観光地になっている。湾が広く、何百もの小さな島が点在し、島々は風で曲がった松の木々が覆う。後にわかったことだが、これらの島が津波に対する天然の防壁の働きをして、町の大部分を救う役目を果たした。

デイヴィッドは、友人の提案で、日本での外国語指導助手（ＡＬＴ）の仕事に応募した。単に、選択肢を広くしておくことは良い考えだと思い、深く考えずに企業のウェブサイトに応募した。

彼は二〇〇八年にオースチンのテキサス大学を水理地質学専攻で卒業し、数社の面接試験を受けた。テキサスか乾燥地域の、水が金と同じくらい貴重な所で働きたいと思っていた。だがどこも受からなかった。同じ時、英語教育会社の面接に受かった。そこは東北地方に教師の派遣を拡大したいと考えていて、彼に一つの地域を提示した。よもやあれほどの濁流に出会うなど想像もしていなかった。

最初はその地域について何も知らなかった。厳しい雪の冬と頻繁に起こる地震などなおさらだった。ヒューストンから遠いことは気にならなかった。強いて言えば、オースチンで通っていたような特定宗派に属さない「主の回復」Lord's Recovery としても知られている地方召会運動系列の教会が近くにあればよかった。教会のメンバーに東松島から車で一時間ほどの仙台市内にあると教わった。デイヴィッドにとって教会は精神を支えるバックボーンだった。死がすぐそばに居座っていた津波の悲惨な時間、彼を強く、冷静にしてくれたのはそんな精神性だった。

ウワベ・セツコが保育所の窓から外を見たのは主には好奇心からだった。陸前高田の人たちが、この長く恐ろしい地震の後何をしているのか知りたかったのである。五十三年間この地震多発地帯に暮らしていて、これほど強くて長い揺れを経験したことはなかった。一番激しい衝撃波が襲っている間、保育所の木造平屋建ての建物はクルミのように割れて、倒れるのではないかと思われた。赤い瓦屋根の建物は特に地震に弱そうだった。

保育士たちは床やたたみの上をほとんど這い回って百人ほどの子どもたちを集めた。子どもたちは一歳から五歳までで、一番小さい子どもたちはまだ歩くこともできず、よちよち歩きの子どもたちは足元がふらついていた。余震が続いていたので、子どもたちを昼寝のパジャマから普段着に替えさせるのに苦労した。母親や親類の人たちが不安と恐怖にひきつった顔をして、すぐに子どもたちを迎えに到着し始めた。三十人ほどの残った子どもたちと保育士たちは布団で身を守りながら体を寄せ合った。

津波警報はラジオで流されていたが、以前から同じような警報を何度も聞いていた。津波が保育所まで到達するとは想像できなかった。海から約一・五キロ、徒歩で十五分から二十分離れていた。セツコはちらっと時計を見た。午後三時十分だった。空は灰色で不吉な感じに変わっていた。その日の朝を迎えた時の青い空とはあまりにも違う。

市立高田保育所の調理師として百三十五人分の昼食とおやつを準備するのがセツコの仕事だった。今日は多くの手間と時間のかかる手作り餃子だ。調理師として市に勤め始めてから三十一年経っていた。彼女の腕前は評判が良かった。最初は地域の小学校と中学校に学校給食を出すために雇われた。一九八〇年のことで、同じ年にタクヤと結婚していた。

セツコはそういう意味で珍しかった。日本の女性にとって結婚は、普通仕事を辞め、一生主婦として生きることを意味した。だが当時まだ二十三歳で、仕事を続けたいと思っていた。タクヤは、収入が増えて困ることはないと賛成した。彼も市役所に勤めていたからだ。正規職員として何年にもわたって多くの様々な仕事をしてきた。二人の給料を合わせて、陸前高田の程よい場所に良い家を購入することができた。子どもを持つ余裕もあった。

彼女は家では食材を取り合わせておいしい料理を手早く作ることができた。だが、タクヤは仕事と地域の活動に非常に忙しかったせいもあるが、食欲旺盛ではなかった。実際、彼は食べ物に関して好き嫌いが激しかった。その日の朝食に夫にいつもの納豆、焼き魚、味噌汁それにご飯を用意した。そして一緒に食事をした。その朝はたまたまNHKのドラマを見た。セツコはいつもは午前八時に家を出て仕事に向かい、夫は八時十五分にセツコに続いて出た。彼女が家を出るとき彼は「気をつけてな！」と言った。

結婚して三十一年、それはお互いの間で交わされるいつもの言葉だった。長い結婚生活がたいていそうであるように、彼らにも良いこともあれば悪いこともあった。だが今は息子も娘も成長して別のところに住んでいるので、夫婦はより一層共に過ごす時間を楽しむようになっていた。最近ではソウルとハワイに二人だけで旅行にも出かけた。「行ってきます」と彼女はやさしい声で答えた。何が起ころうとしているのか、そしてその日が人生をいかに永遠に変えてしまうか、思いもよらずに。

雪が降りそう、と保育所の窓のそばに立って遠くの水平線を見ながら考えた。見慣れた家々の屋根越しに海に近い町の中心部のほうをじっと見た。だが、何か変なものが現れた。「あれは煙かしら？」そばにいた保育士が彼女に聞いた。二人は遠くの不思議な、くすんだ雲に目を凝らした。セツコは今までにこんなものを見たことがなかった。もしかしたら地震で倒壊した建物が燃えて、そこからたなびいてくる煙かもしれないと考えた。でも違う――これは形も引き延ばしたように長くて、高さもすごい。そしてそれが自分たちの方へどんどん向かってくる。

突然雷に打たれたように恐ろしくはっきりわかった。「津波よ！　きっと津波だわ！」息を切らせて言った。

セツコと数人の保育士、そして保育所園長のクマガイ・ケイコは確かめようと外へ走り出た。遠くに黒い巻き上がる水の山が恐ろしいスピードでこちらに向かってくるのが見えた。「みんな、逃げて！　逃げて！」クマガイが大声で叫んだ。

セツコと保育士たちは子どもたちを集め始めた。一、二歳児合わせて十人はおんぶした。残りは靴を履くのを手伝い、保育士たちがしっかりその子たちの手を握ってドアから外に誘導した。

いったん外に出ると、おびえた子どもたちの一団は長い坂道を近くの丘に向かって走り出した。クマガイは、今や大きな集団と一緒になった近隣住民や後れる人たちを助け、しんがりについて高台に上っていった。近くの小学校から来た先生や子どもたちもパニックになって走る群衆の中にいた。後方の、海に近い町の中心部では消防署のスピーカーから津波警報が鳴り響いていた。それは最初通常の地震の通報で始まったが、今は恐怖に襲われた繰り返しの命令になっていた。「逃げてください！　ただちに高台へ避難してください！　逃げてください！　ただちに高台へ避難してください！」

警報が途中で途切れたとき、セツコは振り返った。代わりにザーザーいう音がし始め、それから全くの沈黙に変わった。津波が消防署とその一帯を呑み込んでしまったに違いない。彼女はタクヤのことを考えた。彼は消防署の真向かいの市役所で働いていた。逃げただろうか？　生きているだろうか？　どうすれば連絡がとれるだろうか？

娘のコトネは東京に近い横浜にいて無事だろう。だが、息子のリゲルは車で二時間ほど離れた仙台にいた。仙台は東北地方最大の都市で、海に近いところだから津波には弱かった。だが彼女は悲惨なことになるかもなどと考えることはできなかった。今このときは。この子どもたちを助けなければいけない、今は。

黒い水がひたひたと保育所に迫っていた。彼女はクマガイが必死でみんなの後ろから坂を駆け上がってくるのを見た。クマガイの後ろで水はぐんぐんと勢いを増し、一歩間違えば海の藻屑となるところだ。「急いで、急いで」息も絶え絶えになりながら、小さな足を必死に動かして前へ進んでいく子どもたちにセツコは言った。セツコの心臓が激しく打った。彼女は心の中で叫んだ。もっと走れ！　もっと走れ！　子どもたちは直感的に理解した。もっと速く、もっと速くと前に向かって走り続ける間、誰ひとり泣く子はいなかった。

アドレナリンがどっと出て息を詰まらせながら、干上がった田んぼを突っ切って坂を上った。神社の裏の野菜畑にたどり着いたときには、津波の水はその神社にまで達していた。

この畑まで来てやっと安心した。だが、下の町の方を見下ろしてセツコは震え出した。タクヤの勤めている市役所が見えた。津波でほとんど沈みかけていた。屋上だけがまだ見えていた。そこには数人が逃げ延びているのがわかった。だが、見慣れた夫の姿を確認することはできなかった。

自分の子どもが生きていて無事なのを見つけると親たちはほっとして泣き出した。「あっ、いた！」と大声をあげ、子どもを抱きしめた。だが、時間が経ち暗闇が下りてくるにつれ、凍える外気は零下一度ぐらいにまで下がった。残った十七人の子どもたちと保育士は、身を寄せ合い固まって震えていた。雪が降り出したのだ。保育士たちは避難所を見つけなければならなかった。

徒歩で十分ほどのところにある、丘の上の、「あすなろ」という知的障害者のためのホームに向かった。その地域一帯が停電で、その施設はひどく寒かったが、毛布と服とジャケットを借りることができた。手元にあったお菓子はおなかをすかせた子どもたちを生き返らせた。だがこれでは足りなかった。熱を出した子どもも数人いた。暖をとり、横になって寝る場所が必要だった。

隣の老人ホーム高寿園で、非常用の暖房器具のある小さな部屋を借りた。ろうそくに灯をともし、明りには携帯電話も利用したが、連絡は取れないままだった。できることはただ待って、愛する者たちや家に残っているすべての者の幸運を願うことだけだった。長い夜の間中、親たちが子どもを探しに来た。来れなかった母親たちは海に近い町の中央にある県立病院の看護師たちだった。

看護師たちは患者たちを屋上に上げるのに苦労したのだろうとセツコは考え、タクヤの消息がわかるようにと祈った。セツコの夫と一緒に働いていた男性が翌朝歩いてやってきた。彼は市役所の屋上で濁流を生き延びたのだった。青ざめ、やつれて、服には泥が凍り付いたまま、男性はこの保育所の保育士である妻を探していた。そこに妻を見つけると、安堵の表情が顔一面に広がった。だが、二人の幼い子どもたちと妻の両親がここに一緒にいないとわかったとき、希望は打ち砕かれた。「たぶん車で逃げようとしていたとき、津波にさらわれたんだ」と彼は涙をこらえながら言った。

「うちの主人を見なかった？　市役所の屋上に一緒にいなかった？」とセツコは尋ねた。「いや」と彼は静かに答えた。返答の重みが恐ろしいほどよくわかっていた。だが、彼は付け加えた。「まだ望みはありますよ」。

朝までには残された子どもは十三人になり、保育士たちで十分に世話ができるようになった。セツコはもう町の方へ戻って、恐ろしい破壊と喪失が待ち受けているのにも向き合うことができると感じていた。夫を探さなければ、彼女は心に決めた。夫を探さなければ。

「あれっ？」家が揺れ始め、物が棚から落ち出したとき、サイトウ・トオルは思った。地震の最初の揺れはそれほど強くもなく、異常に長くもなかった。彼は祖母と暖かいこたつに入って、みかんを食べながらテレビを見ていた。前日、自動車教習所の全コースが終了したのがうれしく、のんびりくつろいでいた。

トオルは三月一日に高校を卒業して、四月に東北大学に入学することになっていた。工学を専攻して高齢者や障害者が使う介護ロボットの設計を学びたいと思っていた。それは日本の人口の高齢化で需要の多い成長分野となっていた。

トオルは通っていた大きな高校から、近くの仙台にある一流大学に推薦入学が認められたが、それはほんの数人のうちの一人だった。彼は良い成績をとるため常に懸命に勉強してきた。大学のキャンパスの近くに住めるということがとりわけうれしかった。彼の住む荻浜《おぎのはま》という小さな集落から高校までの一時間の通学は楽ではなかった。彼はおそらく学校からは最も遠く、海には最も近い所に住む生徒だった。学校の外で友達と集まるチャンスはあまりなかった。三月十一日トオルは自宅にいることにした。

強い地震――マグニチュード五・〇ぐらいの――がその一帯を襲ったのはちょうど二日前だった。だが今度のははるかに強かった。家に岩がぶつかったようだった。彼と祖母は顔を見合わせた。何も言う必要はなかった。家を出て避難センターへ行かなければならない。

荻浜の人ならだれでもそうだが、トオルの家族も死者が出るような津波の力を理解していた。集落は石巻市に含まれるが、牡鹿半島にあって孤立し、自然の大災害時にはそこへの通行が困難になりやすいところだった。

約四メートルの高さの大きな防潮堤が一九六〇年代に築かれていた。一九六〇年のチリ地震による津波でこの沿岸地域が被害を受けた後である。だがそれでも大地震の後誰もが避難センターに行くことをためらった。子どもの時トオルは小学校と中学校で地震について教わったし、学校ではよく防災訓練も行っていた。だが、おかしなことに津波に対する訓練は教育プログラムには入っていなかった。おそらくあの防潮堤が自分たちを守ってくれるだろうと確信していたからだろう。

集落に五十世帯ほど住んでいる多くの高齢者たちにとっては、速度の速い津波から逃げることは難しかった。日本中の多くのコミュニティーのように荻浜は高齢化が進んでいるところで、人口は減少していた。大都市の仕事が若者を移住させ、小さな町を空っぽにしていた。結局、高齢者を支える財政的負担に耐えなければならないのは若者である。人口を増やすことが、国の優先事項になっている。しかし不景気と国債の膨張した二十年の後、人口総数が減り、働く女性の急増と保育制度の不備も原因となり出産増加の意欲はどんどん低下している。

運送会社の夜勤でまだ眠かったのに、トオルの兄アキラは直ぐに階下に行き祖母を車に乗せた。トオルはそれに続いたが、必需品が必要になるとは思わなかった。多分、ちょっとした遠足くらいだろうと思った。トオルの長兄タツルは石巻の製紙工場で仕事中だった。そこで避難するだろうと思った。タツルのことをそれ程心配しなかったし、彼はどうにかなるだろうと思った。

トオルとアキラは、健康で丈夫な八十三歳の祖母と一緒に、数分離れた家族経営の製材工場へまず車で向かった。そこに両親はいた。そこは、トオルの祖父が約四十年前に始めた小さいが成功した会社だった。製材業は、牡蠣養殖で知られたこの集落では珍しい仕事だった。

荻浜を、牡蠣のメッカとして知っている人はまずいない。[2] 浜の近くに建てられている大きな石碑には、賞賛の言葉が書き記されている。トオルの集落のような東北三陸海岸沿いの牡蠣養殖業者は、一九七〇年頃に感染により地域一帯の産業をつぶされたヨーロッパの養殖場に牡蠣の子（幼貝）を提供した功績を認められた。世界中の牡蠣のおよそ八〇パーセントが三陸海岸沿いで生育した子孫と、言われている。ホタテガイの殻が手際良く纏められた束の山は、三陸海岸沿いの牡蠣養殖地域では、共通の光景である。

一家は、避難所に指定された石巻市役所荻浜支所に集まることにした。兄弟は急いで暖かい上着を取りに家に戻り、飛ぶように避難所に戻った。トオルの母親は彼らと合流したが、父親は海岸へ向かって下りて行った。父親には村の消防団の一員として、防潮堤の水門を閉じる責任があった。この小さなコミュニティーでは、手伝える大人たちに非常時の役割が決められていた。これは危険な仕事でもあった。

祖母が避難所に落ち着いた後、兄弟たちは母親と家の車に乗った。そして海岸からそれほど遠くない隣の敷地に駐車した。電気が使えなくなった今では、そこはテレビがついているので、ニュースを見ることができる唯一の場所だった。それで、彼らは地震が午後二時四十六分に約六十キロ沖で発生し、巨大津波が彼らの方に向かっていることがわかった。ニュースヘリコプターからの大量のうねる水の映像を釘付けになって見ていた。あっと言う間に沿岸の町を津波が呑み込む様を見て動けなくなり、その波が自分たちの背後から迫っていることに気が付かなかった。

トオルがちょっと顔を上げると、何か変なものを目がとらえた。数軒の家が動いていた。「わっ！　あの家見て！」と口走り、彼らは津波に押し流されていることに急に気づいた。瞬く間に、車の床は染み込んでくる水に覆われた。「逃げよう！」母親はブスブス言うエンジンをかけようとしながら叫んだ。この頃には、水がどんどん高くなり、濁流に浮かぶ何台もの車に彼らは取り囲まれていた。

ドアは動かなかった。「窓を上げ下げしていて！　動かなくしては、ダメ！」窓が唯一の逃げ道だった。車のバッテリーはまだ動き、電動式窓ガラスを開けることができた。一人ひとり窓から出て、凍った暗い大洪水の中にドボンと落ちた。すぐ、命がけで泳いでいた。

浸水した道路の一方は六メートルの厚さのコンクリートと石の壁で、山の麓に沿って延びていた。その壁はあちこちに小さい穴が開いていたので、それを足場にして安全な場所まで登れるだろう。しかし、できるだろうか？　瓦礫だらけの海水をかき分け、凍えた手で小枝や石を途中でつかみながら、壁の上までよじ登った。それは一瞬のようでもあり、永遠のようにも思えた。雪が降る中、凍えながら彼らの車が荒れ狂う洪水に垂直に引き込まれていくのを見ていた。彼らは次の波が直ぐやって来るのを知っていた。

徒歩三十分ほどのトオルの出身中学である別の避難所に行かなければならないことは、明らかだった。津波が引いた後、壁を伝い下り、水の引いた道路を中学校に向かって急いで歩き始めた。また波が直ぐ押し寄せて来ないか恐れていた。

幸いなことに、隣の人が車で通りかかり彼らを乗せてくれた。ほんの数分後に避難所に到着した。時間は午後三時三十分だった。学校はすでに生徒や先生でいっぱいで、近くの村から続々と住民たちが来ていた。荻浜支所に避難していた人たちもやって来た。多くの人はずぶ濡れで寒くて誰もが震えていた。荻浜支所は二階建てなので、津波が着実に高くなれば安全な場所ではないとみなされた。トオルの祖母は親切な人に助けられて、中学校まで連れて来てもらっていた。一家は、そこで祖母を見つけて大きく安堵した。しかし、父親はどこにいるのか？　生きているのだろうか？　トオルは思った。

トオルは、祖父から聞いていた津波の話を思い出した。チリ地震津波は、経験した人たちにとっては忘れられない。なぜなら、二つの国は遠く離れ、日本では誰も一九六〇年五月二十二日にチリ海岸を揺さぶった地震を感じてはいなかったからである。マグニチュード九・五の地震で、二十四メートル以上の、今でも記録上では最大の津波が起こった。大きな島であるハワイ島の都市、ヒロを約十一メートルに達する波で破壊し、ハワイ諸島を通過後、七時間で日本に着いた。(3)

日本の気象庁は日本での津波予報には責任があるが、その時まではただ単に国内の多くの地震と津波に焦点を当てていた。離れた場所からの大きな津波の経験はなかった。(4)まるで、静かだが破壊的な怪物のように巨大なうねる波が太平洋を千七百キロ超え、日本の東北海岸へ予想できない激しさで到達した。その当時、流体力学は理解されてなかったが、津波の規模は増大していた。波は三〜八メートルとなり、少なくとも百四十二人が亡くなった。被害は約四十億円と見積もられた。貴重品を取りに家に戻った家族の友人の溺れて水ぶくれになった遺体を見たのを、トオルの祖父はいつまでも覚えていた。

津波についての記録に関しては、日本には世界最長の歴史がある。日本語の「津波（ＴＵＮＡＭＩ）」が外国の辞書に載っていることは不思議なことではない。(5) 最も古い記録の一つは、六八四年の白鳳地震と津波だった。日本書紀(6)には、マグニチュード八・四とみなされる地震が日本の南西、淡路島の近くを襲い、巨大な波が続いたことが記されている。

日本の津波の多くが、海底地殻プレートの境界で起こる地震によって引き起こされている。日本は、三大陸のプレートの交わる所に位置している。ユーラシア、太平洋、フィリピン海プレートである。プレートの境界で海底が急に隆起あるいは沈降し、海底地震を引き起こすと、その上にある水を動かして津波になるようなうねりを送り出す。(7) マグニチュード七・五を超える地震は、たいてい破壊的な津波を生み出す。津波はまた、海底火山の噴火や海底地滑り、または海に隕石が衝突することによってさえ引き起こされる。

津波は、ジェット機と同じ速さ、時速八百キロのスピードで外洋を進むことができる波の連続である。波の山と山の距離は、約百六十キロやそれ以上のこともある。陸から遠く離れた海上では、波の高さはほんの一メートルなので空や船から見つけるのが難しい。しかし津波は、海岸沿いの浅瀬に近づくと時速五十キロ位に落ち、高さと勢力が大きくなり始める。(8) 津波が接近する徴候で速やかに高い所に避難する合図は、波の間の低い点、津波の谷（トラフ）が海岸に達し、沿岸の水を海の方へ引き込む時である。この動きで、港や遠くの海底まで顕になる。そして津波は、たいていそれから約五分で海岸に到達する。

津波の高さと破壊力を決定する要因にはその地震の大きさと深さ、海水量、海底地形、そして例えば衝撃を減じる島々のようなあらゆる自然の障害物が含まれる。[9] 日本の北東に位置する東北沿岸地帯は世界で最も津波の起こりやすい地域の一つである。その北部は三陸海岸と呼ばれ、不名誉にも「津波海岸」との異名を取っている。およそ六百キロにわたる息を呑むような魅力的な展望は、大被害をもたらしたその歴史とはおよそそぐわない。

のこぎりの歯のような荒削りの高い絶壁からは、太平洋の波が漏斗状のリアス式入江に穏やかによせては返しているのが見える。[10] しかし悪夢がまず姿を現すのは他でもないここだ。リアス式海岸が極めて破壊的なのはよく知られている。津波に襲われると漏斗形は波の破壊力を増幅させるからだ。強力な太平洋地震と、のこぎりの歯の形をした海岸線が組み合わさり、この地に高く大きな塊となって押し寄せ、内陸深くまで達する津波を引き起こしてきた。

二〇一一年まで、近代日本史上最悪の津波は、長く伸びたこの三陸沿岸に沿って起きた。一八九六年に起きた明治三陸地震の推定マグニチュードは七・二で二〇一一年のマグニチュード九・〇の揺れに比べてはるかに弱かった。しかし波（最大遡上高）は三十八・二メートル近くまで達した。死者・行方不明者はおよそ二万七千人だった。この地はその三十七年後、一九三三年に再び津波に襲われた。記録によると、このマグニチュード八・四の昭和三陸地震による津波の高さ（最大遡上高）は二十八・七メートルだった。この地震と津波で死者・行方不明者は三千人以上になった。[11]

二〇一一年の地震の大きさに多くの人が驚いたが、そうした過去の恐ろしい津波の痕跡を示す標識は文字通りそこにあった。三陸沿岸沿いの至るところの道路に表示されていたのだ。曲がりくねった起伏のある道に高く立てられているものもあった。それらはかつて津波が破壊しながらこんなに遠くまで達したことを思い出させるものだ。さらに斜面を上っていくと何世紀も前に人々が住んでいた場所にいくつか神社が見られるが、それらはよく海岸沿いの町の裏手の急勾配の小山にある。二〇一一年の犠牲者の先祖が建てたのだろう。これだけ離れていれば壊滅的な津波でも多分大丈夫だろうとわかっていたのだろう。

近代的防潮堤を盲目的に信じたため多数の犠牲者が出た。コンクリート壁は死亡者数を減少させ、破壊程度を小さくさせるのに役立ったかもしれないが、ほとんどの壁は低すぎて波を阻止できなかった上、多くの場合、きわめて高額な費用が建設にかかっていた。一八九六年の明治三陸津波のほうが波が高かったにもかかわらず一九六〇年のチリ津波の高さが適用規定の基準になった。

安全性の低い指定避難場所もまた死者数を増加させることになった。最も激しく津波を受けた沿岸三県で、百ヵ所以上の指定避難場所が津波によって破壊された。多くの人が安全を求め、避難所に指定されていた寺、公立学校、地域集合所へと逃げたが、結局は津波が建物を呑み込み、押し流してしまった。南三陸では町の指定した八十ヵ所の避難場所のうち少なくとも三十一ヵ所が浸水した。(12)

津波警戒警報の責任者である市町村職員は、日本の気象庁が出した最初の津波の高さ予測で誤った判断をしてしまった。地震を計測するために気象庁が使っている規定ではマグニチュード八もしくは、それ以上の揺れに正確に対処できなかった。気象庁の最初の予測はマグニチュード七・九で、そのとき地面はまだ揺れていた。実際に襲ったのは十二倍大きいものだった。その結果津波の高さ予測は宮城県で六メートル、福島県と岩手県で三メートルで、実際よりもはるかに低かった。このためこの地域の避難に遅れをきたし、悲惨な結果となった。(13)

停電とバックアップ体制が整っていなかったため、多くの公共警報システムが役に立たなかった。ディヴィッド・チュムレオンラートの小学校は、もともとこうした根本的な問題があったため適切な津波警報が得られなかったのかもしれない。

津波に対する教育と緊急避難訓練がなかったのも被害を大きくした要因だった。しかし市町村によって、事情はそれぞれ違っていた。釜石では指導者たちが、数千人が犠牲となった一八九六年と一九三三年の地震と津波の話を年長者から聞いていて注意していた。専門家たちは三十年以内に巨大津波が再びこの地を襲うだろうと警告していた。子どもたちへの津波教育は実現可能な災害予防プログラムだと思われた。二〇〇五年市は市内の小、中学生に緊急災害の授業をするため、災害社会工学の専門家である片田敏孝と群馬大学大学院の彼の同僚たちを招いた。

教師たちは子どもの日々の学校生活に津波への自覚を盛り込んだ。二〇〇八年までに釜石市教育委員会は片田教授の教育方法を使った「公式災害予防プログラム」を立ち上げた。生徒は地元の津波の歴史を学び、理科の授業では津波の科学を学びさえした。(14)

災害が襲ったときには教師に従い、安全な場所へ向かうように十分備えていた。しかし三月十一日午後二時四十六分の強力な地震で学校のマイク系統は不通になり、教師たちは訓練していた緊急時手順に従えなかった。

しかし釜石東中学校の生徒たちは、事態に当たり自ら行動を起こした。校庭に集合した後、約一キロ離れた避難所へと駆け出すことにした。逃げ出す生徒たちを見て危険を察知した近くの鵜住居《うのすまい》小学校の教師と児童は素早くそれに続いた。彼らはすでに校舎の三階に避難していたにもかかわらずである。

避難所で彼らは一人の老婦人に会ったが、彼女はもっと高いところへ移動するように言った。その場の裏手の崖がすでに倒壊していたので、彼女は巨大な津波が来るだろうと確信していた。全員が二～三百メートル離れた新たな場所へと道を駆け上り続けた。上級生が下級生を手助けした。港を見ようと振り返ると大きな塊となった波が町を呑み込もうとしているのが見えた。「振り返ると、迫ってくる津波が見えた。そしてたくさんの家や、車が私たちの学校に向かって激しくぶつかってきていた」と英語教師のサイトウ・シンは語った。震える脚で先生と他の人たちは一緒に更に高いところに登り続けた。(15)この津波は中学校、小学校、第一避難所を襲い、第二避難所の一メートル手前まで押し寄せてきていた。しかし、この迅速な避難で、二百十二人の中学生、三百五十人の小学生と二十一人の教師全員が難を逃れた。ただ十四人の中学生が片親、もしくは両親を失っている。(16)

釜石の悲劇の犠牲者、行方不明者は全部で千四十六人に達するが、市の十四の公立学校に通う二千九百人の生徒のうち亡くなったのは、小中学生合わせてわずか五人だった。市の災害予防プログラムとこの地の記憶とが相まって、他の地域では起こってしまった悲劇を減少させたのは明らかである。(17)

日本で二〇一一年三月十一日に起きた津波という悲劇は、備えと有効な警報システムが必要なことを思い起こさせる。これは予報と密接に関わっている。世界中の船乗りや科学者は数世紀にわたって地震と津波予報の方法論を発展させてきた。それにもかかわらず予報の効果はそのタイミングと情報伝達次第であるといっても良い。地震津波の脅威は現実のものであると早期に、当局に納得させるかどうかの闘いだ。(18)

二〇〇九年地震学者たちは政府の産業技術総合研究所（ＡＩＳＴ）と共に、八六九年東北沿岸を襲った巨大な貞観地震と津波に関して新しい証拠があり、これは原子力規制の中で綿密に考慮されなければならないと主張したが、この警告は無視されてしまった。

宍倉正信調査員にとって、千百年以上前の貞観地震が残した破壊線は、三月十一日に現れたそれと恐ろしいほど輪郭が似ていた。彼とＡＩＳＴのチームは東北仙台で地層を抽出して科学的調査をすでにしていた。沿岸低地を襲う大津波は、堆積記録として役立つ有機堆積物を残す。(19)この物質の年代を決定する炭素によって科学者は津波反復の周期を推定できる。

堆積記録と歴史的記録にある年代順に記録された災害報告とを比較した後、宍倉チームは、東北沿岸を襲った巨大津波は、およそ五百年から千年の周期で起こったものであると結論付けた。その地帯での巨大津波は再発が百年遅れたのだった。

県庁でのこの報告の発表は、二〇一一年三月二十三日に予定されていた。彼らは沿岸住民のため、八六九年の津波で浸水した地域を示す警戒地域地図まで準備していた。地震は非常に類似した破壊線を作り出す傾向があるとする科学的証拠を挙げるものだった。結局これらで示された地域は二〇一一年の津波に襲われた場所とほとんど同じであるとわかった。後に宍倉はタイミングを逸し、またもや多くの人命を失ったことで長く悩むことになった。[20]

岩手県の小さな集落である姉吉では、津波は海抜三十八・九メートルに達した。[21] 行く手にあるものはすべて、高さ十三階相当のコンクリート壁に衝突したようなものだった。住人は先祖が高さ一・二メートルの石に刻んだ警告のおかげで命が救われたと思っている。全員が警告に注意し、津波の届かない高い土地に家を建てていた。一方仙台若林区の住人は歴史的教訓を無視した。津波は驚くべきことに内陸八キロの地点まで進み、ある地区では約二千七百戸の家が破壊された。[22]

この津波で膨張した海水はニュージーランド近くの南極で厚さ七十八メートルのザルツベルガー氷棚にまで激突し、大きな塊を裂き、氷山ができた。ある氷山はマンハッタン島と同じ位大きかった。ＮＡＳＡ（航空宇宙局）の科学者たちはこのような津波活動をそれまで一度も見たことがないと語った。

相馬沖で、今は穏やかな海がリズミカルに船に打ち寄せるなか、イチダはラジオから早口で流れる津波情報を聞いていた。陸地での被害は恐ろしいものに思われたが、この目で確かめる前に津波警報が解除されるのを待つしかなかった。雲一つない月の輝く空の下は凍りつきそうに寒い上、船には飲み水も食料もなかった。三月十一日から十二日にかけて彼は夜通し自分がこれから見出すだろうことを考えないようにした。海に出ている大勢とは違って、少なくとも自分には待っていてくれる人がいるのはわかっていた。電話回線が不通になる前、妻から携帯メールを受け取っていた。「家族無事。家はなし」

十二日の正午を過ぎた時、これ以上我慢できなくなり、岸に向かって、船のエンジンをかけた。相馬港がぼんやりと視界に入ってきたとき、大量の瓦礫が船体にドンとぶつかってきたので、船を徐行させなければならなかった。自分が見ているものを必死で信じようとした。それはかつて見た戦後日本の都市を撮った写真そっくりだった。漁業組合がコンクリートの骨組みだけになってしまったのを除いては、目標、目印は消失してしまい、どこに船を入れてよいのかわからなかった。およそ二十四時間前に止めておいた車はもちろん流されてしまっていた。あちらこちらの地面は液状化し、建造に三十年を要した堤防は粉々になっていた。

一・五キロも離れていない二階建ての自宅へ歩いて行く途中、出会った隣人たちと情報を交換し合った。およそ六十人の友人や同僚が津波に流されて亡くなったり、行方不明になっていた。誰にも恐ろしい話があった。彼の家は跡形もなくコンクリートの土台だけになっていた。自宅周辺は完全に消え失せていた。彼は大声で泣くような男ではない。つらい仕事や、浮き沈みのある海での人生にも慣れていた。涙は流すまい、ただ受け入れよう。俺たちはここを再建できる、と彼は思った。自分たちの先祖はもっとつらいことを体験してきたのだから。しかし三月十二日、太陽が沈んだ頃、海岸沿いの原子力発電所から悪い知らせが徐々に耳に入ってきた。それは先祖がおよそ想像もしなかったものだった。

第3章　水門を閉めろ

水門は必ず私たちを守ってくれると思っていた
――サイトウ・マサフミ

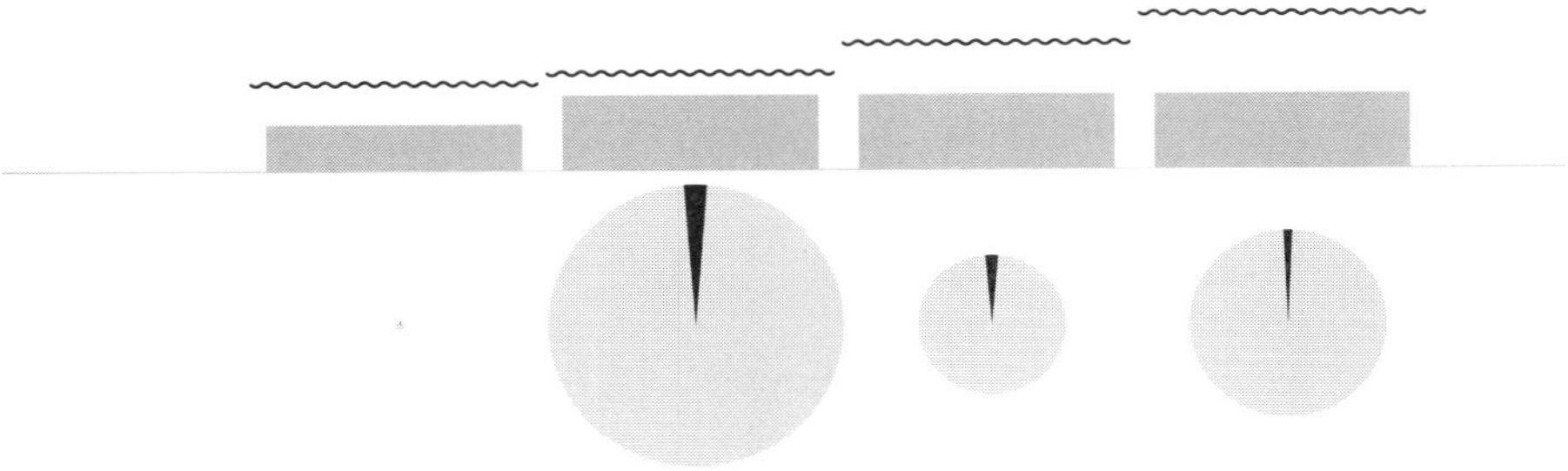

荻浜	石巻	東松島	南相馬
7メートル	8.5メートル	10メートル	12メートル
4メートル	6メートル	6メートル	6メートル
130	162,822	43,153	71,494
4	3,819	1,120	929

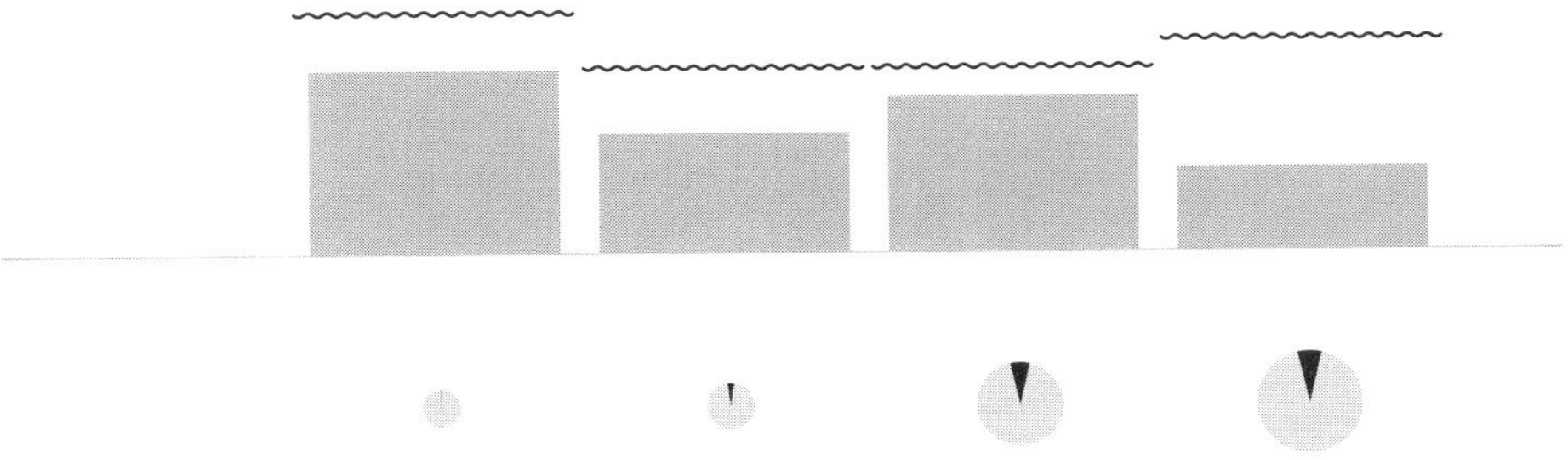

	普代	田老	釜石	陸前高田
津波の高さ	24〜5メートル	15〜6メートル	15.5メートル	17.6メートル
防潮堤の高さ	16.5メートル	10メートル	13メートル	7メートル
人口	3,074	4,434	14,710	24,246
死者／行方不明者	8	184	1,046	1,732

「俺は防潮堤の水門を閉めなければならない」と、トオルの父親はせっかちに言った。地区のベテランボランティア消防団員として、水門を閉めて津波から沿岸住民を守るのがサイトウ・マサフミの任務だった。トオルと兄のアキラ、祖母、両親は家の材木置き場にすでに集まっていた。そこは海からわずか約二十メートルの所にあった。次にどうするべきか？　この地震は、たぶんこれまでの記憶にないくらいの大きな地震だった。津波は確かにこちらに向かっている――おそらく昨年のようなわずか一メートル前後の高さの――水門は必ず我々を守ってくれる、と考えた。

「避難所へ行け。そこで会おう」と強い口調で言い、家族がその言葉を心に留めたと理解した。マサフミは大きな男ではなかったが、四十七歳で頑強だった。地元の漁師のように、この過酷な自然の中で育ってきた。力強い手は、木材の仕事の歳月でざらざらしていたが、水門の三つの閉鎖操作を造作なく行うことができた。それは鉄のハンドルと鉄のドアの組み合わせからできており、回転スライドし、閉まるものである。「気をつけて」と、別れるとき妻が言った。

マサフミは漁師ではなかったから、水門を閉めることができる数少ないボランティアの一人だった。こじんまりした港に近づくにつれて、漁船がすでに外海に出ているのが見えた。舵を取っているのは、津波に対して漁船を安全に操る力のある若者や、高齢の漁師の息子たちだった。もし、港に係留したままなら、漁船は簡単に被害を受けてしまうだろう。

マサフミは直ちに仕事に取りかかった。ほかの三人のボランティアの消防団員が、緊急操作の場合に加わることになっていたが、どこにも見当たらなかった。ほかの連中は来れないかもしれないな、と思った。たぶん、この大地震で足止めされているのだろう。海岸線をちらっと見たとき、岸に打ち寄せられた牡蠣で一杯の網が引っかかったブイに気付いた。ひょっとすると津波はすでに来たのでは、と内心思った。

コンクリートの防潮堤は高さ四メートル、長さ百三十メートル。四つの水門を閉めるのは手慣れた仕事であり、普通は約二十分を要した。三番目の門に着いてまた入江の方を見たとき、奇妙な動きに気付いた。「なんだ、あれは？」と、声に出してつぶやいた。海水が広い範囲で渦を巻いて瓦礫の塊りを押し流していた。それはくるくると回りながら、スピードを増していった。彼は懸命に眼をこらした。まずい、渦巻いている、と思った。

眼を上げて、すぐに海の方を注視した。巨大な高い波が、入江を護る防潮堤を越えて転がるように進み、そのスピードを増していた。彼はその恐ろしい力におののき、一瞬立ちすくんだ。その光景は現実のものとは思えなかった。そのとき恐ろしさで、アドレナリンが体内を激しく流れた。走れ！　走れ！　と自分に言い聞かせた。内陸側に駆け出したときに、津波は防潮門に衝突した。黒々としたぞっとする塊り、それが岸に向かって勢いよくなだれ込み、ほとんど彼の足まで浸してきた。前方に素早く走りながら少し振り向くと、年配の男性が激しく手足を動かし、それから波に吸い込まれて消えていくのが見えた。

墓地、墓地、マサフミは心の中で繰り返した。皮肉なことに、丘の斜面の墓地は近くで一番高い安全な地点だった。日本の多くの田舎の墓地と同じように、それは死者への敬意から小高い所にあり、多くの場合寺の近くにあった。

ここの眺めは、晴れ渡った日には息をのむようであった。しかし、今は、眼下の光景は悲惨だった。マサフミは怪我もなく、墓石のあるところへたどり着いた。息を切らし、死にそうになったことに衝撃を受けながら、ちょうど数分前に漁船を見送った数人の年配の漁師と一緒になった。

雪が降り始めたので、一団は震えながら長い山腹の階段の上にある近くの神社に向かった。そこは高台の避難所を提供するだけでなく、万が一、一晩そこで足止めされた場合に使うことができるろうそくがあった。しかし、少しの間そこにいただけで、マサフミは断続して寄せては返す津波の危険をあえて冒して、家族を見つけようと決心した。近くの避難所へ向かおうと決めた。必ず家族はそこに無事にいるはずだ。

数分後に荻浜支所に着いたとき、そこが津波で水浸しになっているのを見て衝撃を受けた。家族はどこにいるのだろう？　中学校で無事にいるに違いない、と思った。一方で、高まる不安を振り払いながら。もう一つの指定された避難所は、普段であれば歩いて約三十分のところにあった。今は泥とあふれる瓦礫の道路を進むのに時間がかかった。津波が彼に向かって迫っては引いていくので、約十分ごとに丘の斜面を駆け上がることになった。途中で、同じように避難所へ向かおうと苦労している年配の近隣の人たちを手助けした。

刺激のある、むかつくような臭いが鼻をついた。プロパンガスだ。津波は海岸近くの屋外のプロパンガス貯蔵タンクを破壊したのだ。見えない有毒ガスがあたり一面に充満していた。爆発しないだろうか？　彼はたじろいだ。もし山腹まで広がったら、地獄絵に変わるだろう。それを止める人手もないし、近づくこともできないだろう、とくに今は。

学校の駐車場に近づいたときは、おおよそ七時で、暗かった。自分の家の車が見えないことに驚いた。ぞっとするような思いが心をよぎった。家族はうまく逃げられたのか？　その駐車場にちらりと目を向けたとき、家族の見慣れた人影に気付いた。濡れた衣服のようなものを広げているところだった。彼らを見て驚いた。着ている服は泥がこびりついていた。そして、ひどく震えていた。何てことだ、何があったんだ、と思った。

彼らが苦しかった避難の様子について話したとき、自分たちが全員助かり、再会したことが奇跡だとうなずき合った。マサフミは水門での恐ろしい瞬間のことを打ち明けたとき、悲しみとも怒りともつかぬ苦痛を感じた。後になって彼らは、津波の高さが約十メートルに達したことを知ることになるだろう。幸運なことに、荻浜の百三十人の住民の中で、わずかに三人が押し流されただけですんだ。しかし、すべての家屋と財産が破壊された。「水門は地区を護ってくれなかった。俺たちはそれをあまりにも信用しすぎた」と、彼は苦しげに言った。

日本は津波、台風、高波から自身を守るためには、どんな苦労も惜しまない。強力な外海からの波の向きをそらすために沖合に建設された防波堤や、海岸線につくられた防潮堤と水門は、国土の三万五千キロの海岸線に沿って普通に設けられている。日本では津波に備え、全国的に約十二の巨大防潮堤が港に、また十二メートルの高さのより小規模な防潮堤が、国土の海岸線の四〇パーセント以上に築かれている。(1)

しかしながら、三月十一日の津波では、太平洋沿岸の北西の東北地域では、ほとんどすべてのコンクリートと金属の防壁が役に立たないか、単に部分的な抑止機能しか果たさなかったことが判明した。防潮堤の高さは、津波のピークよりもしばしばはるかに下であった。分厚い、補強されたコンクリートの壁は、何度も打ち寄せる波に耐えることができなかった。海底の揺れが多くの防潮堤の高度を下げ、続いて起こった巨大な震動でその下の海底の位置を変えた。いくつかのケースでは、防潮堤が津波を近くの街の方向に向かわせ、そこでの破壊を悪化させた。防潮堤が海水を閉じ込めて、住民が避難するのを妨げたケースもあった。

津波による破壊の跡は、東北地方のはるか北西にある三陸海岸に沿って町から町へと広がったが、粉々になった防潮堤は海のエネルギーを示している。コンクリートの巨大な塊が土砂の中に埋没していた。途方もない損失を伴って。

コンクリートの塊のギザギザの角が、行方不明者のための墓石のように突き出ていた。その間に乱雑に散らかっているのは、役に立たなかった波消しのためのコンクリート製波消しブロックの小山で、ローンボウルズのように海岸に無造作に打ち上げられていた。ある町では、地域のスピーカーから毎日聞こえてくるビートルズの「イエスタディ」の曲が、わびしく午後五時を知らせていた。

二〇一一年の津波は、海岸線の備えを作り変えようとしている。普代村近くの海岸線を走る国道四十五号線沿いに、数百の真新しい波消しブロックがいっぱいの港があったが、これらは、将来の防潮堤プロジェクトのために利用されることになっていた。各々の構造物は重さが最大二十トンもあり、波のエネルギーを消散するように設計されてはいるが、波そのものを阻止するものではなかった。海からのより大きく強烈な脅威に対して、明らかに防備を固めようとしていた。悲しいことに、三月十一日に破壊された多くの町にとっては、それはあまりにも遅すぎたのである。

三月十一日普代村で、漁師のフルマ・タケヒロは休みのため家でのんびりしながら、七歳の息子と遊んでいたとき、午後二時四十六分に地震が襲ってきた。[2] 最初の揺れの後、すぐにテレビニュースをつけた。巨大な地震がこの地域を襲い、大きな津波が続いて起こることが予想された。彼は十四年の経験をもつ普代村の消防団の一員として、予知できない地震や海のうねりに対処する訓練を十分に受けていた。また、すぐに消防署へ行かなければならないことも知っていた。しかし、今回の地震による揺れはとても激しく、彼も息子も妻も動くことができなかった。

普代村は過去に地震によって生じた津波で破壊されていた。今は三千人の住民は二つの山腹を結んだ高さ十五・五メートルの防波堤と、巨大なコンクリートと鉄製の水門で守られていた。亡くなった和村幸得村長が一九七〇年代にそのプロジェクトを推し進めたとき、納税者に三十五億円もの膨大な経費を負担させる、古臭い地方の無用な事業だと思われていた。(3)

和村は、第二次世界大戦から一九八七年までの四十年以上にわたって公務についており、強い影響力がある政治家になっていた。地元の建設会社や地域の政治家たちと密接な関係があることで知られていた。

「避難所に行け！」と、揺れが一時収まった後にタケヒロは妻と息子に叫んで、近くの消防署に向かって家を飛び出した。消防署の裏手にある水門の遠隔操作設備部屋で男たちに加わったのは、二時五十分だった。六つの水門のうち四つが二時五十五分に自動的に閉まり始め、水門を監視するビデオカメラは、すべてのシステムが作動していることを示していた。二つの両端の水門は道路に設けられていて、現場でチェックし、人や車を近寄らせないようにする必要があった。タケヒロと同僚の消防士は直ちに小中学校に最も近い水門をチェックするために出かけ、ボタンを押して簡単に閉門した。

それから、タケヒロは村長や幹部の所へ緊急報告に戻ったが、同僚は別の道路上の水門のチェックに向かった。彼が消防署へ戻る三時三分に、「すべてのシステム作動！」と、無線機で同僚が伝えてきた。しかし、ちょうど二分後の午後三時五分に、水門は突然停止し、大きな隙間が開いたままで津波が突破する状態になった。問題はおそらく地震の影響による停電のように思われた。たとえ危険が近づいていても、誰かが水門に戻って、閉めなければならなかった。

四人の消防士が選ばれた。二人は正規の消防士であり、二人はボランティアだった。ハンドルを手回しで水門を閉めるには、文字通り三時間かかるだろう。運の良いことに、三時二十五分に非常用のガソリンエンジンによるバックアップを作動させることができた。あえぐように鉄製の水門が再び閉まり始めたが、十分な速さではなかった。
「そこからすぐ逃げろ！」という声が、三時二十七分に携帯用無線電話から聞こえた。「津波がすぐ後ろに迫っている！　逃げろ！」四人の消防士は低い雷鳴のような音を聞きはしたが、巨大な水門が彼らに向かってくる荒れ狂う波を見ることを妨げたのである。一人の新人のボランティアの消防士が水門の制御装置の操作に手間取っていた。「そのままにしておけ！」とほかの者が叫んだ。車に駆け込み、スピードを上げてその場を離れ、かろうじて逃げることができた。

巨大な津波は水門全体を乗り越え、その進路にあるすべてを破壊して二百七十メートル以上も押し寄せ、彼らのすぐ後ろまで迫ってきた。津波は浅い主流との分岐点に達したところでようやく勢いが衰えた。被害を受けた家は一軒もなかった。監視カメラの写真が午後三時二十八分に津波が水門を越えた瞬間を捉えている。六十秒足らずの差で消防士は水死を逃れたのだ。

水門は当時普代村にいたすべての人を救った。港にある船を見に行った漁師が一人津波にさらわれた。近くの町で買い物をしていた七人も、その町のほとんどの人と共に流された。普代では水門を固く信じていたので、避難所へは行かず家に留まることを選んだ人もいた。彼らは幸運だった。同じことが、防潮堤の強さを過大評価した他の町や都市の何千人もの人々にとっては悲劇的な誤りとなったからだ。

論議を呼んだ普代村の和村村長の普代水門は、日本の貪欲な建設業界の欲得ずくの動機によってではなく、東北地方を壊滅状態にした一九三三年の津波の消しがたい記憶によって建設された。「泥の山の中から死体が掘り出されるのを見たとき、私は言葉を失った。何も言えなかった」と和村は自伝『貧乏との闘い四十年』(4)（回想録）の中で書き、二十代で目撃した大災害とそこから学んだ教訓について述べている。説得力のあった村長は、一九九七年に八十八歳という長寿を全うして亡くなったが、今や地域の名士として賞賛されている。３・11以降、何百人という地域の人々が彼の墓にお参りして花を手向け、静かに感謝の祈りを捧げた。

彼の旧友ミチシタ・シゲタダ（九十七歳）は、和村を讃える記念碑の建設のための寄付を集めている。「もし和村があの水門を建ててくれなかったら、今頃私は死んでいて、誰かが私を偲んで線香を上げているだろう」と彼は笑う。[5] この九十代の老人は自分のことを耄碌していると言うが、足取りはしっかりし、視力も衰えていない。シゲタダは和村と同じように、最悪の時代を生き抜き、生き延びてそれを語り継ぐ、日本の畏敬すべき老人たちの一人である。

「和村は外見こそ穏やかで静かだったが、何かをやると決めたら非常に意志が強かった」とシゲタダは言う。「和村が水門を作りたかったのは、子どもたちのことをひどく心配していたからだ」。山に挟まれた谷間のような村の地形のため、学校は唯一広い土地が得られる海の近くに建てざるをえなかった。もし授業中に津波が襲ったら子どもたちは波にさらわれてしまうだろうと和村は思ったのだ。

計画されている記念碑は単に和村村長への感謝を表すためではなく、津波の威力を村の子どもたちに記憶させるためだ。「若い人たちにはいつも津波の怖さを忘れないようにしてもらいたいのです」とシゲタダは説明する。「津波を防ぐことはできない。ただ被害を少なくすることしかできないのです」。

普代と同じように、田老という漁村もそびえ立つ防潮堤を築いた。しかし普代と違って、田老では二つの山の間にではなく、ほとんどの防潮堤と同じくさえぎる物のない海岸線に沿って築かれたのである。それでも住民たちはそれが彼らを守ってくれると信じ込んで、三月十一日、押し寄せる津波を眺めるために防潮堤の上に登り、あっと言う間に流されてしまった。うねり狂う波が防潮堤を越えて襲ってきたとき、下にいた住民は防潮堤と背後の山に挟まれてしまった。

その建造物は日本最大の一つで、「万里の長城」と呼ばれていた。全長二・四キロ、高さ十メートルもの防潮堤は四千四百人の上にそびえ立ち、その向こうの海を見えなくしていた。三陸沿岸の他の多くの町と同じように、田老も津波による破壊の歴史があり、住民はその危険については教えられていた。

釜石市には世界で最も深くまで埋め込まれた釜石港湾口防波堤があり、それはギネスの世界記録にも取り上げられていた。深さ六十三メートル、海抜六メートル、長さ一・六キロのその構造物は三十一年かけて建設され、二〇〇九年に完成した。費用は千二百億円以上。(6) 残念なことにこの構造物も町を守ることはできなかった。

この途方もない費用も、釜石が一八五〇年代後期に日本の近代鉄工業の生誕地であったことで正当化された。日本製鉄は一九七〇年代初めまで釜石で最大の雇用者であったが、経済の中心地はその後当時自動車産業が栄えていた中部地方に移った。(7)

防波堤の建設は、巨大製鉄業を失った後、新しい国際的な海運業関係の会社を招致するという計画の元に一九七八年に始まった。しかし、東北地方沿岸の多くの港町と同じように、事業の関心は人口減少や経済的不安定と共に薄れていった。続いて国から巨額の助成金が入り、政府と地元の経済界との密接な関係を固めていった。釜石の防波堤は巨大な役立たずのコンクリート塊へと変わり果てた。津波に持ちこたえられず、四万人の住民を守れなかったことが汚名の上塗りをした。記録によれば、住民の千四十六人が死亡もしくは行方不明となった。(8) 更に悪いことに、防波堤で波の流れが曲げられて近隣の町を襲い、そこでの被害を増大させたと考えている人もいる。(9)

陸前高田では、防潮堤の高さを決定づけたのは観光産業だった。目障りとならないように、海岸近くに植えられた七万本の堂々たる松林より低く、たった六・三メートルに抑えられた。松の木は観光客を着実に呼び込む目玉であった。一九二七年以来、陸前高田は日本の景勝地の一つに選ばれていた。

しかし、十七メートルに達した3・11津波は簡単にその防潮堤を越えた。残されたのはたった一本の松の木とほぼ百万トンの瓦礫と「地図から消された」(10)町だった。津波の前に二万四千人だった人口のうち、千七百人が津波に流されて命を落とすか行方不明となった。(11)

陸前高田の松林が津波の勢いを弱めたのは確かである。住民は残った一本の松の木を「奇跡の一本松」と呼び、それは復興のシンボルとなった。しかし、塩がしみこんで根が腐り、それを救おうとする多くの人々の努力にもかかわらず、枯死しかけていた。種からの育成や、枝の接ぎ木が試みられて、一本松は再生のシンボルとなっている。

セツコにとって、陸前高田の有名な海岸の松はいつまでも懐かしい思い出として残るだろう。若い頃、彼女の家族は松林に出かけて高い松の木の陰でお弁当を食べ、夏の暑さを逃れてひんやりとした海で泳いだ。彼女は学校の遠足でも、楽しいガールスカウトのキャンプでもそこへ行った。彼女と夫のタクヤの最初のデートの場所もそこだった。彼女は今でも夫と座って星を見ながら、将来を語り合ったことを鮮明に憶えている。

三陸海岸に沿って、防潮堤や水門のほかにも様々な形や大きさの津波避けがあり、日本人の創意を証明している。入念に高くされた高台や避難所、段丘（人工的に作られた高い場所）、聖書に書かれているバベルの塔と見まがうばかりの螺旋状の塔。そして近くの小高い所や美しい松林や島々などの自然の防護物もあった。

松に覆われた二百五十の小さな島々という自然の防壁が津波の衝撃を和らげて、松島の町を守った。いくつもの島々がある有名な入江は日本三景の一つに指定されている。町の防潮堤は高さ一・八メートルしかなかったが、町はほとんど無傷だった。一万五千人の住民のうち亡くなったのはたった十六人だった。デイヴィッドは近くの島で少人数の小学生に教えていたのだが、その島の高くなった地点から、島々の素晴らしい景色を毎週眺めていた。

遠くには彼が教えていた別の学校も見えていたが、守ってくれる島の防壁もなく、津波によって破壊されてしまった。それは彼が住んでいるところからあまり離れていない東松島の町にあった。そこでは十メートルの津波が六メートルの防潮堤を軽々と乗り越え、四万三千人の住民のうち千百人以上の命を奪った。

これらの実例はエンジニアや、建築家や都市プランナーに様々な防御方法を提案する動機付けとなった。津波に破壊された名取市では、安全なユートピア的な環境の中で松島の成功例を再現しようという建築家迫慶一郎の提案を検討している。東北スカイ・ビレッジと名付けられたその村は、破壊された土地の上に築いた人工の小高い島の上の小さな集落から成るというのだ。あたかも現代の要塞城下町のように、迫が提案する楕円形の構造物は、幅二百メートル高さ二十メートルで、大きな津波に対しても安全性を保証している。名取市には防潮堤がなく、二〇一一年の津波では九メートルの波に襲われた。

コンクリートで補強された外側の壁があり、いくつかの島が土台に固定される。それぞれの島は異なる用途に使われる。ほとんどは多目的の居住空間となるだろう。工場や地域の農業、漁業部門のための施設として使われるものもあるだろう。野心的なこの計画には、地元の漁船を守るための屋内係留施設も含まれている。迫はそれぞれの島の建設費二百億円は地区全体を高台に移すよりは安上がりだろうと見積もっ

ている。(12)

釜石市のアドバイザーとして、ベテラン建築家の伊東豊雄は景観的な要素と現存する防潮堤を組み合わせる提案をしている。その設計の特徴は、傾斜した人工の小山がその斜面に階段状に建てた集合住宅を守るというものだ。それぞれの建物には海を望むユニットが二十入る。高さが十三メートルもあり、桜並木のある美しく造園された海辺の公園が、それぞれ十六の居住ユニットが入るAの形をした伝統的な藁葺き屋根の共同住宅を守る。サンフランシスコのフィッシャーマンズワーフにとてもよく似た区域は、多くの観光客を引きつけ、地元の経済を活気づけるだろう。計画の中には釜石近隣の防潮堤の高さを四メートルから六メートルにするということも含まれている。(13) 伊東の提案は迫のものよりずっと費用がかからないが、居住ユニットが少なく、学校や商業用の建築物や公共施設は含まれていない。

ほとんどの地方自治体の目的は、壊滅的な津波から安全な距離にある高い場所に住民を移すことである。しかし、村や町を根こそぎ動かして分散させることは、経済的にも精神的にも大きな負担を伴うだろう。東北の助け合いにとって重要な源である緊密な地域の絆が簡単に失われてしまうだろう。東北の経済の多くは漁業と海のそばの生活を基盤としているのである。

セツコは、買い物、交通、その他の不便があっても、陸前高田で家族や生涯の友人たちのそばで暮らしたいと思っている。他の場所で住むことは考えられない。トオルの父親のマサフミは荻浜のような三陸海岸沿いの破壊された村や町の住民は少しずつ帰ってきて、家や地域を再建していくだろうと信じている。「海は時には残酷になるが、いつも豊かで恵み深い」と彼は言う。「歴史は繰り返すのだ」。

だが、事故の起きた福島原発に近い地域の住民は、津波と放射能の危険性で散り散りバラバラになっていて、戻ることは不可能だろう。歴史は彼らの絶望的な物語をどのように説明するのだろうか？

第4章　メルトダウン

それは地図のない地獄への旅でした
——ワタナベ・カイ

ワタナベ・カイは自宅へ全速力で走って逃げたが、後にした自分の職場は、この二十五年間で世界最悪の原発危機に向かって滑り始めていた。地震の衝撃波は壁から管を引き離し、ロッカーを倒し、三百五十万平方メートルの原発敷地内の道路に歪みを生じさせた。一号機原子炉近くの中央制御室の技術者十名と交代勤務監督者一名が「揺れがあまりにも強かったので四つん這いになる人もいた」[1]と後に描写することになった。「落ち着け！」一号機のユニット長福良昌敏は叫んだ。津波は四十九分後に迫っていた。

当初、福良とその上司吉田昌郎所長も第一原発の防御系統が作動したと信じていた。地震に襲われるや、制御棒が自動的に三基の稼働中の炉心に挿入され、核分裂反応を停止させるが、これは「スクラム（原子炉緊急停止）」と呼ばれる過程である。原子力発電所は基本的に、石炭もしくは原油燃料式発電所と同じ原理で稼働する――つまり水が加圧蒸気へと加熱され、その蒸気がタービンを回すために使われ、電気を発生させる。違いは加熱の仕方で、原発は核分裂反応という過程によって加熱される。それは、原子を二つに分裂させることから、例えばウラン同位体235を自由中性子で衝突させて分裂させることから始まる。

長い棒状のウラン燃料は、分裂すると超高熱を発し、冷却水がないとオバーヒートして、死に至る可能性のある放射線を放出しながら溶融することになる。そのため、水は原子力発電所には不可欠である。地震や事故は、送水ポンプや他の機器へ給電する送電網に重大な損傷を起こす可能性があるため、どの原発も非常用電源を持たなければならない。

原子炉四号機、五号機、六号機はメンテナンス（定期点検）のため稼働していなかった。原発技術者たちは瞬時に、この地震で原発が主要送電網から遮断され、炉心に注水して冷却する電力が全くない状態にされたとわかった。しかし電力が復旧するまで十三機の非常用ディーゼル発電機が緊急給水ポンプを動かし続けるだろう、と思っていた。ディーゼル発電機は、原発に必須の水を流し続けるのに十二分にある、と考えられていた。

九ヵ月前のこと、このシナリオのために図らずも予行演習をしていた。二〇一〇年六月十七日、二号機用給水ポンプへの電源が失われた。前福島県知事の佐藤栄佐久は数名の会議傍聴人の一人で、もし非常用発電機も起動しなくなったら、一体何が起こるだろうか、と繰り返し質問していた。これは本質的に効果をねらった発言だった。核分裂反応を緊急停止させても、燃料棒は超高熱を発する。冷却されていない燃料は、摂氏二七六〇度まで上昇しうる。この熱は、燃料棒の周囲の水をすっかり蒸発させて、燃料棒を剝き出しにしてしまう。最悪のシナリオでは、水がなくなって燃料が溶け出し、先にある鋼鉄もコンクリートも何もかも溶融してしまう。

東京電力は、これら十三機の発電機が起動しなくなる可能性があることを考慮に入れなかった。東京電力は、四年前、別の予行演習からも学ぶべきだった。二〇〇七年七月、世界最大の原子力発電所との見方もある柏崎苅羽原発の二十キロの地点をマグニチュード六・八の地震が襲った。揺れが始まって数秒で配管は破れ、放射性廃棄物のドラム缶は倒れ、モニターは機能停止した。変圧器内で火が二時間以上放置されたまま燃え、千二百リットルの汚染水が海におびただしく流れ出した。続いて東京電力は、七基の原子炉からなる出力八千二百メガワットの原発の損傷が「原子炉建屋の内部に及んでいた」こと、第一号機原子炉からは少量の放射能汚染水が漏れ出ていたことを認めた。安全手順における多数の根本的欠陥や失敗が後に明るみに出た。従って「福島第一原発で事故への東京電力による不十分な対応は、不思議なことではなかった」と米国原子力学会（ANS）[2]は、二〇一二年三月号報告の中で手厳しい結論を下している。

二〇〇二年〜二〇〇六年の間、福島原発では二十一件の別個の問題点が報告された。内部告発者らは福島原発従業員も含め、東京電力と主要規制機関である原子力安全・保安院（NISA）の両者を飛び越えて訴え出たが、それはクビにされるのを恐れたからだ。告発情報は無視された。佐藤栄佐久は後に、これら内部告発者らがいかに「国賊」[3]のように扱われたかを記事や書物で描写することになった。

佐藤はこの原発ドラマの中で、大惨事を予測していた大勢のエキストラ出演者の一人に過ぎなかった。地震学者らは、日本の近世における最大の地震である宝永地震（一七〇七年）を引き合いに出した。この地震は、東京の西にある静岡県の大部分を洗い流すほどの巨大津波を引き起こしたが、もし繰り返されればほとんどの原発の防御体制を間違いなく打ち負かすことになる、と主張した。一九三三年（昭和三陸地震）では、二十八・七メートルの波が福島第一原発に近い青森県、岩手県、宮城県の東北沿岸部を破壊した。一八九六年（明治三陸地震）では、海抜三十八・二メートルまで波が到達した。過去三千五百年間に、太平洋沿岸の北部および東北部に沿ってマグニチュード九規模の地震が少なくとも七回あったことを示す証拠があった。[4]

三月十一日の一週間前、東京電力とその他二つの電力会社は、巨大津波が東北地域を襲うこともありうる、と警告するレポートの語調を和らげるように政府を説得した。[5]その結果、文科省の地震調査委員会事務局は、データが「不十分なので更なる調査研究」が必要だと報告案を改変してしまった。3・11災害の三日前に、東京電力自身が、四十年経過した原発の津波災害リスクを評価する必要性を示す三ページ分の簡単な報告書を発表した。この報告書は、高さ十メートルの津波が原子力発電所を襲うこともありうる、とする社内コンピュータによるシミュレーションとその他の研究調査を引用した。[6]東電の五十年にわたる地震データ無視という常態を考えると、当社が調査報告に基づいて行動してきたようには思えない、と語るのは企業弁護士の河合弘之である。河合は3・11の一年後に、東電を相手取った史上最大訴訟の一つを率いることになった。

河合は原発主流派とは距離を置き、世界中のマグニチュード六クラスの地震の二〇パーセントを体験する国で、五十四基の商用原子炉を建設するという考え方だけでなく、原子炉を密集させて建設する――例えば、福島第一と第二を約十一キロの近距離に建設する――といった考え方にも疑問を呈する数多くの声の一つであった。あらゆる精密機械と同様に、原子力発電所は水（津波）や衝撃（地震）に極めて影響を受けやすい。(7) 大規模地震は両者をもたらす。

日本における原子炉の多くは、これまで沿岸地域で未検知の断層帯が近代地震学によって発見される前に、計画され、稼働していた。科学者らは、幾つか特に脆弱な原発について、とりわけ東京から約百八十キロの静岡県にある原子炉五基からなる浜岡原発について暴露した。この原発は、絶えず動いている二枚の構造プレート、つまりユーラシア・プレートとフィリピン海プレートのほぼ境界線上に位置している。柏崎刈羽原発も大断層上にある。

これらの研究調査は、マグニチュード八クラスの地震がこの地域をいつでも襲う可能性があることを受け入れるように関係当局に迫った。政府は、今後三十年間に浜岡近辺で巨大地震が発生する可能性は八七パーセントであると予想していた。この地震が東京に及ぼすだろう結果は身も凍るようなものだ――つまり、福島規模の事故が起きたら、「もうおわかりのように、日本の崩壊の合図だ」と地震学者の石橋克彦は警告した。(8)

三月十一日、第一原発にある免震棟の中で、吉田所長とその部下たちは一体何が起きたのか状況を調べ始めた。それは、ワタナベ・カイや数千人もの労働者たちが、自分たちの家族の安否を確認するために職場を離れることが許された三時少し過ぎのことだった。地震の危機は食い止められたものと確信して、免震棟内に残っている男たちは、海にはほとんど注意を払わなかった。津波は、長さ一・六キロの防波堤および高さ六メートルの防潮堤を越えて押し寄せるや、原子力発電所に十三メートルから十五メートルの波で襲いかかった。その波は、予測された最高波の二倍もの高さだった。津波は、海から約百四十メートル、原子炉の海側下方にあるタービン建屋の地下室に流れ込み、配電盤をショートさせ、非常用発電機十三機のうち十二機[5]と最後の砦である予備電池も使用不可能にした。[9]中央制御室は真っ暗闇に放り込まれてしまった。

懐中電灯が一つひとつ灯った。その薄明りの部屋は恐怖で満たされた。原子炉を稼働させるどころか、原子炉に今何が起きているのかモニターで監視したり、放射線を測定したりする電力さえなかった。その時点から、原子炉内の水位の見積もりは、実際推測にすぎなかったことだろう。四時間半後、一号機の水位が燃料棒の一番下よりも下がってしまい、炉心を剝き出しにしていた。燃料溶融が始まっていた。多くの専門家が、津波が到着する前に、地震が一号機原子炉の冷却システムを致命的に破損させていたかもしれない、と疑っている。[10]電源喪失からちょうど十五時間後に、燃料が溶融し、原子炉圧力容器を突き抜けた。二号機も三号機も時間の問題だった。更に悪いことに、東京電力の誰もがこれまで原発で全電源喪失を予測したこともなかったので、次に何をすべきか何の考えもなかったのだ。

東京では、官房長官の枝野幸男がすぐテレビに登場した。地震が起きて最初の記者会見で枝野は、「現時点では、原子炉それ自体に何の問題も報告されておりません」と国民に呼びかけた。原発事故について午後三時四十二分に公表された。四時四十五分に東京電力は政府に原発を制御できなくなったことを伝えた。それは、完全に電源を喪失したことを意味していた。

数時間後に菅直人首相は、目下進行中の原発の緊急事態に対して最初の危機対策会議の議長を務めた。その会議は、東京電力や原子力安全・保安院、原子力安全委員会の幹部と海江田万里経済産業大臣とで構成された。驚くべきことには、その会議の議事録一切が取られておらず、後にインタビューに基づいて作成し直されたのだ。「メルトダウンはありうる、違いますか？」と会議室につめているメンバーの一人が質問した。それは、枝野官房長官や東京電力によって、数週間、公表が抑えられることになった禁句に言及した最初だった。原子力安全・保安院の報道官である中村幸一郎は、会議の翌日に、メルトダウンは「ありうる」こと――つまり、原子炉六基のうち少なくとも一基の内部での炉心燃料の溶融――をうっかり漏らしてしまい、その職を解任された。(11)

政府は直ちに、非常用発電機をトラックに積み込んで第一原発に送ったが、到着するや、別経路で送電するために必要とされる配電盤が水浸しになっているのがわかった。主要目的は明白だった――過熱している核燃料を冷却するために、なんとかして原子炉に注水する必要があった。労働者らは、モニタリングを維持するため、自動車用電池をかき集めて来るように送り出された。三月十一日午後七時、菅首相は原発の緊急事態宣言を公表し、原発の三キロ圏内の全住民に対し避難指示を出し、十キロ圏内の人々には屋内退避を命じた。翌十二日には避難区域は十キロに、その後さらに二十キロに拡大された。

三月十二日の朝、大熊町で何十年にもわたって営業してきた小さな食堂の中で、カイの両親は持てるだけ持って、内陸部の田村町へと避難し、それから原発の南、約三十四キロにあるいわき市へと避難した。そして二度と戻れない運命であった。両親の乗ったバスが走り去るとき、カイの心の中でうろ覚えの言葉が、望んでいないのに響きわたり始めた。それは「プリピャチ」――チェルノブイリ原発事故直後に住民が避難させられたウクライナの街、二十五年経った今も廃墟のままの街だ。カイは、もう家には帰れないかもしれない、という予感がした。

大熊町は富岡町、双葉町、浪江町と共に数時間のうちに空っぽになった。これらの町は、面積は狭いが、絵のように美しい田畑や丘、港に囲まれたこぢんまりとした町々で、そこで人々は代々耕作をし、漁をしてきたのだ。ペットの動物や家畜は置き去りにされ、野生化したり、死に絶えたりした。双葉町の原子力災害対策オフサイトセンターは、こうした避難に対処するために作られたのに、電気も電話もなく放射線を遮断するフィルタリング装置すらなく、役立たずだった。浪江町の職員たちは、ラジオで住民避難について聞いた。NHKテレビで大惨事が進行するのを見ながら、カイは自分の目を疑った。

カイの自宅から数キロ離れた双葉病院では、大地が揺れ始めてから何時間、何日間も混乱が支配した。揺れはまず、悲鳴やすすり泣きに遭遇したが、次に津波がやって来るという噂が広がった。さらに隣接する原子力発電所内で起こっていることに関して噂が渦巻いた。電話回線は外部からの電話が殺到し、麻痺してしまった。何に対しても計画を立てる国であるのに、驚いたことに、この種の緊急時対策計画がなかったのである。続く四十八時間、病院スタッフは、患者四百三十五人のうち約二百人を、運転手が第一原発近くを運転するのを拒み始める前に移送することになった。全員が避難できたのは数日後だった。双葉病院の患者のうち二十一人が震災直後に亡くなり、数人が避難センターへ移送する途中、バスの中で車椅子に括り付けられたまま亡くなった。これから何日も何週間も、ほぼ六百人が同様な死を迎えることになった。[12] 双葉町長の井戸川克隆は後に、この原発震災を日本自体のメルトダウンである、と呼ぶことになる。

一方、発電所の技術者たちは、爆発または原子炉内部の致死量の放射線被ばくによって死ぬかもしれないと理解し始めた。放射性の蒸気と水素が一号機原子炉に充満しており、それが中央制御室へと浸入しつつあった。三月十一日の夜遅く、彼らは典型的な原発のジレンマに直面した。すなわち放射能を含む蒸気を大気中にベントするか、または格納容器の爆発を直視する、つまりとてつもなくひどい放射能の流出となるのかだった。けれども電源喪失の中で、ベントは手動でしなければならず、命がけの仕事だった。

原子力安全・保安院と東京電力からの、混乱し、かつ不十分な情報に終始して、時間だけが経過し、なぜベントが行われないのかという不審を募らせて、菅首相は東京から原発までの約二百五十キロのヘリコプター飛行を敢行した。そして東電の技術者が原子炉建屋内に入ることを命じた。しかし、そのことは自殺的な任務だと多くの人が思った。建屋の中の温度は三八度を超え、ベントのバルブ近くの放射線量は致死量に近い水準に達していたからだ。しかも作業員たちは一連の余震の中、漆黒の闇の中で作業せざるをえなかった。「一気駆け」作業の十七分間、すなわち彼らが致死量の放射能を浴びずにすむ最大限の許容時間内に、古い青写真を頼りに、マスクをつけ防護服をまとった作業員たちは、錆びついたバルブを回転させた。それでも満足な結果は得られなかった。三月十二日の午後、最初の水素爆発が原子炉建屋で炸裂した。窓のない免震重要棟内にいた所長たちは最初の爆発を感じ、次に恐怖の中で民放の画像を見た。放射能は免震重要棟内、原発周辺一面に浸出し始め、勢いのある春風にあおられて毒性の煙が広範囲に拡散した。

高濃度の汚染物質が、日本の重要な食料供給地帯の一つである福島にある、南相馬および清らかな農地を通って、北および北西方向に風で運ばれた。発電所でのさらなる爆発に続く三日にわたって、雲煙は南相馬を取り巻く山々にぶつかり、浪江町、および山間の飯舘村に雨となって降り注いだ。飯舘村は爆発した発電所からおよそ四十キロほど北西にあった。

パニックを恐れて原子力安全・保安院は、ＳＰＥＥＤＩ（緊急時迅速放射能影響予測ネットワークシステム）と呼ばれる、膨大な金を投じた放射能追跡システムのデータ公表を控えてしまった。そのシステムは、雲煙の方向を示してくれるものだった。けれども在日米軍にはそれが報告されたのだ。[13] 発電所周辺の町々や村々からの何千という避難民は、最も汚染された地域と後で確認されたようなところへと逃げた。後日に浪江町長は、データ隠しの決定は「殺人にも等しい」と叫んだ。[14]「それは犯罪だ」と南相馬の桜井市長も同調した。「政府は自らの国民を守ることをしていない」と。菅首相は、データは首相官邸に送られたが、それが彼に届く前に原子力安全・保安院の役人によって妨害された、と苦言を呈した。[15]

三月十二日の水素爆発の直後、わずか二十キロ弱しか離れていない地区の桜井市長は、枝野官房長官がテレビ中継された記者会見で国民を安心させようとする場面を見た。「たとえ一号機原子炉の建屋が損壊していても、格納容器は破損していません」と官房長官は記者たちに述べた。「事実、屋外の計測器は放射線量の割合が下がったことを示しており、したがって原子炉の冷却は進展しています[16]」。事故はチェルノブイリのレベルまで達しているのではないかという質問に対して、「ありえません[17]」と言った。

世界で最悪の核惨事は、背後の千七百キロまでも荒廃地としてしまい、四分の一世紀後もほとんど無人の地になっているが、危機が起きるたびに、何かと引き合いに出された。日本のメディアの専門家たちはじきに、向こう何十年も福島で高度の放射能汚染が起きると予告した。

危機を矮小化することは、何も日本に限ったことではない。チェルノブイリの後にソ連当局は、メルトダウンおよび放射能放出の深刻性を隠蔽し、起きた事態の公式発表に疑問を唱える人々を抑圧したり、投獄さえもした。アメリカのペンシルバニア州政府もやはり、一九七九年のスリーマイル島での一部メルトダウンのときに情報隠しを行った。またジョージ・W・ブッシュ大統領は、ニューヨーク市での九月十一日のテロ（二〇〇一年）による、飛来有毒物に関する環境保護局のデータを操作したことで追及された。「避難区域」の境界線上にある南相馬市の市民は、枝野長官の言うことを信じなかった。ひとたびテレビで

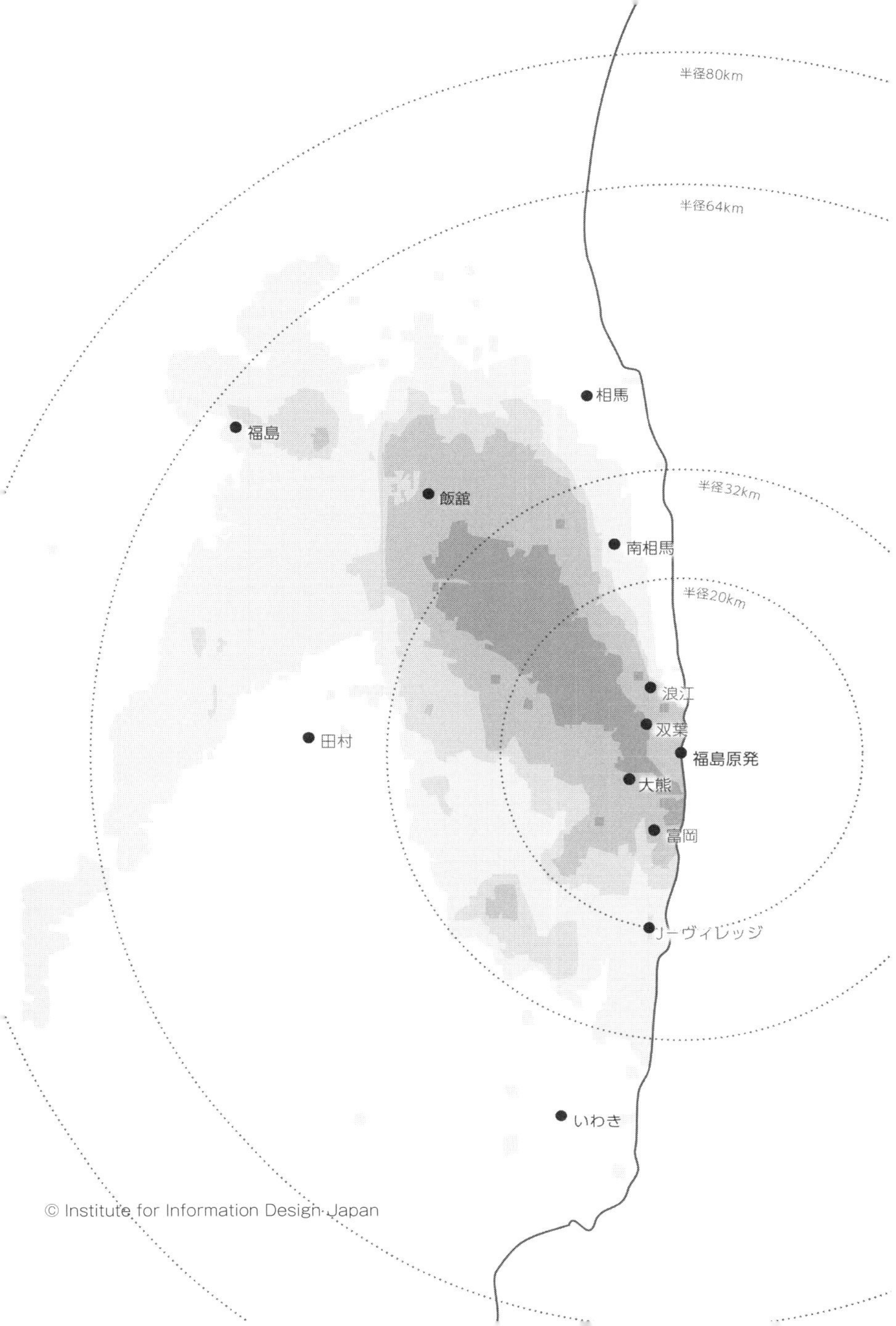
半径80km
半径64km
半径32km
半径20km
相馬
福島
飯舘
南相馬
浪江
双葉
福島原発
大熊
富岡
田村
Jーヴィレッジ
いわき

爆発を知るや彼らはただちに避難を始めた。脱出は三月十二日に始まり、三月十五日までには大混雑となり、市庁舎の外では交通の大渋滞が生じた。車は市役所のそばで一寸刻みの状態となり、そして子どもたちの顔は、曇った窓のそばにまで迫ってきた。毎日のように、何百人という人々が桜井市長の部屋の下の階の受付スペースに群がり、情報提供と救援措置を要求した。人々は、彼が一階を通り抜けて歩くのを見つけると、詰め寄った。「一体あんたは何をやってるんだ」とある者が叫んだ。「おい、一体どうなってるのか教えろ」と。彼は詰め寄る人たちと同じぐらいほとんど何も知らなかったのだ。政府や東電からは何の音沙汰もなかった。問い合せに対する回答もなかった。政府の役人が到着したのは一週間後であり、東京電力が最終的に南相馬市に対して、二十キロ弱ほどしか離れていない発電所で今起こっている状況について報告したのは、二十二日後のことだった。

ガソリンは、人々が避難するに当たって必需品であるが、その供給は制限されてしまった。タンクローリーが近づかなくなったからだ。市の職員は、地域のガソリンスタンドで給油するために派遣された。最初の爆発の後の日、およそ五十キロ強離れた郡山市より、タンクローリーの運転手から電話がかかった。彼は被ばくを恐れ、少しでも先へは行かないと告げた。市の職員たちは自ら赴き、ガソリンを満載したトラックを確保した。それは市への物資供給が止まる、最初の不吉な徴候だった。食料を運搬するトラックもその他の軽トラックもまた止まってしまった。

市で最大の病院では、一般および医療職員の脱出が始まった。彼らは病人や老人をどうするつもりだったのだろうか。まだ市の海岸部の居住区に散在している遺体を誰が収容しにいくのか。三月十四日、南相馬を担当する、日本の大きな日刊紙やテレビ局の記者たちは突然姿を消したが、そのことは原発事故の中で追いつめられた大きな都市からの現地情報が何週間も途絶えることを意味した。彼らは一ヵ月以上も戻ってこなかった。何人かの市職員もまた離脱した。「私の町はメルトダウンしたのです」と桜井市長は言う。

混乱の最中、中でもとりわけつらい務めが待っていた。すなわち、疲れ切った市長は、現地の農業高校のにわかづくりの遺体安置所を訪れねばならなかった。ともに農業をやってきた男性や、長年の家族の友人たちのふくらんだ遺体が床に横たえられていた。「私の気持ちを表わす言葉は、全く見つかりませんでした」と彼は回想する。けれども自分の地位を放棄することも、自らの両親を探しに行くことも、考えられなかった。選んでくれた市民に対する責務がまず頭に浮かんだ。彼はあとになって、ようやく両親の消息を知ることができた。その夜、自分の執務室の裏の部屋で毛布をかぶって、二、三時間体を丸めて眠ることができた。夜明け前に目を覚まし、新たな日にはまたどんなに空恐ろしいことがやってくるのだろうかと思いをめぐらせた。

三月十四日、さわやかな月曜の朝の空に太陽が上がるとき、別の爆発によって、三号機原子炉を囲っているコンクリート製の建屋は大きく損傷したが、そこには、致死量となる毒物の混合体の中に大量のプルトニウムが収納されていた。その爆発によって二号機原子炉の冷却用の給水が止まり、すでに危機的段階にあったその状況をさらに深刻化させた。今や福島第一原子力発電所は、金属類や瓦礫が散乱していた。複合施設内のある場所での放射能は、一時間当たり千ミリシーベルトに達し、それは即座にひどい放射能障害をまねく値だった。汚染を防ぐ働きをするフィルター装置があってさえも、中央制御室内の放射能の水準は許容値の十二倍に急上昇した。技術者たちは、会社への忠誠心、義務感……そして恐怖心で踏み留まった。「たとえ駆け出してみたところで、一体どこへ行けたというのだろう」とカイは自問する。何人かの作業員は現場を離れていたが、南相馬やいわきから崩れて水浸しになった道路を発電所に向けて懸命に運転してきた。そのとてつもない恐怖心を団結と仲間意識の重みによって押し殺したのだ。

その夜、原子力安全・保安院は定例の記者会見をキャンセルしたが、それは危機を管理するためにつくられた、官僚の壁の向こう側にある混沌状況を示唆する不吉な徴候だった。第一原子力発電所の免震棟内では、技術者たちはもう公然と、かつてなら思いもしなかったようなシナリオを思い描いていた。すなわち、三つの原子炉が完全に制御不能になって莫大な量の雲状有毒物が、世界で最も人口の多い巨大都市・東京に向けて吐き出されることである。多くの者が、中でもとりわけ恐ろしいニュースをかみしめていた。つまり、四号機原子炉建屋内の千五百本の燃料棒、通常は水面下五メートルに浸されているのだが、それが空焚きされて、原子炉のメルトダウンよりはるかに恐ろしい核分裂の連鎖反応と汚染が引き起こされることである。

東京が眠りに着いたとき、発電所の吉田所長は青い作業服を身に着けて、彼の部下を集めて働いた。自分の考えを持ち、わかりやすく話すことで知られたタフな男である吉田は、ぶっきらぼうな性格を持っていた。「退去して下さい」と彼は言った。「ここで我々はできる限りのことをやってきた」[18]。のちに、彼と東電が全員撤退か、あるいは発電所が制御不能に転落していくのを止めるための何人かの作業員を残した一部撤退かを、命じたのかどうかで議論が起こった。何人かの技術者は目に涙を浮かべた。彼らは、吉田所長が死を覚悟しているのだと考えた。原子力時代のタイタニック号の船長のように、彼は船とともに沈むつもりだった。

いわきの避難センターで、事故に対する考えを整理しようとして、カイは最悪の事態に恐怖した。避難センターは町の人々でいっぱいで、みな恐怖に満ちて座り込み、テレビの前に釘付けになっていたが、この状況がどれほど悪くなるかということを彼ほどわかっている人は、ほとんどいなかった。エリート校である東京大学の教授は心配する必要はないと言ったが、原子炉内にはもう冷却水がなく、燃料はメルトダウンしつつあるのは明らかだった。メルトダウンはしていないと彼らはなぜ言っているのか、とカイは不審に思った。我々は今チェルノブイリと同じ状況に直面しているのだ。いや、それよりもっと悪いのかもしれない。最終的にカイは考えた。避難地域は百キロ以上に、おそらく二百キロ近くにも拡大されるだろうと。

会社の経営陣はどこへいってしまったんだ、とカイはいぶかしんだ。東京電力社長の清水正孝は公衆の面前から姿を消してしまったが、ストレスのために倒れて入院をしているとか、あるいは自殺を図ったという噂が飛び交った。やっと、怒りに満ちた地元住民への謝罪のために、福島に来ることになったのは一ヵ月後のことであるが、その時までに彼の評判はさんざんなものとなったし、キャリアは大きく傷ついていた。カイにはそれは驚くに値しないことだった。第一原子力発電所での職員の序列に関して、カイや仲間たちは、東京電力の経営陣とは、日本の有名大学を卒業して机上の仕事に従事するだけの、飾り物にすぎないと考えていた。また、頭でっかちで気概もない男たちであって、発電所の運転を支えているカイのような、下位のブルーカラーとは違うと思っていた。彼らは危機に対処する経験をまったく持っていないのだと。

それでも、三月十二日の爆発を知るやいなや、会社から、発電所を救い散乱物を始末するという作業依頼の呼び出しを、彼は待ち始めた。呼び出しがあれば、ためらいなく承諾するつもりだった。それは本能的な反射行動である。カイは漫画で読んだり、テレビで見た戦争物語のことを思い出しながら、時々軍隊流の考え方をした。「私は自分のことを、神風特攻隊のようだと考えた」と、カイは繰り返した。それは第二次大戦末期に、アメリカの侵攻から日本を守るために命を捧げた行動であり、自分の体を航空爆弾にしばりつけた若者たちのことである。「彼らは、そこの住人や見知らぬ人々のために自分の命をかけた。それが私の考えたこと、つまり人々を守ることだ。それは自分の国を守るということではなくて、私の心に浮かんだ人々の顔を思い浮かべることだった。私たちがたとえ自分たちの命を捨てたとしても、故郷から脱出した人々はいつか自分の家に帰れるだろう」。

呼び出しがあったのは、危機が始まってからおよそ一週間後だった。「我々は現場に戻らなければならない」とカイの監督者は言った。カイはそのことを軍隊用語で表現した。「最終的な決戦指令」だったと。要請を断った者もいた。子どもがいるので、あるいは妻が心配のあまりおかしくなるかもしれないという理由からだった。カイは独身で、家族は生還できるかどうかについては一言も言わなかった。彼は心で、それが暗黙の承諾だと理解した。危険をごまかすことはできなかった。さらなる爆発が起きるかもしれず、もっとひどい放射能汚染さえ予想された。これからどうなるのか誰にも先のことはわからなかった。

第5章　天皇の言葉

――決して希望を捨てることのないように

東京の魅力は、伝統美あふれる首都というより生き生きとした活気と活力にある。紙テープのように張り巡らされた高速道路や鉄道の壮大なカオス（混沌）、脈打つような大いなる近代性が醸し出す「疾風怒涛」、そして、途方もなく巨大な人口。３・11以後、こうした活力が血の気が引いたように消え失せ、東京は青ざめて疲弊した都市になった。

賑やかで若者が集まる東京の街、渋谷では、普段は人でごった返す大きな交差点の上にそびえ立つ巨大なネオンサインや街頭スクリーンが節電のために消えた。車の流れや人混みはまばらになり、酒場はガラ、店舗は早めに閉店した。東京の西部へ、またさらにその先への主要なターミナル駅の一つである渋谷駅の周辺には東京から避難するつもりでスーツケースや旅行カバンを持った人々がたくさん集まった。

タクシーの運転手は数時間並んだもののガソリンが手に入らなかったと愚痴をこぼした。東京の全域にわたって自発的に節電が行われた。店では飲料水や牛乳が品切れとなり、傘にいたっては雨が福島の放射性物質に汚染されているという噂——これは広島に原爆が投下された後に降った「黒い雨」を連想させる——が広がりやはり品切れとなった。まるで戦時中について聞いた話のようだと言う人もいた。配給、行列、空襲による悲惨な話——六十六年前のほぼ同じ日、一九四五年三月十日、米軍による戦時下の爆撃で焼夷弾が東京に投下され、十万人が焼死、東京は廃墟と化し、五百万人が焼け出された(1)。

今回、空からの危険は放射線であり、病院や大学、放送局が独自に大気の測定を開始し、都心でも検出された。迫り来る災難らしきもの——都心から約二百五十キロにある原発のメルトダウン、そして三千五百万人が放射性降下物を被ること——のはっきりした状況を知ろうとして数百万の人々が政府発表やメディアに注目した。しかし政府は危険性を過小評価しているように見え、メディアの情報は事実を歪めていた。

こうした惨事はＳＦ小説のことであり、あるいは『ゴジラ』——東京湾に現れて、原子力爆弾の記憶をもとに口から放射線を吹き付けて破壊する怪獣――の話の一コマだった。

チェルノブイリのような災害にはならないだろう。現代の原発は改良され、福島第一原発の原子炉は三月十一日の地震以降停止している、と政府は発表した。枝野幸男官房長官は一日に二度テレビで会見し、報告したが、それは政府自らが原子力発電所から収集した科学的な情報に基づくものではなく、ほとんど東京電力本社の幹部から直接届けられたものだった。毎回目にする枝野の作業着姿は現場で陣頭指揮をとっているような安心感をねらっていた。「原発周辺の放射線レベルは直ちに健康被害をもたらすレベルではありません」「もし、こうした区域に二十四時間、三百六十五日留まるならば、健康被害を受けるかもしれませんが、数時間、あるいは数日いても、放射能は人体に影響を及ぼすほど高くはありません」(2)と三月十六日に述べた。

枝野の楽観的な言葉が首都の切迫した悲壮感を鎮めることはなかったし、次々と流れる噂や新聞の大惨事の見出しを抑えることもなかった。三月十五日、「首都圏の放射線量は通常の百倍」と「スポーツニッポン」は大々的に報じた。フランスは自国民のために避難用の航空機を飛ばした。イラク、バーレーン、アンゴラの各大使館は閉鎖を発表。パナマ、オーストリアは大使を京都に避難させた。二日後、それまで嵐の中でも落ち着いて慎重な発言だった英国大使館はウェブサイトで、英国民は「東京および東京以北の地域を離れることを考慮するように」と助言した。(3)一方、アメリカ大使館は自国民九万人の避難を密かに計画していた。(4)米軍や国務省の関係者は放射線レベルや危険性について一般の日本人よりも十分に情報を得ていた。

この危機的状況の間、海外の記者たちは、生命の破局が迫っているというパニックにもかかわらず、東京の人々が依然として辛抱強くふるまっていることに驚かされた。不法行為や残虐な行為が横行することはなく、他のどこかでよくあるような自然災害の直後に被害を上塗りする類の暴動さえなかった。都内ではダークスーツのサラリーマン軍団が毎朝職場に向かって行進した。休暇を願い出た数少ない人たちは、首都圏は安全だと政府は発表している、もし職場を離れたら戻った時に席はない、と言われた。日々の生活の水面下には不安が潜んでいるものの、日本の企業、政府、放送局が非常ボタンを押さない限り、東京の人々は黙々と働くように思えた。

数百万の人々がテレビで、福島第一発電所を救う作戦を注視した。原子炉内の核燃料は危険なまでに過熱しており、水を送り込む電力がないため、自衛隊の現場への出動が命じられた。部隊は原子炉の上空約九十メートルを飛行するタングステン・シートと鉛板で強化されたヘリコプターから放水した。風に煽られて水はあたりもさわりもせずにコースからそれたので、この作戦の効果がなかったのは明らかだった。テレビを見ていると、隊員たちは住宅火災におもちゃの拳銃で懸命に水を撒いているように見えた。第一原発に飛ばされたアメリカの無人偵察機グローバル・ホークは放射線レベルが変わっていないことを確認した。おそらく日本に存在する最高の性能を持つ放射線測定器は、東京近郊に駐留するアメリカ第七艦隊のものだろう。だから超大型空母ロナルド・レーガンが三月十四日沿岸から離れると、世界中の編集局で警報ベルが鳴った。しかし大半の日本人がこのニュースを耳にすることはなかった。

一般のほとんどの人が状況の深刻さを自覚していなかった。福島第一原発の原子炉は政府や東京電力が言っている以上にもっと深刻に破損しているのではないかと疑う人も多くはいたが、一～三号機内部の燃料棒はすでに完全にメルトダウンし、四号機の燃料棒は臨界に近い状態であることを人々が知ったのは五月になってからだった。少なくとも三月十二～十四日の二回の爆発は放射性汚染物質を近隣の田園地帯や海へと拡散してしまった。

水面下では、なお一層の大惨事を防ぐために、必死の戦いが進行中だった。首相と官房長官は、後に枝野が「悪魔の連鎖」と言った事態を恐れていた。それは福島第一発電所以外の他の原発でもメルトダウンの可能性があるということであった。第一原発から約十一キロ南にある福島第二原子力発電所と、同じ海岸線上にある東海原子力発電所が破滅的な機能停止になる可能性のことである。二〇一一年三月十八日、福島第二原発の状況は事故評価尺度レベル三と公表され、危険なレベルの放射線が漏れていた。福島第二原発の所長増田尚宏は第二原発もメルトダウンの危機に瀕していたと後に認めた。「もしそうなっていたら、必然的に東京そのものまでも失う結末を迎えただろう」と枝野は後に述べた。(5) 東京電力社長清水正孝[◆1]は、公の場に姿を見せなかったが、頻繁に首相官邸に電話をかけ事実を歪めたメッセージを伝え、第一原発現場のスタッフの撤退を認めるべきだと要請したようである。

三月十五日午前三時頃、菅直人首相は都心の霞ヶ関にある首相官邸の奥の部屋で仮眠していたところを起こされた。(6) 疲れきって皺だらけの実務服を着たままだったが、起き上がり海江田万里経済産業大臣に会いに行った。海江田は驚くべきニュースを伝えた。東電の幹部と七百人の作業員が第一原発から撤退しようとしていると。それが本当だとすると、第一原発の六基の原子炉と七つの核燃料プールは放置され、手に負えない状況に陥ってしまう。福島第二原発もほぼ確実に放棄せざるをえないだろう。「全部で十六の核燃料プール」について菅は考えた。最悪のシナリオが突然現実味を帯びてきた。深刻な放射性の火災によりセシウムその他の有毒物質が首都圏まで広がり、三千五百万人が避難を強いられるのだ。

菅は彼のアドバイザーたちを緊急会議に招集した後、運転手に官邸から一・五キロのところにある無味乾燥な建物の東電本社へ行くように命じた。ごった返した会議室に乗り込むと菅は叫んだ。「一体なんでこんなにたくさん人がいるんだ？　重大な決定は五人か六人でやるべきだろう」。そして菅は怒りの言葉を勝俣恒久会長ら東電幹部たちに投げかけた。作業員の撤退は「絶対にだめだ」。原発の放棄は「チェルノブイリの二倍、三倍」の大惨事を招く。誰かが死ななければならないのなら彼らだろう。六十歳以上の作業員は二十年先のガン発症を心配する必要がない。菅自身は六十五歳なので必要なら自分も第一原発に行く、と言った。もはや日本だけの問題ではない。この惨事は世界中に影響を与える、などと叫び、最後には恩義と義理という巧みな文化をうまくからめた日本的な懇願で締めくくった。「お願いします。頑張ってください」と。それは要求ではなかった。撤退はありえなかった。

散々、東電の幹部にくってかかった後、菅首相は部屋を出た。後に東電は、福島第一原発からの全面撤退は企図してはいなかったとした。後日、東電副社長の武藤栄は独立調査委員会に、東電は「一部の社員」の退避のつもりだった、と述べた。この委員会は大学教授、ジャーナリスト、法律家からなる三十名の委員会で、六ヵ月を費やして福島第一原発事故の調査をした。菅と対立する側は、菅は何が起きているのか自分よりはるかに詳しい有能な官僚や技術者を信用することを拒み、官邸内で孤立し、必要以上にうろたえたのだ、と語った。菅は原発の絶望的な状況はわかりすぎるくらいわかっていたと主張した。「一号機は三月十二日に、三号機は三月十四日に爆発し、二号機は大変危険な状態にあった。あのような状況では、できることは何もない、もう撤退すると決断しても驚くことではなかった」[7]。東電社員だけでなく大勢の人々にとって、問題は生をとるか死をとるかだった、と菅は主張した。

福島第一原発を救うための戦いの厳しさが増しているとき、ある噂が東京に流れ始めた。天皇が京都――約三百七十キロ離れた日本の古都――に向けて皇居を離れた、というものだ。噂は酒場で広がりタクシー運転手の間で伝わったが、大手メディアでは触れられなかった。こうした話題はタブーだからである。この噂は真実ではなかった。約六十年前に、昭和天皇が現人神として戦争時の高い地位から降ろされた国とはいえ、現天皇が東京から避難するという話に動揺する人もいた。それは東京を覆っている心理面での危険な状態の表れだった。(8)

皇居は東京の中心にある。日本神話で語られる歴史と密接に関連し、世間と隔絶した皇室は長い年月にわたって延々と途切れることなく皇位を世襲によって継承していると言われている。革命、皇位継承争い、地震、ファシズム、米軍の空襲、戦後の憲法改正を切り抜けて生き残ってきた。戦時中、東京が焼土となったときでさえ、当時十一歳で皇太子であった現天皇は疎開したが、天皇は留まったと伝説にさえなっている。

三月十六日、七十七歳で銀髪の天皇がダークスーツに身を包み、深刻な面持ちで突然テレビに現れたことは、多くの人々にとって衝撃的だった。障子を配した部屋で録画された五分間のメッセージは、終戦を迎えた第二次世界大戦の記憶を否応なく甦らせるものであった。一九四五年八月十五日、収録されたラジオ放送によるメッセージで、昭和天皇はかの有名な「……堪えがたきを堪え、忍びがたきを忍び……」と述べた。天皇が語ったときには、日本の六十六都市の市街地の約四〇パーセントが焼け野原となり、広島と長崎では十五万人以上が焼死していた。数千万人の家が破壊され、数百万人以上が避難していた。二〇一一年の震災時に、高齢の日本人にはこうした記憶が鮮明に蘇った。

国民に向かって述べた初めての震災に関する放送で、天皇は、悲惨な状況が明らかになるのを目にして「深く心を痛めています」と述べた。「一人でも多くの人の無事が確認されることを願っています」「希望を捨てることのないように」と訴え、原発危機について「深く案じ」ているとつけ加えた。「皆が相携え、いたわりあって、この不幸な時期を乗り越えることを衷心より願っています」と述べた。そして国民に向かって軽く会釈をして、映像は終わった。(9)

一九四五年の愕然とした夏以来初めての、放送を通じて自ら国民に伝える天皇のメッセージだった。天皇はわかりやすい丁寧な日本語で語りかけ、日本中の数百万の家庭で自然に耳が傾けられた。東北地方では、天皇の言葉が聞こえるように子どもたちはシッ！　と言われ、避難所のテレビのボリュームが上げられた。東京のいくつかのターミナル駅では、通勤の人々がテレビの周囲に集まって見ていた。高い声でゆっくりと原稿を読み上げる小柄な天皇の光景は、日本人以外の人にはそれが強い感動の源といった印象を与えないが、国の父としての天皇の歴史的地位が天皇を国民共通の拠り所と捉える人もいた。

後日、高齢の天皇と皇后は東北から避難している被災者たちを訪ね、ともに床に跪いたが、それは重要で象徴的な仕草だった。テレビは天皇がいかに面会した人々の目の高さに合わせて座ったかを印象づけて全国にその映像を流した。

ワタナベ・カイにとって天皇のメッセージは複雑な心境をもたらすものだった。多くの若者のようにカイにとって天皇は、彼の人生には無関係な遠い存在だった。「天皇は象徴だし、勿論、天皇の言葉に感謝している。その象徴的な行為に悪いところはない。しかし、天皇が何を言おうと、その言葉が死んだ人たちを生き返らせることも、福島第一発電所をもとの状態に戻すこともないし、流された家が戻るものでもない」。高齢者や自衛隊員、そして多分官僚も、皇居からのテレビ映像に感銘を受けるかもしれない。「しかし、僕ら若い世代にはそんなに意味はない」とカイは言う。

避難所になっていた相馬市の中学校にはラジオもテレビもなかったので、妻と両親と身を寄せていた漁師のイチダは天皇の言葉を聞かなかった。彼は三月十二日に原発で水素爆発が起きていたことさえ知らず、多くの人が目にした、爆風によって空中に巻き上がる瓦礫や噴煙を映し出すテレビの不鮮明な映像も見ていなかった。間もなく噂が、携帯電話やひそひそ話から耳に入ってきた。一つまた一つと、家族が一時避難所からひっそりと離れ始め、新潟県や山形県へと去っていった。「ばかな俺たちは、黙ってそこにいた。どうして話してくれなかったのか」。相馬市長が逃げたという噂も耳にした。後日会った時、市長は、支援物資を得るために東京に行っていたと語った。

約百六十キロ離れた東京近郊では、イチダの娘がテレビ画面で伝えられる状況を見て泣き出していた。いったい北では何が起きているのだろう。父親にすぐ電話をかけ、原発からもっと離れた場所に移るように訴えたが、イチダは聞き入れなかった。妻も彼に従った。移動することで、高齢で体の不自由な両親の命を危険にさらしたくなかったのである。「それまでに俺はあきらめていた。そこで死んでも構わなかった」とイチダは回想する。一年を経ても、その時の気持ちを説明するのは難しかった。運命を受け入れるしかないと感じただけだった。娘は泣き、毎晩嘆願し、両親と祖父母を連れに行くと繰り返した。二人は毎日電話で何時間も、時には深夜まで言い争った。結局イチダの妻と家族は、子どもを持つつもりなら相馬に来るリスクを冒さないようにと娘を説得した。イチダは被ばくについてはほとんど知らなかったが、科学的に正しかった。五十三歳の彼は娘やその子どもに比べれば放射線の影響を受けにくかった。

伝統的な天皇観は、主に高齢者にみられるが、神秘性を帯びている。しかし、原発災害の情勢は、天皇ではなく普通の労働者たちによって変えられた。菅首相の東京電力との対決、それは原発施設内へは有線テレビカメラで放映されたが、それがターニングポイントだったかも知れない。政府は、東京都の精鋭の消防士たち（ハイパーレスキュー隊）に危険な燃料プールを冷却するため第一原発に入るように指示した。全員四十歳以上で、すでに子どもがいるという理由で選ばれた人たちだった。消防士の中には、原発危機の最前線に赴くように指示を受けたことを家族に秘密にした人もいた。話した人もごく手短かに伝えただけである。ある人は「元気に戻ってくる。絶対に」というメールを妻に送り、妻は「どうか日本の救世主になってください」と返信した。テレビのコメンテーターたちは、一九四五年の若い神風特攻隊員が米国の進攻から日本を救うため、生還の望みのない攻撃に身を投じた出来事との、奇妙な好ましからざる類似に言及した。

彼らの使命は過熱している燃料プールに水を入れることであったが、具体的には、長く、非常に重い一連のホースを海から原子炉建屋まで六十分で繋ぐことだった。発電所中に瓦礫が散乱しているので消防車は使えず、線量計が警告音を出す中で、ホースを手で四百メートル以上運ばなければならなかった。それは苛酷で危険な作業だった。バックアップのチームがずっと線量レベルを大声で伝える中で、隊員たちはパイプを敷設し、現場から退避した。彼らの乗った消防車には手書きで、「必ず帰る！」と書いてあった。

消防団が東京への帰路につくと、原発現場の放射線は減少し始め、その夜ずっと減少が続いた。それは、危機勃発以来初めての好ましい現象であり、東京電力は迅速に、立ち入り禁止区域の外で待機している大勢の作業員や下請け労働者たちを現場の作業に呼び戻した。彼らの仕事は水が原子炉に補給され続けるようにし、三月十一日以来放置されたままの現場の片づけをすることだった。放射線量は若い人の出動も検討されるほどにまで減少していた。会社の上司は避難センターにカイを呼び、戻ってほしいと頼んだ。カイは即座に受け入れた。

三月中旬の福島はまだ寒い。防護服を着て、手袋を重ねづけし、フルフェイス型マスクをつけて、カイと他の数千人の作業員は施設内に散らばり、津波と原発の爆発によって放置された何トンもの瓦礫を取り除き、数キロのパイプを敷設した。施設内の場所によっては、放射線量が高いため作業員は慌ただしく二分間だけしか作業できない所もあった。その状況は政府が一時的に、議論を呼びつつも、作業員の最大年間許容線量を二百から二百五十ミリシーベルトに上げた後も変わらなかった。「原子放射線の影響に関する国連科学委員会（ＵＮＳＣＥＡＲ）」は年間三十ミリシーベルトで発ガンの可能性があるとしていた。[10] 三号機の原子炉をなしていた鋼鉄とコンクリートがねじ曲がり絡まっている現場はとりわけ懸念され、数分で病気を発症させるほどの非常に高濃度の放射線を放出していた。一年後でも非常に危険で近づくことはできなかった。

チェルノブイリほどひどくはないとする専門家の意見が出された数週間後、四月に入って日本政府は公式に、福島原発危機を国際原子力事象評価尺度（ＩＮＥＳ）のレベル七、一九八六年のウクライナの惨事と同じレベルに引き上げた。原発現場内の放射線レベルは下がり続け、より多くの水が燃料プールに注水される中、管理棟内部の雰囲気は明るくなっていた。「お終いだ」という恐ろしい言葉ももう聞かれなかった。原発の作業員たちは自分たちが起きたことを話すために生きるかもしれないと信じた。だが状況はなお厳しかった。春から夏になり、耐え難い暑さとなった。日中は蒸し暑く三十二度まで上がり、防護服とマスクの内側ははるかに高温度になった。「作業員は皆、暑さでハエのようにバタバタ倒れていった」とカイは言った。「でもやり続けるしかなかった」。

防護マスクと防護服に身を固め、自分の育った、誰もいなくなった集落を移動する時、カイは自分が日の丸を掲げて日本を救うための戦いに加わるように感じた。彼はその頃からずっと口ずさむようになったさだまさしの歌「防人の歌」を思い出した。この歌は昔の日本の湾岸警備兵による和歌、昔の天皇によって辺境の海岸線を守るために派遣された孤独な兵士たちの思いとイメージを重ねているが、自分や同僚の葛藤を要約していると後にカイは語った。

おしえてください　この世に生きとし生けるものの
すべての生命に　限りがあるのならば
海は死にますか　山は死にますか
私は時折誰もが抱いた悲しみについて考えます
生きる苦しみと　病いの苦しみと
死にゆく悲しみと　いまの自分と　（「防人の歌」の一部）

作業は休みなく続いた。作業員は食事をインスタント麺とおにぎりとペットボトル飲料ですませ、放射線を防ぐためのフィルターの作動音が響く免震重要棟内の床に、適当に場所を見つけて交代で眠った。免震棟内で彼らは、世界中で一番安全な所にいるなどと冗談を言った。棟内の放射線は立ち入り禁止区域内に比べるとはるかに低かったのだ。そこには外で何が起きているかを見るための一台のテレビさえなかった。

資格のない人でも十万円の日当が出るという噂が立っても、作業員を見つけることはますます困難になった。仕事の契約をしても、その夜に妻や家族と口論をし、やめる。人材スカウト業者が横浜の関内や東京の山谷辺りまで——そこは失業者やホームレスがガラスの光やコンクリートの建物の陰に集まっているところだった——車でやってくるようになった。ヤクザが、この儲かる派遣に巧みに割り込んできた。(11)カイの下請け企業の給料は以前のままで、月給約二十万円と少額の特別日当が出ただけだった。彼はチェルノブイリ原発の制御に寄与した作業員が月々の手当てのほか名誉メダルを受けたことを知っていた。皮肉っぽい冗談で、自分がもらえそうなのは東京電力のタオルと記念のボールペンぐらいだろうと言った。

交代勤務が終わると、カイはＪヴィレッジまで送られた。そこは原発事故対応拠点に転用されていた、立ち入り禁止区域の外にあるかつてのサッカー練習場だった。バスの窓から放棄された古里の野原や集落が見えた。細長い雑草が裂け目や壁から生え始めて、かつてのきれいな道路や庭を占領しつつあった。地域によっては遺体がいまだに放置されたままの所もあった。時たま置き去りにされた犬や農園の動物が道にさまよい出てきて、バスを遮った。カイは涙もろいタイプではなかったが、こうしたバスの行き返りの時には、涙が込み上げてくるようなこともあった。

彼も同僚も自分たちの仕事についてめったに話さなかったが、もし動機について議論をすることになったら、カイの答えは変わらなかった。原発プラントが壊れたのだから、修復に行くのは自分の義務だった。だが彼にはそれ以上の何かがあった。「原発は俺が育った町にあった。戻って、プラントの除染をしたかった」。しかし強気の中に普通の人生を過ごすチャンスを逃しつつあるという恐れも混じっていた。「たとえば、俺は自分の過去について、つまりこれだけ放射線量を浴びているから病気になるかもしれないし、奇形の子どもが生まれるかもしれないから子どもを持つべきではないと、相手の女性に話す。俺を受け入れてくれる女性はいるのかな。それに、この仕事をしなくてはならないことを、理解してくれるだろうか。こんな状況ではどちらも幸せになれないだろうね。だから独身でいるのが一番いいんだ。こんなことは同僚にも話さない。タブーだよ。俺たちは自分への影響は考えるけど、生まれていない子どもへの影響までは考えない」。

政府と東電の事故対応に関する最初の答申が出たのはほぼ一年後だった。事故調査に六ヵ月を費やした三十名の、教授、ジャーナリスト、弁護士からなる福島原発事故独立検証委員会を代表して、弁護士の塩崎彰久は危機への総合的な対応は「未熟で柔軟でなかったが、運が良かった」と述べた。誰も「ほんの少しの心構えさえできていなかった」と語った。「少数の政治家がパニックと不信によって、現場の事故の技術的な管理にまで関与の度合いを深めていった。あいにく、この政治的介入が功を奏するのはまれであり、混乱を引き起こし、時には極めて危険である」と述べた。しかし東電と対決し撤退を止める菅首相の行動は重要だった。「最悪の事が起こっただろう……福島は完全に制御不可能になっただろう……」[12]。

この答申は二〇一二年七月に発表された公式の国会報告書で論議された。福島原発事故独立検証委員会（民間事故調）は、東電が第一原発を完全に撤退する用意をしていたと「結論づけることは困難」であると述べた。国会事故調報告書は東電と原子力規制当局が第一プラントの状況について政府と意志疎通をするうえで多くの点で失敗し、「不信感」を東電、規制当局、官邸（内閣官房）の間に生み出したことを認めた。しかし東電の本社において全面撤退の計画があったとする証拠を見出せず、代わりに原発の危機を終結させる試み、「対応の真の最前線」を混乱させたとして菅首相を非難した[13]。

危機の最初の一週間、菅から委託され、二週間後に届けられたもう一つの報告書は、最悪のシナリオという菅の恐れを裏付けている[14]。日本原子力委員会による十五ページの報告書は、原発危機の状況が制御不能で、悪化の途をたどるなら、首都、東京を含む第一原発の半径二百五十キロ以内の住民に避難命令が出されるべきであると警告していた。この警告は二〇一二年まで極秘にされた。

事故当時、関与していた三人の主要な政治家、菅、枝野、海江田の国会証言によって、彼らが、東電が原発を完全に放棄する準備をしていると信じたことが、その後明らかにされた。三人とも、原発事故調査の国会委員会で、基幹要員を残すという話は聞いた覚えがないと述べた。東電社長の清水正孝との三月十五日早朝の電話の会話を思い出し、枝野は、もし東電が作業員全員を引き上げれば事故は「コントロールできなくなるだろう」と警告したと述べた。「清水氏が口ごもられたので、（事故を収束するために）部分的

に作業員を残すという意図でなかったのは明白だった」と話した。(15)

東電社長の奇妙な振る舞い――社長としての職責を事実上放棄し、二〇一一年三月ほとんど雲隠れし、国の政治リーダーたちに自分が第一原発からの全面撤退を望んでいると確信させたこと――は、後々まで深刻な混乱を起こした。国会報告書は事故の「根源的原因」は「政府の権威への従属と依存」の文化であると結論づけた。どういうわけか、清水、東電、規制当局は事態の真の状況を伝えることを恐れ、政府の聞きたいことだけを言ったのである。菅首相を、強力に自分の感情を伝え、東電と規制当局が放棄した主導権の空白に踏み込む危機の生み出したヒーローと見なした人々も日本にはいた。しかし、多くの人、とりわけ政治と原子力業界の要人たちは、彼を、状況を読み違え、事態を悪化させる傲慢なおせっかい屋だと考えた。菅の対立的、攻撃的なやり方は、功を奏するどころか、より悪いと思った人たちもいたのである。それは日本的なやり方ではなかったからだ。

事故発生後の最初の五日間の百五十時間の東電の内部録画は、二〇一二年八月に東電によって不承不承公開されたが、三月十四日および十五日に起こったことを明らかにはできなかった。菅が憤り、腕を振り上げた東電幹部との対決には音声がなかった。東電側は「技術的なミス」の結果であると言った。時には、管理職たちが避難について公然と議論する様子の音声も聞こえた。「何時に全作業員が現場から避難するのですか？」と一人の幹部役員が、当時の副社長の武藤栄に問うのが聞かれたのは三月十四日の午後七時五十五分だった。東電社長清水正孝が午後八時二十分頃に「最終的な避難はまだ決まっていない」、そして多分当時の菅直人首相の官邸を指して「関係当局」と確認しているところだと言っているのが聞こえた。(16)

三月から暑い夏までの数ヵ月の間のある時、菅は反原発に転じた。彼を転換させたのは一つの出来事ではなく、福島対応の積み重なる経験と、今後の二十年間で原子炉が二倍になる世界を見通したことからだと後に菅は回想した。「事故がもっとひどくならなかったのは、神の御加護だった」と起きたことをじっくり考える時間ができた時に語った。「この見えない敵に押し込められて、三月十五日から十七日は大惨事の瀬戸際にいた。だがついに我々は反撃し始めた。東電の関連会社、自衛隊、消防隊が送り込まれ、原子炉に水を入れ始めた」(17) それから数ヵ月も経ず、菅に敵対的な保守系メディアが危機対応の誤りを非難し、首相の座からの追い落としに一役買ったのであった。

第6章　世界に伝える

ご支援をお願いします——桜井勝延

原子力危機の緊張状態が日本のお家芸の落ち着きを失い始めると、報道が次第に議論を巻き起こした。日本の大手メディアは多かれ少なかれ統制を守り、例えばメルトダウンという言葉を避けていたし、原子力産業を長年批判してきた人たちを当初遠ざけていたが、いくつか外国の報道機関は誇張した憶測の記事を徐々に出すようになった。イギリスのタブロイド紙サンは、ある悪趣味な記事で東京をゾンビの町「ゴーストタウン」になぞらえた。またフォックスニュースのレポートは都会の渋谷の真ん中に原発を持ってきた。(1) いずれの記者も日本に来たことはなかった。

日本の外務省は「行き過ぎた」報道に対する批判の先頭に立ち、アメリカのオハイオ州トレドの地方紙ブレイドをやり玉に挙げた。ブレイドが載せた漫画には三つのきのこ雲が描かれ、それぞれ広島、長崎、そして福島を指していた。(2) ニューズウィーク日本版は辛辣で人騒がせな外国人記者を批判した。(3)「日本では外国のメディアは……ジャーナリズムの範としてあがめられ、信頼できる消息筋としてみなされていた。が、東日本大震災でその信頼は損なわれた」と編集長横田孝は怒りを表した。「欧米のメディアは震災の時に使命を全うすることができず地に堕ちた。記者たちはニュースに動転して冷静さを失い、ジャーナリストとは名ばかりの最低の記事を書いていた」と言った。

横田は福島第一原発での最初の爆発の後、杜撰でセンセーショナルな記事を書いた外国の報道記者たちを非難した。事故を即座に「日本版チェルノブイリ」に仕立てたからだ。この表現がニューズウィークの見出しを飾ったのは、日本政府が公式に福島の事故を一九八六年のチェルノブイリ原発事故と同じレベルに引き上げる一週間前だった。ウォール・ストリート・ジャーナルも福島を報道する際に広がっている「みぞ」に注目し、日本のジャーナリストは「事態は解決するだろう」という印象を与えているが、外国のジャーナリストは「反対の立場——つまりこれはコントロールできなくなっている」ことに焦点を当てて

いると指摘した。(4)

原発の危機が勃発した後の一週間のうちに、ジャーナリズムに背く外国人の恥ずべき記事を何十と引用する、「恥の壁」という日本のブログが出現した。(5)

外国メディアが抱える問題の一つは、豊富な知識を持った人材が日本にいないことである。震災後、日本について何の知識もないジャーナリストが大勢日本に派遣されてきた。結果として起こる不正確な、あるいはバランスを欠いたレポートは、日本人だけでなく日本在住の外国人からも批判された。テンプル大学日本校アジア研究学科のジェフリー・キングストン教授もそうした批判者の一人であるが、彼の言う「パラシュート・ジャーナリズム」(6)に扇動された「誇張や偽りの……とんでもない例を数多く」挙げている。何年もの間、日本の陰鬱な長引く経済不況は遠く離れた地のメディアの編集者には嫌気のするものであったし、また日本は急上昇する中国の影になって、メディアの視界から消えていた。東京に拠点を置く記者たちは時折「日本がニュース価値を取り戻すには大災害でも起こらなくては」とブラックジョークを言っていた。その通り大災害がやってきたが、それを十分にカバーできるだけの記者はいなかった。

だが、大げさなレポートがすべて外国から来たというのでもなかった。最もよく挙げられた例は日本のものだった。雑誌アエラの三月十九日号の有名な特集記事は防御マスクをつけた原発作業員と「東京に放射能が来る」という見出しで物議をかもした挙句、アエラの謝罪と、少なくとも一人のコラムニストに辞職願を出させる結果になった（ただしその見出しは実際には正しかった）(7)。さらにいったん危機の混乱が収まると、即座に日本の週刊誌は原子力産業とその経営者たちに、外国メディアがしたこともないほど攻撃的にかみついた。(8)ほかの雑誌も放射線問題に批判の目を向け、政府の間違った対応と嘘を暴いた。アエラはまた地方自治体が原発再稼働を支持するように世論を操作したことを暴露した。

福島の事故は、日本のジャーナリズムに横たわる大きな断層線の一つを暴き出した。それは主流の新聞社やテレビ局と、より規制の少ない大量販売の週刊誌やそのフリーの記者たちの間にある。この福島というテーマは新しいものであったが、そこから記者クラブという制度の存在が見えてきた。この制度のもとで、日本の大手新聞社とテレビ局が国の政・財・官のエリートから得た情報をそのままメディアとその向こうにいる国民へと伝える。今回についていえば、政府、東電そしてＮＩＳＡ（原子力安全・保安院）からの情報である。この制度を批判する人たちは、これが日本の最も影響力のあるジャーナリストたちをその情報源との共生関係に縛り付け、彼らに調査あるいは独自の分析や批判をする決意を鈍らせると言う。[9]

著述家であり、フリーのジャーナリストである上杉隆は、日本のメディアが政府や電力会社と共謀していると非難した数人のうちの一人だった。「東電はメディアや記者クラブの顧客であり、最大の広告主の一つだ――だからマスコミは……問題があることについては言おうとしない」と彼は言い、一号機から三号機の原子炉で起こったメルトダウンについて報道管制があったことと、三号機には致死的なプルトニウムを格納していたという事実に言及した。[10] そうした発言だけでも二〇一一年四月にＴＢＳのネットワークから自分を外すのに十分だったと主張する。元ＴＢＳワシントン支局長、秋山豊寛は、福島に自分の農場を持っているが、同様の評価を下し、マスメディアが政府や電力会社の代弁者になっていると非難した。[11]

メディアの偏向が構造的であることを主張するのに有力な証拠がある。福島事故以前、日本の電力会社は、トータルでは、日本の最大の広告主であり、日経広告研究所によると、年に八百八十億円を広告費に使っていた。[12] 東電の二百四十四億円だけでもトヨタのようなグローバル企業が年に費やす広告費のほぼ半分にあたる。中立的であるはずのジャーナリストの多くも複雑な方法でこの企業に縛られていた。例えば、読売新聞の元論説委員で科学ジャーナリストの中村政雄は電力中央研究所の顧問だった。日本経済新聞や毎日新聞を退職したジャーナリストたちは、次は原発推進派の機関や出版物のために仕えた。[13]福島の危機が始まる以前には、東電の気前の良さが潜在的批判者たちの中の最もリベラルな者をも黙らせるのに役立ったのかもしれない。[14]その電力会社の財政の影響力は、数十年にわたり記者クラブ制度とつながって、調査報道を妨げ、原子力に関する懸念や、浜岡、福島などの危険な原発を批判する人たちをメディアの視界から消すのに役立ったことは確かだ。[15]

しかし当の福島では、少なくとも政府が二〇一一年四月下旬に二十キロ以内の放射線避難指定区域に入るのを禁じるまで、立ち入りはほとんど制限されていなかった。地元の人たちは非常に心の痛む話をし、福島に一ワットの電気も恵んでくれたことのない発電所の手によって受けた自分たちの運命に困惑と怒りを表した。ボパール事故、チェルノブイリ事故、その他大企業の傲慢さにどっぷり浸かった事故の繰り返しの中で、人々は東電に操られ、だまされ、最後には捨てられたと感じた。それでも自分たちのものであった家や畑を見捨てるよりはここにとどまる決心をした人たちもいた。中には明治時代以来あるいはそれ以前からの家や畑もあるのだ。

南相馬では三月中、桜井市長は危機的状況が収拾されないのを失意のうちに見守っていた。本来の人口は七万千人だったが、三月末までには残った人が二万人以下になっていた。地震と津波で九百人以上が死亡または行方不明となった……残りは放射能の脅威から避難した。日本の大手メディアのジャーナリストたちは（当時は未確認の）放射性降下物を受ける恐れがないと思われた区域まで退いた。彼らが戻ってきたのは四十日後ぐらいだった。[16]桜井は、この決定はこの市にとって著しく状況を悪化させるものだったと言う。「私たちは見捨てられてしまった。だから国内にも世界にも何が起きているのかを伝えるすべがなかった」。

ひとたび第一原発で爆発が始まると、食糧と燃料の定期配送が減り出した。原発の状態に関する情報はテレビから少しずつ集めたが、それは公然と原発を推進する専門家に頼って六機の原子炉に何が起こっているのかを説明するものだった。最も有名で頻繁に登場していたのは、東京大学大学院工学系研究科教授であり、経済産業省の総合資源エネルギー調査会のメンバーでもある関村直人であった。関村は以前福島原発の構造上の安定性を検証する報告書を書き、一号機原子炉の十年使用延長を承認していた。(17)他の原子力推進派の科学者たち――とりわけ原子力安全委員会の委員長、班目春樹――のコメントも重点的に報じられたが、推進派以外の者の声は取り上げられることはなかった。

放送された関村のコメントは東電との親密な関係を反映したものであり、後に彼も認めたように、東電内部の彼とつながりのある関係者から得たものだった。「発電所近くの住民には冷静な対応をお願いしたい」と三月十二日に彼は言ったが、それは、最初の水素爆発が起きる少し前だった。「燃料のほとんどは原子炉の中に残っていて、原子炉は運転を停止しており、冷却されている」と言ったのだ。東電が一号機炉内のウラニウム燃料がこの時すでにメルトダウンしていたと認めるのには二ヵ月かかることになる。関村はテレビ視聴者に大規模な放射能災害は「ありえない」と請け合った。だが、その後まもなく起こったその爆発で一号機の炉を覆うコンクリートの建屋は破壊され、周りの田園地帯と海は汚染された。

NHKは日本全国に五十四の地方放送局と数千人の記者と十四機のヘリコプターと六十台を超える移動中継車からなるネットワークを持っている。それは五千万世帯に届き、世界でも最も信頼される情報源の一つである。専門家はその影響力をABC、NBCそしてCBSニュースを合わせたものに匹敵するとしている。(18)そのネットワークと災害報道への独占的アクセス権をもってNHKは政府と企業の情報源からの情報を伝える仕事を見事にやってのけたが、それを分析することにおいては十分ではなかった。原子力産業を長期にわたって批判してきた、放射線専門家であり元東京大学原子力研究所教授の安斎育郎や京都大学助教の小出裕章らはおしなべて無視された。ＮＨＫの三、四月の報道の事後検証の中で災害時の放送総局長、黄木紀之《おおぎのりゆき》は原子力危機についてこう語った。

「問題は圧倒的に情報がないことだった。東電や政府でさえ全体像がわからなかった。東電や政府からの報告を評価する時間がなかったから、事態の危険性をどこまで伝えたらいいのかわからなかった。私たちは東電と政府に頼っていた。そして東電と政府がはっきりしなかったから、私たちもはっきりしなかった」[19]。

黄木はＮＨＫは責任以上のことをやり遂げたと次のように言った。「三月十二日の午後、警察は爆発音がしたと報告しただけだった。東電も原子力安全・保安院も政府も何も言わなかった。画面を見て、ＮＨＫのレポーターは何が起きているかわかり、『念のため屋外にいる人は屋内に入ってください。そして、雨に濡れないようにしてください』と言った。確証はなかったが、私たちはしなければならない以上のことをした」[20]

桜井市長は避難できない人たちのことを思い悩んでいた。地元にとどまっている住民の中には高齢者や寝たきりの人たちが多く、配送トラックがこの市に近づこうとしないため、その人たちは飢えに直面していた。最少限の職員は離れるわけにはいかないと言って患者と一緒に病院にとどまった。テレビのレポーターたちが時折福島市や東京から最新情報を求めて電話をかけてきたが、注目を浴びようとする話が多すぎて、自分たちがいかに絶望的な状況にあるかを彼らに印象づける手立てはなさそうに思われた。東電からも第一原発の状態について直接には何の連絡もないまま二十二日間放っておかれることになる。危機が始まった翌週に桜井は「私たちは孤立しています。政府は何も教えてくれません。見殺しにしようとしています」とＢＢＣに語った。彼は家族を連れて逃げたいと思っている市の職員も大勢いることを承知していた。そこで三月二十四日、市長室のビデオカメラの前に座り、十一分間のビデオを録画した。それは英語の字幕付きでユーチューブにアップロードされた。「私たちは政府からも東京電力からも十分な情報を得られていません」。疲れ切った桜井はそう言い、「自己責任」でボランティアに支援に来てほしいと嘆願した。さらにジャーナリストは電話でのインタビューに頼るのをやめ、現地へ来て自分の目で状況を見なければいけないと述べ、「コンビニもスーパーも生活物資を買う店はすべて閉まっています。食糧が不足してきています。……市民は兵糧攻めのような状況に置かれています。……是非とも皆さんのご支援をお願い申し上げます」と訴えた。(21)

そのビデオは翌週二十万回以上も再生され、米国や世界中から非常に多くの援助を引き出した。また彼らは桜井を、災害を通してマゴマゴした役に立たない官僚主義に挑戦する象徴的人物と見なし、日本や海外のフリーの記者たちがどっと押し寄せた。ジャーナリストは自分自身を守って立ち去る代わりにメッセージを伝えるべきだった、と桜井は感じた。「危険だったことはわかる。しかし、我々の多くが残った。私としては、ジャーナリストも留まるべきだったと考える」。南相馬のエピソードは、日本のジャーナリストは一緒に行動し、まるで軍隊が撤収するようだと彼に感じさせた。匿名だったが大手新聞社の記者曰く、彼と同僚たちは一度離れるように言われ、他に選択肢はなかった。「議論はあったが、結局福島市から報告する方が安全だろうと同意した」。そこには、意識的な集団的決定はなかった。その場の空気でそうしたのだ。彼は続けた、彼らが戻った時、桜井市長が彼らを叱りつけた。「海外のメディアとフリーランスは何が起きているか報道するためにどんどん来た。君たちは、何をしてたんだ?」と。

南相馬での報道姿勢は、日本の新聞社の規律を明らかにした。増山智、NHK科学文化部のディレクターは南相馬を撤退する決定は個人対企業の責任の問題と言った。日本の新聞社の記者は自ら危険を冒そうとはしない。彼らは指示を待っている。また会社も社員を適当な準備と保護用具なしには現場に送り込まないだろう。多くの批評家は後に、読者の利益のために他の記者たちと別行動を取る大手メディアがなかったのか？　と訊いたものだ。「私は全国紙四紙を購読してるが、原発事故に関しての記事は、どの新聞も同じようなことしか書いていない」と内田樹、神戸女学院大学教授は朝日新聞に語った。[22] 他紙と何か違うことを報道することを恐れて独自の視点を持ち出そうとはしない、と内田は言った。これは第二次世界大戦中の報道姿勢と似ている。メディアは日本軍の実際は悲惨な軍事作戦について繰り返し虚偽の報道をした。

桜井のビデオの後で、原発から二十キロ圏内での生活が世界で最も求められているニュースとなった。政府は、三月十一日の避難勧告地域を徐々に広げ、桜井のビデオ映像が配信された週の終わり（四月下旬）には七万人から八万人に避難命令を出した。一方、その他の二十から三十キロ圏内の十三万六千人は家に留まるように言われた。政府の指示は福島県民とメディアの一部から、気まぐれで非科学的だったと広く批判された。結局、圏外のいくつかの村、飯舘のような村も避難することになった。ほとんどが高齢の少数の人々は、何世代もの間家族で暮らしている土地を離れるのを拒み残った。福島での事故と二十五年前のチェルノブイリの大惨事の気がかりな繰り返しに、非常に大きな地球規模の関心があるのは、驚くことではない。

三月の終わりには、ごく少数の海外のジャーナリストたちが圏内の放射能に立ち向かった。ニューズウィークのジョシュア・ハマーはまるで「映画の『トワイライトゾーン』と『ザ・デイ・アフター』が混じったような――原子力時代の終末期の生活」と書いた。ダニエル・ハウデン、デイヴィッド・マクニールの新聞であるインディペンデント紙の記者は、福島第一原発のすぐそばまで車で乗り付け、捨てられた家々や、迷子のペットたち、不安そうな作業員たちに道すがら出くわした。しかし、彼は圏内ではインタビューする人に会えなかったので、数日後マクニールが彼に同行し、何人かの残っている人たちと話した。立ち入り禁止区域（まだ規制はされていなかった）では、日本人の記者には一人も出会わなかった。かなり経って、政府の立ち入り禁止の解除を受けて、その地域から何人かは報告を始めた。朝日新聞は四月二十五日に最初の記者を送り出した。その時の記者は国家公安委員長に同行していた。後に彼らは政府が認可した立ち入りを例外として、なぜ立ち入らなかったのか説明した。「ジャーナリストは雇われていて、その会社は危険から彼らを守らなければならない」。日本テレビの報道局政治部副論説委員の佐藤圭一は説明した。「私のような記者はあの地域に入って記事を取って来たいだろう。しかし、社内では議論もあったが、大手メディア会社では個人の自由はそれほどない。我々は上司から危険と言われていたので、我々だけで中に入ることはその規則を破ることを意味しただろう。それは会社を辞めることに他ならない[23]」

日本以外の国では、海外の記者たちは簡単な契約や特約による記者として新聞社に抱えられるようになっている。それは予算が限られる中で、世界のニュースも必要だからだ。ハマーとハウデンは、難しい任務において、まさに彼らの能力と勇気を求められて、いつもの担当地域（それぞれ中東やアフリカ）から呼び寄せられた。彼らは、その派遣の対価に見合うために無言の圧力の元にある。彼らは何が起こっているのか必ずしもわかっていない状況の解説と分析に、彼らの技量を使うことを期待されている。加えて、彼らの記事は署名入りであり、スクープの際にはそこそこの個人的賞賛を得る。そんな背景が、記者たちの原子力に関する特殊な知識の欠如と日本に慣れていないことが時折センセーショナルな記事となったことを説明する。

それに対して、日本の大手メディアの記者たちは通例、正規の社員であり、徹底した命令系統と終身雇用で組織に大抵はめ込まれている。これらの会社で重視されるのは説明的であり、公式の情報源による事実を基にしたスタイルである。調査追跡する記事は限定され、それぞれの記者の個人的評判は西欧の記者ほど重要でないと考えられている。日本の新聞社のほとんどの記事は、署名入りではない。実際、日本で最も調査報道している記事はしばしばフリーランスによるものである。[24]

このことから、仕事において二つの全く違う原動力を見つけることは難しくはない。海外の記者と違って大手メディアの日本の記者が、単独で行動したり、原発に近づいて報道する危険に対しての政府の警告を無視することから得るものはほとんどない。それ以上に、日本企業のカルテルのような行為はライバルに出し抜かれることを恐れる必要がないことを意味した。[25] 特に危険な状況ではＴＶネットワークと新聞の経営者が契約（報道協定として知られる）を、基本的に全体として記者の安全を確保するために結ぶだろう。日本初のインターネット放送局ビデオニュース・ドットコムを立ち上げた神保哲生は説明する。「いったん、大手五、六社が競争相手と何もしないようにと合意すると、スクープされたり、挑戦される心配をする必要がない」[26]。神保は言う、一九九一年の雲仙普賢岳の噴火と二〇〇三年のイラク侵攻、どちらも日本のジャーナリストに死者が出て、この合意に拘束力を持たせた。そのことは、ビルマ、タイや、アフガニスタンのような最近の戦闘地域では日本人記者はほとんど見られないということの理由の一つである。タイム紙のアジア支局長のリチャード・ロイド・パリーはそれら地域のすべての所から記事を書いているが、彼は次のように総括する。「日本人記者は、世界で最も危険を回避する記者である」[27]。

原発周辺からの情報の欠如に対する不満から、結局、神保は自分のカメラと線量計を持ち、二十キロ圏内に四月二日に入り、桜井と同様に報告をユーチューブにアップし、ほぼ百万回ヒットした。神保は双葉とその他の見捨てられた町や村からのテレビ映像を配信した初の日本人記者だった。「フリーランスのジャーナリストにとって、大会社を負かすのは大変ではない。なぜなら、彼らの取材範囲がどこにあるか直ぐにわかるからだ」。彼は言う、「ジャーナリストとして、入って行って何が起こっているのかを調べる必要があった。本当のジャーナリストなら誰でもそうしたいと思うだろう」[28]。後に彼は、その映像の一部を日本の大手TV三社に売った――NHK、NTV、TBS。「二ヵ月間、彼らは何が起きているのかを図で示していただけだった」と彼は言った。「彼らがしたことは、原子力ムラの専門家たちとTEPCOの引用だけだった。即ち、彼らの報道はまったく間違っていた」[29]。

陸前高田の光景　海岸線の街は津波によって破壊された。海べりの街の中心部には、津波に耐えられた建物はほとんどなかった。前に映っているのは仏寺道成寺の参門。撮影：ルーシー・バーミンガム（Lucy Birmingham）

岩手県陸前高田市の破壊された水門の後ろに立つ１本の黒松。この松の木は津波が街を襲った後、約 70,000 本の木の中でたった１本残っていた。この木はすぐに地域の希望の象徴となった。しかし、ボランティアや市の職員の努力にも拘らず、塩分を含んだ土によって枯死してしまった（現在は防腐処理などのうえ、保存されている）。撮影：ロバート・ギルホーリー（Robert Gilhooly）

大槌町の瓦礫の中の時計。津波が襲った時刻を示している。撮影：ロバート・ギルホーリー

地震から数日後、死体安置所となった石巻市立体育館の遺体リストを見る女性。宮城県石巻市にて。撮影：ロバート・ギルホーリー

巨大津波に襲われた後の宮城県南三陸町の瓦礫の中に、津波浸水想定区域を示した標識の残骸が横たわる。撮影：ロバート・ギルホーリー

破壊された防潮堤と水門。岩手県大船渡市末崎町。撮影：ルーシー・バーミンガム

2011 年 3 月 12 日、約 300 人が避難所とした、福島県いわき市の学校の体育館はキロ事故が起きた福島第一原発から約 34 キロの距離。 撮影：ロバート・ギルホーリー

東京で反原発デモ。2011 年
4 月 10 日。撮影:デイヴィッド・
マクニール（David McNeill）

震災後、マスクで防御した福島第一原
発の作業員が怒りも露わに、著者デイ
ヴィッド・マクニールを追い払う。
撮影：デイヴィッド・マクニール

壁に亀裂が入った福島第一原
発のサービスホール（ビジター
センター）。
撮影：デイヴィッド・マクニール

津波に内陸まで流された遊覧船がビルの上に乗り上げている。岩手県大槌町にて。撮影：ロバート・ギルホーリー

会葬者が瓦礫となった元の家を歩いている光景。岩手県陸前高田市にて。
撮影：ロバート・ギルホーリー

津波に流されで岩手県釜石港の陸上に乗り上げた貨物船「アジア・シンフォニー」号の前を自転車の男性が通り過ぎる。撮影：ロバート・ギルホーリー

漁師のイチダ・ヨシオは津波と福島第一原発からの放射能で汚染される前、彼が漁をしていた海を見渡している。撮影：佐藤浩視

サイトウ・トオルは津波に流される前は彼の家が建っていた空き地に立っている。
撮影：佐藤浩視

英語教師のデイヴィッド・チュムレオンラートは彼が勤める小学校の体育館で津波渦巻く中、生徒、両親、お年寄りを救った。時計は地震が襲った時刻を示している。宮城県東松島市にて。
撮影：佐藤浩視

ウワベ・セツコは津波に流される前に調理師として働いていた保育園の門の脇に立っている。
撮影：佐藤浩視

震災から数ヵ月後、職場の桜井勝延南相馬市長。撮影：佐藤浩視

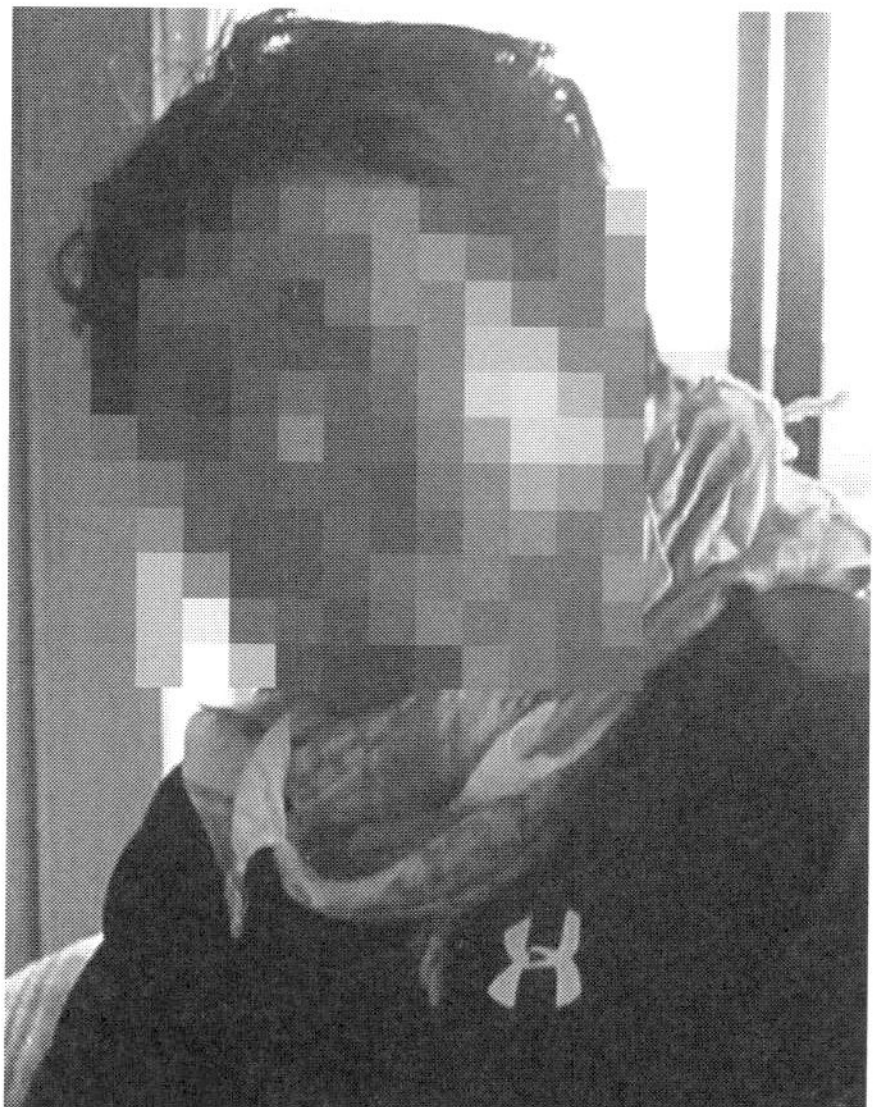

東京電力の作業員ワタナベ・カイ。福島県大熊町の福島第一原発にて。撮影：デイヴィッド・マクニール

第7章　フライ人

アメリカ合衆国国務省は、アメリカ市民がこの時期
日本への旅行を差し控えること
また日本に滞在するものは
出国を考えるよう、強く要請する

――米国大使館

野蒜小学校で足止めされていた二日間、デイヴィッド・チュムレオンラートの心にずっと重くのしかかっていたのは、故郷のアメリカにいる家族や友人たちに自分が無事であることをどうやって知らせるかであった。この地域一帯が電気も通信回線も遮断されていたからだ。みんなが心配し、最悪の事態を恐れているのではないかと思った。自分が生きているのか死んでいるのかさえ確かめようがないのだ。地震が襲った直後、友人に送った短いメールが彼が外部に発した最後の連絡だった。

地元教育委員会が根気強く動いてくれたおかげで、彼は三月十三日日曜日、東松島の近くのアパートに帰ることができた。ほとんどの道路はまだ水に浸かっていて、瓦礫が道を覆っていた。しかし職員がなんとか裏道を運転し、小学校で彼を拾うことができた。津波はまさに彼の住むビルの前の通りの向こう側で止まっていた。自分の幸運が信じられなかった。地震でアパートの中はほとんどありとあらゆるものが床の上に散乱していたが、それ以外はどの部屋も損傷はなかった。

家族と連絡を取るには、五十キロ離れた仙台に行かなければならないと思った。仙台市の機能はまだ大部分停止状態だったが、ある地域では電気が復旧していた。それなら電話をかけたりインターネットにアクセスできるだろうと思った。だがどうやってそこへ行くかだ。結局その水曜日、災害番組のために彼にインタビューしたアメリカの「CBS 60minutes（60分）」の取材班の車に仙台まで同乗させてもらうことができた[1]。まず自分の所属する教会へ向かったが、運悪くまだ停電していた。次にグレッグ・レキチのアパートへと急いだ。友人で、英語教師仲間のグレッグは、インターネットにアクセスしたり、泊まる所が必要な人のために自宅を開放していると聞いていたのだ。

およそ十五人の外国人でいっぱいのグレッグの家は、まるで国際避難民のためのミニ収容所のようだった。誰もが、友達や家族、多くの心配している人たちとネットで連絡を取ろうとしていた。デイヴィッドの携帯は津波で破損してしまったので、すぐにヒューストンいる兄の固定電話にスカイプで連絡した。兄が電話に出たのは真夜中だった。

「おい！　デイヴィッドだ。大丈夫だよ。生きてるぜ」、急いで安心させようとして言った。

「なんだい？」と、寝ぼけた兄は電話機の点滅している番号に気づいていなかった。

「僕だよ。デイヴィッドだ。生きてるよ」

「あれー？」深い眠りからゆっくり覚めながら答えた。

「大丈夫なのか。危なくないのか」。デイヴィッドの声を聞いて兄は本当にほっとしたようだ。

「僕は大丈夫とみんなに伝えてくれ。生きているって」兄は家族に伝えると約束したが、親戚を訪問してバンコックにいる母親の電話番号はわからなかった。デイヴィッドはフェイスブックに向かうとすぐに、母親と連絡の取れる情報を知っている人がいないかと尋ねる伝言を載せた。心配してデイヴィッドのページを毎日チェックしていたある家族の友人がたまたまオンライン中で、二十分ほどで折り返し母親の電話番号を伝えてきた。

　多くの友人が消息を知りたくて彼のフェイスブックを毎日チェックし、手に入るどんな情報でも掲示してくれていたことをデイヴィッドは後になって知った。ある友人は心配して、朝起きると一日中デイヴィッドのページをチェックしていた。またある人は彼をグーグルパーソンファインダーに載せていたが、東松島はとても孤立した所なので、彼に関する情報は誰も手に入らなかった。多くの人が彼は津波で死んだのではないかと心配していた。

　彼の両親と親類は即座にアメリカ大使館とタイ大使館に捜査依頼の連絡を取った。アメリカ大使館の職員が彼のアパートにやってきたのは、地震と津波からおよそ一週間経ってからではなかったかと思う。職員は彼の名前を安否情報リストからはずし、助けが必要なら電話するようにと電話番号を渡し、家族と連絡を取ると約束した。運よくその時までにはすでに家族と連絡は取れていた。

「大丈夫？」母親はデイヴィッドの声を聞くと叫んだ。「放射線は心配ないの？ いつ帰ってくるの？」彼は必死になって不安を鎮めようとしたが、彼女は動転していた。彼に日本から逃げてほしかった。ニュースを見たり読んだりしていたので、彼よりも彼女のほうが福島原発事故と放射線の拡散についてくわしく知っているようだった。ニュースを手に入れる手段がなく、彼は事態の深刻さに気がついていなかった。限りある食料と水でなんとか生き延びようとするだけで精一杯だった。

東松島と仙台は福島原発事故現場からおよそ九十キロ離れていてとても遠いので、放射線の影響はないと説明したが、母親は信用しなかった。「すぐに航空券を送ります。お願いだから帰ってきてちょうだい」と懇願した。彼は母親のことをよく知っていた。これは要望ではなく、命令だった。この件ではそう簡単に決心を変えそうになかった。家族の誰もが承知しているように、彼女がボスなのだ。「留まりたいんだ。今こそ助けを必要としている人がたくさんいるんだ」と彼は穏かに説明した。

彼女には息子の気持ちが理解できた。困っている人たちを助けるのは教会の使命でもあった。でもこれは違う。メルトダウンが起きてしまったと専門家が言っているその同じ場所にいる息子のことなのだ。デイヴィッドは彼女を安心させようとして、二、三週間後にアメリカに帰ると約束した。

彼は一週間ほどして仙台から東松島に戻り、ある日本人一家のところに滞在した。夫は自衛隊に勤務し、懸命な救出作業に忙しく一日中出かけていた。デイヴィッドは家族のため水や食料を手に入れる手伝いをした。持ち運びできる水は近所を走るトラック（給水車）から調達するのだが、いつ来るのか予測ができなかった。トラックが近くに来た、と噂が立つとみんなが何時でもすぐさまある限りの空のペット・

ボトルを集めて駆けつけ、満杯にしてもらおうと長い行列に並んで待った。近くのスーパー・マックスバリューでは、およそ百人の人と一緒に、割り当ての六品目を買うために朝六時から並んだ。冷蔵庫がないので、新鮮な食料品は実際なかった。レジは作動してないので、店員たちは値段を電卓で計算しなければならなかった。

それは時間浪費でいらだたしい体験だったが、集まってくる人たちからは不平不満の声がほとんど聞こえてこなかった。デイヴィッドは秩序と協調性のレベルの高さに驚いた。日本人は当然怒り狂うと思われるまさにそんな時にエゴや自分勝手な欲求を抑え、協力して働くように見えたからだ。しばしば強要されることもあるのだが、日本では集団内の協調性が非常に高く評価されることは多くのコメンテーターがこれまで指摘してきたことだ。今、日本はこれまでのどの場合とも違う未曾有の危機に直面していた。日本人は以前にも恐ろしい大惨事を切り抜けてきた。日本人は深く染み付いた自己犠牲的意識と目的を共有することできっと目前の惨状を克服できるだろう。

もちろん協調性は大事だが、本当にそうだったのだろうか。原発の爆発と放射線被ばくの影響に関して深刻な不安があった。政府と原発操業者である東電、またいわゆる専門家たちがお互い矛盾したことを言い、国際的情報筋とも食い違っているにつれ、共謀、隠蔽があるのではとの人々の意識がじわじわと広がってきていた。人々は憤っていた。ストレスは堪え難かった。避難センターでは感情を抑えきれず、かっとして、喧嘩が起きた。

デイヴィッドのような外国人居住者にとって、協調性は選択肢にはなかった。故郷では心配する家族が彼らに日本を脱出するように懇願した。また放射能の影響も見当がつかないので日本を去るのは賢明なことだった。それに日本の学校も大部分のインターナショナルスクールも休みだった。デイヴィッドの教師契約はすでに更新されていたので、四月の新学期には自分は戻ってくるとわかっていた。

しかし日本を出るのは予期せぬ試練となった。車も地元輸送機関（公共交通機関）もないので、唯一の選択肢は自分の家から仙台までひび割れた高速道路と瓦礫に覆われた道路を越え、四時間も自転車を走らせなければならない危険に満ちたものだった。仙台から南西部へ向かう女性と子どもで満員の新幹線に乗った。学校はすでに終わっていたので、春休み中だったのかもしれないが、東京での放射能への心配から逃げ出して行く人もいたのかもしれなかった。首都・東京は福島原発からほんの二百五十キロしか離れていなかった。放射性降下物は予測できない風の強さと方向次第と思われた。

デイヴィッドの最初の行き先は神戸で、そこで友人の結婚式に出席し、それからアメリカへ戻るため近くの大阪国際空港へ行く予定にしていた。三月三十日の便に搭乗し、新たにフライ人と呼ばれた多くの出国者の一人となった。フライ人とはｆｌｙとガイジン（異邦人の意味）という言葉との合成語で、最初に外国人社会で浮上し、それから職場や責任から逃げ出していくと思われる外国人をさげすむのに都合の良い呼び方になった。そこには他人の仕事を処理するために残された外国人と日本人両者の共感と不満とが混ざり合った気持ちが現れている。フライ人にとって立ち去る選択は、多々の理由があるが、当然の判断でもあった。

逃げるべきか、とどまるべきかの論争は、三月十三日、日曜日の朝明らかになってきた。その日、日本の気象庁は七〇パーセントの確率で新たにマグニチュード七の大地震が首都圏で三日以内に起こるだろうと発表した。

東京に支店のある多国籍企業の多くは保険の面での悪影響を心配し、外国人社員たちに日本を出るよう勧めていた。東京にある国際コンサルティング会社のドイツ人重役は、自分は十四日、月曜日に妻と幼い三人の子どもと一緒に香港に向かって出発すると言った。「地震よりも原子炉の状況のほうがもっと気がかりだが、この二つに余震が合わさると私たちの安全への確信も薄らいできます」と認めた。「妻は強い余震に苦しんでいて、本当にここを離れたがっているのです」。

彼の会社は関連する危険に対して準備を素早くすませていた。日本の原子力物理学者に相談したところ、彼らはこの原発事故はレベル七のうちのレベル四なので当面の危険はないと判断した。後になって福島の事故は一九八六年のチェルノブイリ原発事故と同じ最大レベル七と格付けされた後、前述の査定は間違っていたとわかった。ある会社は脅して海外への脱出を止めようとした。世界的規模のコミュニケーション・コンサルタント会社の精力的なイギリス人幹部はきっぱりと言った。「この災害が理由で我々東京事務所の外国人が日本を出たら、彼らはクビだ」。

しかし集団の恐怖をコントロールするのは難しい。十三日、日曜日の午後までには、ヨーロッパ諸国の大使館が幼い子どものいる市民と水面下で連絡をとり、出発の準備をすべきだと勧めている、との噂が広まった。自分たちの市民を保護するのは責任ある当然の反応だろうが、気まずい外交的悪影響があり、国家間の人的、物的交流を壊しかねなかった。

日曜日の午後早く連絡を受けたあるＥＵの大使は噂を広めた人物を厳しく批判した。「大使館が日本を出るように勧告だって？　まったくのでたらめだ。日本政府は信用できないと言っているようなものだ」と自信たっぷりに言った。「我々大使館のウェブサイトに、旅行のアドバイスを載せているのは確かだ。すべての大使館は多少ともこの時期不可欠な仕事でない限り来日しないように言ってきている。ここではパニックもいくらか起きている」。しかしながら夕方までに流れはまた変わっていた。仏独両大使館は数万人の在日市民に東京とその周辺関東地方を出るようにオンラインで警告を掲載した。ＥＵの大使は先のコメントを素早く撤回し、「我々はフランスの方針に従うものである」と発表した。

フランスは素早く脱出用の航空機を用意し、最初に自国民を出国させる国の一つとなった。三週間後の三月三十日にフランスのサルコジ大統領が、原発への信頼はゆるぎないものであることを示すために、日本を訪れたことは皮肉である。そのとき、一緒に強い影響力をもつ政府所有の原子力会社アレバの幹部が、彼のすぐ後ろに付き従っていた。サルコジの横に立ちながら、憔悴した様子で日本の首相はうなずいていたが、そのとき彼はすでに反原発へ転向しようとしていた。三ヵ月後、菅は原発のない日本を訴えたのである。

三月十一日の地震と津波の直後、アメリカ大使館は日本にいる自国民に対して旅行警戒警報を流し、十三日には最新のものに改めた。緊急情報と一緒に、日本への渡航を回避するように勧告がなされた。また、ＮＩＳＡ（原子力安全・保安院）からの勧告も含まれていたが、その内容は「大熊町の原発から二十キロ圏内に住んでいる」住民は、「直ちにその圏内から避難するように」というものだった。続けて「日本の政府機関は、深刻な状態が続いていることを認めている。福島県に在住、または旅行しているアメリカ市民は、ＮＩＳＡの避難指示を守り、現地の日本政府職員に従うように」と、記されていた。(2)

三月十六日、水曜日までに、日本にいるアメリカ市民に対するアメリカ政府からの警告ははるかに明確なものとなっていた。「国務省は、この時期のアメリカ市民の日本への旅行は差し控え、日本にいる者は出国を考慮することを強く要請する」と、アメリカ大使館は書き送り、日本から台湾の台北や韓国のソウルなど「安全な避難地」行きの片道チケットを手配した。乗客は、航空会社が決めた一人当たり三千ドルの運賃を支払う承諾書にサインが求められたのである。しかしながら、そのサービスを利用する人はほとんどいなかった。大使館はまた、東北の地を離れたいと望むアメリカ市民のために、一人当たり五十ドルの運賃で貸切バスを用意した。(3)

また、東京や隣接する名古屋、横浜にいるアメリカ政府職員の家族には、三十日を基準とする退去期間で自主的に避難するかどうかを決める選択権が与えられた。一方で、福島の危機に対応するために、約百五十人の政府の専門家が東京に急きょ殺到したことから、大使館の職員数は膨れ上がった。

日本政府は窮地に追い込まれて、思いも及ばなかったことを慎重に考え始めた。東京からの撤退である。それは、地震後二週間目の三月後半だった。菅首相は、最悪の場合のシナリオをまとめていたが、原発の約二百キロから二百五十キロ以内に居住するすべての人たちの退避を考えるようにとの話を受けていたからである。そのエリアは、東京と日本海に至る本州の近隣地域を含んでいたが、その勧告は公にされることはなかった。

アメリカ人にとっては、避難は現実のものとなった。アメリカ大使館から出された三月十六日の旅行警報では要求水準が引き上げられ、第一原発の八十キロ以内に居住するアメリカ市民は避難するか、住居内に留まるように勧告を受けた。そのときすでに、日本政府は二十キロで十分であると決定して、その範囲内のすべての住民を避難させていた。このアメリカの勧告は、アメリカの原発で非常時に設定されていた範囲より五倍の広さに及んでいた。アメリカ政府は、日本政府が知らない何らかのことを知っていたのか？

ジョン・ルース大使は後に、日本とアメリカ両者が直面する安全上の懸念を比較して説明した。分析を行っていた原子力規制委員会（ＮＲＣ）の専門家たちは、アメリカがもし同様な事態に直面したら、どういうことを行っただろうかという答えを求めていた。(4)

後からわかったことだが、当時ＮＲＣは、信頼できない東電の新聞発表や、国際原子力機関、メディアに多くを依存していた。約一年後、ＮＲＣによって公表された電話会話を文章にしたものによると、混乱状態が生じていたことが明らかになった。最初の数日間、次々と明らかになる危機的状況の中でこの委員会は、正確な情報を入手しようと悪戦苦闘していた。

ワシントンでは三月十一日の早朝、原子力規制委員会のグレゴリー・ヤツコ委員長とスタッフが、津波によるアメリカでの原発被害の可能性について議論をしている最中だった。カリフォルニアのディアブロ・キャニオン原発が現実に心配された。福島第一原発のバックアップ電源と冷却システムが喪失したという連絡を国際原子力機関から受けたのは、午前中だった。その午後、ＮＲＣ職員のビル・ルランドが電話会議の最中に、原発施設が電源喪失になっていると伝えた。「今、炉心損傷に直面しつつあるかもしれない」と言い、「情報が足りないが」と付け加えた。後になって、ヤツコとの電話会議の中で、「我々はその時、実際死の沈黙の中にいた」と、彼は語った。(5)

ヤツコが決定を行った半径八十キロの避難は論争の的になったが、その判断は、日本政府の評価だと彼らが理解したものに、ある程度依拠していた。原発四号機の使用済み燃料プールは冷却水がなくなり、これによって破局的な放射能放出の機会が増大したと、ヤツコは議会で証言した。プールの水がなくなったと、当初表明した日本政府がその意見を変えたと、後になって一人のＮＲＣ職員がヤツコに伝えた。

日本にいるヤツコの部下でトップの補佐官チャールズ・キャストは、日本政府からの情報が限られていることに不満を述べていた。一時、彼らは建物から水蒸気が出ていることを示す、ヘリコプターからの原発の短い映像に頼っていた。アメリカだったら、原子炉のオペレーターと直接通信ができる回線や、現場のより鮮明な画像が存在しているだろうにと、ＮＲＣの補佐官は語った。

三月十六日の議事録によると、NRCのスタッフメンバーが退避とその実行方法を議論したことを示している。その日にNRCのオペレーション担当責任者のビル・ボーチャードは、「もしこれがアメリカで起こったら、我々は八十キロまで避難するだろう」と、ヤツコに語った。

記録されている会話は、アメリカ政府高官たちがすぐに危機の深刻さを理解したことを示している。ヤツコがその結末を正確に予測した。「現時点で、三つの原子炉は、改善の方向にないことから、結果的におそらくメルトダウンを起こすという最悪のシナリオを予想した」と、彼はホワイトハウス高官に伝えた。(6)

三月十七日、木曜日に、アメリカ軍は避難するのが望ましい家族の人たちの退去を正式に認めた。日本に駐留している軍の司令官たちは、福島の事故が重大な放射能の脅威をもたらしていないと、家族たちに話していた。しかし、約一万人が無料の航空券で飛び去っていた。アメリカ国防省は、軍人家族の避難を助けるために約三千五百万ドルを支払うことになった。海軍は立て替えに対して約千四百四十万ドルで一番多く支払ったが、それは二つの海軍基地が福島原発の約二百四十キロ圏内にあったからである。アメリカに向かった家族の中には、一ヵ月の避難期間を超えて滞在するものもいたが、それは子どもたちが学期年を終了するまで認められたからである。あるものはアジアの海辺のリゾート保養地を選んだ。

大使館などの声明やセンセーショナルなメディア報道によって、不安要素や脱出は最高潮に達した。メルトダウンからの放射能は首都に達するのだろうか？　とすべての人が心の中で考えた。放射能漏れの量と人体の許容量についての声明は、日本国内と外国の専門家の間では意見が食い違っていた。

三月二十三日になると、都の給水施設で放射性ヨウ素が検出された後に、東京の水道水は幼児には安全ではないと、日本の行政機関が警告した。その日の日本のニュース報道によると、福島原発からの放射能が空気中を運ばれてきていると、枝野幸男官房長官が述べた。「雨が降ることで、多くの場所で影響を受ける可能性がある」と語った。しかし数回水を飲んだとしても、それで長期的な影響を生じることはないだろうと、付け加えた(7)。厚労省も混乱させるような対応をして、乳幼児への危険はありそうにないが、水道水は避け、乳幼児用ミルクにも使用しないように、と述べた。菅首相はその日の早い段階で、人々は福島原発に近い地域からの農産物は避けるべきであると警告した。これらの発言は、放射能が水や食物を汚染させていることを認めるだけでなく、東北地方の農民や漁師にとって深刻な打撃だった。

福島の危機的状況が明らかになった最初の週に、先を争って日本を脱出しようとして殺到する外国人で、東京入管の事務所は膨れ上がった。再入国の申請者が多く、そのことは大半の人がまた戻ってくるつもりであることを示していた。長距離や新幹線のチケット・カウンターには行列ができていた。成田国際空港からの航空便はすぐに予約で満席になり、人々は代替手段を素早く見つけなければならなかった。会社は幹部役員やその家族が出国するためのチャーター便を手配した。顔全体を防護するマスクを着け、空港のチケット・カウンターにおとなしく並んでいる中国人が写っている写真が残っていることから、これが欧米人だけの現象とはいえないことを示す明確なメッセージであった。

国内の避難先は関西地方で、大阪と神戸というビジネスの中心地を抱え、東京から約四百キロ西に位置する。日本人が予約をキャンセルして空いていたホテルは、すぐに外国人客で一杯になった。ホテルの特別室はそこを一時的な活動の拠点とした会社が予約した。ハイアット リージェンシー 京都のロビーは、東京の外国人居住者に人気のあるナショナル麻布マーケットの日曜日のひどい状況に様変わりしたと、一人のジャーナリストが笑いながらコメントした。東南アジアのバカンスの保養地は、人気のある避難地の一つだった。香港は代替のビジネスの拠点となった。

日本からの「フライ人」の集団脱出は錯覚ではないが、実際の外国人の割合はわずかである。二〇一一年四月十五日の法務省の発表によると、危機的な最初の一ヵ月に日本を離れた外国人の数は、五十三万千人に及んだ。しかし、退去した人たちのうち三十万二千人は、再入国の許可を受けており、それらの人たちは戻ってくるつもりだったことがわかる。

多くの外国人居住者にとって、東京を離れることは、あらかじめ計画した避難ではなかったが、そのタイミングは不思議なほど都合が良かった。災害は、インターナショナルスクールが春休みに入る約一週間前に起こった。「家族たちは春休みに、アジア各地に散らばることがいつもの習慣だった。みんなバリやタイに行くチケットをすでに持っていた。彼らはとにかく、計画していたことをただ早めただけだ」と、アメリカ人で、長年滞在しているカレン・トーマスは語った。カレンと夫のジャック・バードと四人の息子は、当初東京で春休みを過ごすつもりだった。東京が故郷と考えていたからだ。二人の息子は東京で生まれ、年下の二人とも在日本アメリカンスクール（ＡＳＩＪ）に通っていた。年上の二人はともにＡＳＩＪの卒業生で、カリフォルニアの大学に行っていた。

カレンとジャックは、一九九〇年代の初めにジャックの会社と一緒にアメリカ本社から派遣されて日本にきた。それ以来ほとんどずっと滞在している。珍しいタイプに属するが、家族はアメリカと日本の両方に今はしっかりと根を下ろしている。

金曜日の地震の直後から、ＡＳＩＪは両親たちと連絡を取り始めていた。地震が学期の終わりに起こり、多くの生徒たちは電車やバスに乗り込んでいた。土曜日に家族たちは、月曜日の一日は休校にするという理事会の決定を知らされていた。しかし、日曜日に各家庭は再び連絡を受けた。次々に明らかになる原発の危険を含め、多くのことが予測できないことから、ＡＳＩＪは春休み前の残された四日間を休校にすると決定した。学校は予定通り休暇の後、二十八日の月曜日に再開するが、この二週間の間いつでも各家庭と連絡がとれるようにすると約束した。

カレンは次の数日を家族や被災地のために緊急用品や非常食を集めるのに費やした。缶詰、米、歯磨き粉、下着、大人用おむつ、靴下、粉ミルクなどの生活必需品を集めることが強く勧められていた。カレンは東京アメリカンクラブやセカンド・ハーベストに保存食の袋を持って行った。セカンド・ハーベストは、貧窮者への食事サービスと配給を行っているNPOで、寄付を受け付けていた。国際運送業のアライド・ピックフォールズとASIJのスクールバスがあちこちの配給センターから援助物資を被災地に運んでいた。ボランティアの人たちはなんとか被災地まで行って、困っている人が確実に必要な物資を入手できるように努力していた。

余震が続き、メディアの恐ろしい報道がエスカレートする中で、三月十六日の水曜日頃にはカレンは日本に残るという決断を考え直し始めていた。「CNNやBBCのような大手メディアのニュースを見ていると気が滅入りました」とカレンは言う。「記者が映っているときに揺れがあると、彼らのパニックがこちらにも伝わってきました。津波の映像が何回も何回も流され、その規模は本当にものすごいものでした」。いわゆる専門家たちの意見の違いは特に気がかりだった。彼女は誰を信じていいかわからなかった。「私たちは『原発から出ている噴煙は安全です』とか『噴煙は放射能を含んでいて、東京に向かっています』などと聞かされたのよ」。更に、地元の店では水、電池、ろうそくをはじめすべての加工食品が底をついていた。多くのガソリンスタンドからはガソリンがなくなった。カレンは航空会社の中には放射能の心配から空港に乗り入れるのを拒む会社もあるという報道さえ聞いたという。

数日後には、カレンは遂にテレビのニュースを消さざるをえなかった。とても見ていられなかったのだ。「ニュースを消したのは、日本への、あるいはカトリーナ台風や、９・11や他の災害への無関心からではないのです。人間であることを保つために作動させる防御のメカニズムなのです」。

三月十七日の木曜日、カレンは精神的緊張と肉体の危険はもうたくさんだと思った。激しい余震は耐えられないものとなっていた。六階にある彼らの部屋は常に動いているように感じられた。東京に随分長く住んでいたので、地震には慣れていた。しかし、その日の午前四時か五時のベッドから飛び出すほどの余震で事情は変わった。彼女とジャックはその余震はマグニチュード六か七だろうと推測した。震源地が東京だったら大惨事となっていただろう。彼らはその日の深夜便でカリフォルニアへ飛び立った。その時点でカレンの神経はすり切れていた。「私たちには日本を離れるという選択肢がありましたが、いつまでそうできるか全くわからなかったのです」と彼女は言う。「状況次第では帰ってこられるかどうかもわからない中で、友人や自分の故郷となった国を離れるという決断は胸が締め付けられるように苦しいものでした。９・11の時にニューヨークにいた外国人もそうだったかも知れません」。

カレンと家族が帰った二週間の間に、支援の方法を練るための立て続けのメールが、ＡＳＩＪの親たちや友人の間を行き交った。二週目頃には、いろいろな組織が買ったり寄付したりすべき物資のリストをカレンにメールで知らせてきた。三月二十八日に東京に戻ったとき、彼女はすぐに使えるような物が入ったスーツケースを幾つか持ち帰った。東京アメリカンクラブの女性グループ、ハンズオン東京とＡＳＩＪは支援物資を集める活動を組織した。彼女はお金を寄付した方が良かったのかどうか、今でもわからない。「とにかく、日本人か外国人かを問わず、私の知っているすべての人があふれんばかりの親切と気前の良さを示したのです」と彼女は言う。「誰もが手を差し伸べて助けたいと願っていました」。

被害の大きかった地域に取り残されて現金のない外国人にとって、出国して自分の国に帰ることは困難だった。ジュネーブに本拠地のある国際移住機関（ＩＯＭ）のような組織が支援金を出した。三月末までに東京にあるこれらの組織の連絡本部は百人以上の外国人の出国を助けており、更に数千人を助ける予定だった。難民支援の組織が日本でプログラムを実施したのはこれが初めてだった。(8)

被害の大きかった地域に住んでいた外国人の中には最後まで残って援助する決意を固めた者もいた。デイヴィッド・チュムレオンラートの友人のグレッグ・レキチは地震が起きた三月十一日には仙台の高校で教えていた。もともとはフィラデルフィア出身の外国指導助手（ＡＬＴ）で、二〇〇七年からその地域の公立学校で教えていた。

大地震の後、彼の勤める高校は停電していたが、電池のラジオで新しい情報を得ることはできた。津波が来ることがわかった。幸い、その学校は海岸近くではなかったので、津波の到達範囲外だった。しかしグレッグは、仙台の中央部により近く、津波の被害を受けた地域にある彼のアパートまで歩いて帰るのに三時間かかった。「これがどんなに恐ろしいことになるのか誰にもわかっていなかった」と彼は言う。

三月十二日の朝、友人が自転車で彼のアパートに来たとき、まだ電気も水も通っていなかった。ほとんど情報が入手できない中で、何が起こっているのかを知りたかったので、彼らはテレビが備え付けてある市役所に向かい、ＮＨＫの全国版ニュース番組で恐ろしいニュースを見た。その時ようやくこれが世界的なニュースになることを知った。その夜アパートの電気が復旧し、インターネットにつながることができた。「フェイスブックには膨大な数の投稿があって、みんなが心配していることがわかりました」と言う。「みんな私がどこにいるか正確にはわからなかったのです」。

最初の数週間に彼のアパートに滞在した友人の協力を得て、グレッグはサバイバルのための仕事を割り振ることができた。ある者は食糧や水の配給の列に並んだ。ある人たちに関することがわかると、その家族にメッセージを送る者もいた。デイヴィッド・チュムレオンラートを含む二十四人の外国人教師の行方がまだわからなかった。マウンテンバイクを持つ者は、海岸沿いを北に向かい、石巻、松島、デイヴィッドの住んでいた東松島など、津波に襲われた町を目指した。デイヴィッドを見つけた友人は、彼が無事だとアイフォンの3Gネットワークでメールを送ってグレッグに知らせた。「彼を見つける方法は他にはなかっただろう」とグレッグは言う。「外国にいる家族は助けるために何もできないと無力感を覚えていた。私もほんの四十キロしか離れていなかったが、程度の差こそあれ、同じように感じていた。デイヴィッドを含むたくさんの友人や同僚のことが心配だった」。

グレッグはJETプログラム（語学指導等を行う外国青年招致事業）のアドバイザーのイエイン・キャンベルと連携した。イエインは地域のJETグループや海外の人たちの助けを得て、ツイッターのアカウントを立ち上げた。イエインのグループは、地図にブロックごとのハッシュタグを付けて、人がどこに住んでいるかを示した。イエインはまたグーグルのスプレッドシートを立ち上げて、人々に電気は通っているか、食糧、必需品、水などが必要かどうか尋ねた。彼らは多くの人に援助の手を差し伸べ、また彼らの家族と連絡をとることができた。

サバイバルはセンセーショナルなメディアの報道で煽られた放射能への恐怖で更に大変になった。彼は仙台が全滅したという見出しを読んだ。人々を落ち着かせたいと思い、父親に援助を求めた。原子力発電所の安全構造を設計した原子力エンジニアである父親は、素人にもわかる言葉で現状を説明するEメールの手紙を書いた。グレッグはそのメールを送れる人にはすべて送った。「仙台は福島の原発から約百キロ離れており、溶融した燃料から直接放出される放射能に関しては完全に安全な距離です」と彼の父親は書いた。「その上、発電所と仙台の間には山があり、爆発した原子炉から最大量の放射性物質が放出された時、風は海に向かって吹いていました。仙台に脅威がおよぶことはありえないことです」。

数週間して物事が落ち着き始め、ガソリンも手に入るようになった頃、グレッグと数人の友人は仙台、石巻、気仙沼の後片付けのボランティアに加わった。仕事は水浸しになったアパートから泥を掻き出したり、壊れた家具を取り除いたりすることだった。

四月初め、学校の始業が一ヵ月延期になったので、グレッグは友人でALTの同僚でもあるカイル・マクラクランの助けを得てNPOを設立した。カイルはヴァージニア州で救急関係で働いていたことがあり、NPOの立ち上げや書類提出の経験を多く積んでいた。ゼロから作るより、すでにあるNPOと協力する方が理にかなっていた。宮城英語教育支援協会（MEESA）は協力することに合意した。グレッグはユーチューブのチャンネルと画像投稿サイトフリッカー（Flickr）のアカウントを立ち上げ、ボランティア活動のビデオや写真をアップロードした。お金も少し集めることができた。教育に焦点を当てたが、他のグループが取り組んでいないこと、あるいは手間のかからない支援を見つけるのは難しかった。MEESAは学用品を原価で売る日本の文房具会社と連絡をとった。結局彼らは学用品を購入して、それを必要としている学校や生徒に寄付した。

学校が始まった五月頃には、人々がいつまでも嘆き悲しむことなく、前を向いて生きようとする姿勢にグレッグは驚いた。「僕にとって最も不思議だったことの一つは、映画とは違って、日常生活は大災害の後でも止まらないことを認識したことでした。こんな時でも誰が食糧を手に入れ、誰が料理し、誰が皿を洗うかを心配しなければならないのです」と彼は言う。グレッグは二重生活をしているように感じた。彼の体の一部は日本の大災害の中にいて、もう一部は日常的な事を処理していた。彼は被害の程度の大きな違いにも驚いた。すべてを失った人もいれば、全く影響を受けなかった人もいた。時には町の中で一区画ずれているだけで被害が違ったりもした。グレッグが失ったのは食器棚から落ちた数枚の皿だけだった。デイヴィッドのように九死に一生を得るような経験をした者もいた。「僕なんかが『津波サバイバー』という同じカテゴリーに入れられるのには違和感がありました」と言う。「誰もがこの災害の複雑さを理解したわけではないのです」。

彼はつきまとう罪悪感について語る。「生き残った者の罪悪感という言葉は正しい表現ではないけれど、できる限りのことはしたと思いたいというような気持ちなのです」。かすかに眉をひそめて言う。「野蒜のデイヴィッドの学校は津波警報を受け取っていませんでした。誰もなぜだかは知りません」。海岸地域に住んだり働いたりしている人の間では、警報は繰り返し話されるジョークで、真面目に受け取られていなかったことを認める。「今回は警報が人々の命を救ったかもしれません。当時そのことに僕は本当に愕然としました」と心の内を明かす。津波が来るというメッセージをデイヴィッドに送るべきだったと感じている。彼はメッセージを送ったとしても届かなかったであろうことも、学校が津波の警報を聞いていなかったことも知らなかった。「それでも、送信すべきでした」と言う。「そういった思いが今でも頭をよぎります」。

デイヴィッドの家族や友達は彼がアメリカへ戻った時、彼を見て本当に安堵した。かなり体重を落としていたので、すぐさま美味しい食べ物をいろいろ食べさせた。この頃までに、みんなは彼がインタビューされた「60minutes」を見ていたが、それでも彼の救助の話を聞きたがった。「本当に向こうに戻りたいの？」とみんなは尋ねた。友人や兄弟姉妹はなぜ戻りたいのか理解したが、両親は放射能のことをとても心配していて、留まるように強く求めた。

デイヴィッドは彼の九死に一生を得るような体験には目的があり、戻らなければならないと感じていた。「神様は何かの理由があって僕を生かしたと思うんだ」と両親に気持ちを打ち明けた。「みんなが僕の助けを必要としているんだ」。これを聞くと、彼が戻ることには意味があると彼らも思った。「おまえがそう感じるのなら」と父親は言った。「おまえは戻るべきだ」。

第8章　助けて、お願い！

自分の人生、
本当にこんな風に終わってしまうのか？
――サイトウ・トオル

これは奇跡に違いなかった。ほんの四時間前、自分たちの海辺の集落、荻浜を打ちのめした津波に、父親もきっと押し流されてしまったとトオルは思い込んでいたからだ。父親を最後に見たのは、荻浜港に向かっている姿だった。ボランティア消防士として、地震が来たら防潮堤の水門を閉じるのが父親の役目だ。津波のリスクは常に高かった。これまで三陸の沿岸地域を襲った数多の津波は、荻浜の住人やその他の住人何千人をもかっさらっていったのだ。

でもその父親が、トオルの元中学校であるこの避難場所に、家族と一緒に無事にいたのだ。家族はみんな生きていた。しかし津波は彼らの家や製材所を破壊してしまった。二つとも海辺に位置していたから。自分たちの暮らしや何世代もの思い出がほんの数時間のうちに消し去られてしまった。一緒にいる百人ほどの住人と同じように、暗闇の中、年寄りや子どもたちの世話をしながら、体を寄せ合って暖を取った。びしょ濡れでガチガチ凍え、ショック状態で座り込んでいると、次第に周囲の様子が明らかになってきた。停電のため、明かりも暖房もなかった。水と食料を探さなくてはならないだろう。最寄りの町への道はどれも、津波による膨大な瓦礫でふさがれ、人々は孤立状態になった。彼らの長閑な海辺の集落は、ほぼすべてひどく破壊されていた。わずかな集落が、特定の入江の構造と幸運に恵まれて、難を逃れた。

トオルは、校庭から下方に広がる馴染みの海の方へと目を向けた。クラス仲間とよく遊んでいたあの浜辺は今はなくなってしまった。浜辺で何度も見た真っ赤に輝く夕日の温もり、水面からキラキラ反射する光、トオルたちをなだめ、眠りに誘うようなものだったが、そんなことをブルブル震えながら思い出そうとした。だが、感じられたのは、想像を絶するような悪夢に覆われたひどい虚無感だけであった。十八歳、トオルはほとんどすべてを失ってしまった。一体、自分は大学に行けるのだろうか。トオルは気懸かりだった。「自分の人生は、本当にこんな風に終わってしまうのか?」と空を見上げながら思った。津波の避難以降、降り続いていた身を切るような冷たい雪は降り止んで、煌めく星々でちりばめられた広大な空を露わにしていた。それを見て、一瞬、気持ちが明るくなった。必ず助けが来るぞ、と思った。でも、いつだろうか。

それから数日間、渓流から汲んだ水でトオルたちは生き延びることができた。食料、毛布、寝具類が隣接する侍浜（石巻市）で、被害の少なかった三軒の家からかき集められた。しかし、グループにはケアが必要な年寄りやその他の人たちもいた。どの道路も遮断されているので、空からの支援を受けなければならなかった。ヘリコプターの救助隊員たちが彼らを見つけてくれるのを願うばかりだった。中学校の卒業式のために用意された紅白の幕を利用して、彼らは校庭に大きなＳＯＳの文字を描いた。

三月十三日、日曜日、彼らの願いが叶えられたのは、自衛隊のヘリコプターの羽が回転する大きな機械音が聞こえた時である。避難場所の中学校は三陸の狭くて入り組んだ入江に挟まれており、上空から見つけるのは至難の業だった。取り残された数百人もの人々が緊急救助を必要としている一方、救助ヘリには限度があるため、救助は手間取っていた。衰弱した老人たちが救助ヘリに乗り込むように二度説得した。疲労困憊の母子を一緒に乗せた。その他の人々は、自力でやっていくように残された。

漁師の独特の生きる知恵で、住人たちはなんとか乗り切った。トイレは水洗装置が付けられ、石油ストーブは主な光源となった。釣り具や漁業用具を使って、海藻や魚用のかめやタンクを作り直した。彼らは貯水槽や料理鍋、風呂桶も手作りした。「この風呂は自作の第一号で、他の住人たちも見に来たの」とトオルの母親は誇らしげに語る。「サバイバルのためのノウハウをこうして思いついたことに、自分たちもびっくりしたわ」。

津波で壊滅状態の三陸沿岸のどこの町でも、サバイバルという気力をくじくような同じ課題に直面した。

東北地方の多数の小さなコミュニティーには、代々の親戚筋が多く居住しており、その関係は緊密である。相互の支援や協力は当たり前のこと。避難場所は町自体の縮小版となって、指揮、命令の役目がもはや明らかだ。一方、そこから南へ約百キロ離れた桜井市長の南相馬のような避難場所では、多くの住民は知らない者同士だ。担う役割は不明確だし、人間関係は切れそうな程に張りつめている。リーダーたちが日々の必需品をなんとかやり繰りする手助けをしようと進み出たが、地震、津波、原発事故という前代未聞の三重災害は打ち克ちがたいストレスを生み出して、しばしば協力はふっ飛んでしまった。

自衛隊がトオルや住人のところに陸路で達したのは、道路の瓦礫の山の一部を除去する過酷な骨折り仕事に従事して約一週間後のことだった。自衛隊が運んできた食料や支援物資で、待ち望んだ安堵の気持ちが地域一帯に広がった。この災害時までは自衛隊の存在に対して相反する思いが根強かった国において、東北のあちこちでカーキ・グリーンのヘルメットと制服を身に着けた自衛隊員はよく見かける光景になった。大震災前、自衛隊の制服を着た隊員たちは基地の外では、毎年行われる防災訓練以外は稀にしか見られなかった。今回、大災害発生直後最初に呼応したのは自衛隊であった。隊員たちは山のように高く滞積した瓦礫や泥——多くは、破壊された工場からの有毒な化学薬品が浸み込んでいた——を掘り返しながら、遺体を捜索した。屋上から船や車の残骸を引き下ろしたり、福島原発の損傷した原子炉に水を噴射したり、その他考えられるあらゆる救助、復旧の離れ業を演じた。

二十四万人の自衛隊員のうち十万人以上が被害甚大地域に派遣され、戦後の日本における最大の自衛隊派遣となった。一九九五年阪神・淡路大震災直後に神戸に派遣された人数の五倍になった。四月中旬までには一万九千人の一般市民の救助や支援を行った[1]。自衛隊員の尽力は、国内で幅広く称賛された。

自衛隊の役割は、戦中、戦後の歴史と密接な関係がある。日本の軍事力は、米国による一九四五年～五二年までの占領期間中に起草された法体系によって枠付けられている。有名な憲法第九条は、日本が国際紛争を解決するために戦力を行使してはならず、戦争遂行のために軍隊を保持することを禁ず、と規定する。占領軍の目的は、日本が侵略的軍国主義を繰り返さないようにすること、天皇の権力を制限することであった――とはいえ、九条は一般の日本人の間でも多大なる支持を得た。

日本は米国の傘下で保護されたので、軍事費は戦後のほとんどの期間中ずっとＧＤＰの一パーセント前後を推移した。占める割合は小さい。だが世界第三位の経済大国だけに、かなりの金額だ。平和維持および防衛という用語の解釈は、とりわけアジアにおける中国の軍事力の増大化を考慮すると、試され、拡大解釈されつつある。中国との領土を巡る衝突や北朝鮮からの脅威が増すにつれて、自衛隊の活動は一連の民族主義的な首相らによって推進され、拡大してきた。

日本の軍事的安全保障は、主に米国との密接な結びつきによってもたらされている。第二次世界大戦直後、一九四五年九月二日、日本の降伏文書調印で正式なものとされた上で、米国は日本を軍事的に統率するようになった。灰塵と化した国は、米軍占領下で国家の存続が保証されて、再建することができた。一九五一年日米安全保障条約は、米国が西太平洋における戦略的軍事力を維持するのを可能にさせた。これは、一九六〇年に日米安保条約が改定されて確固たるものになった。しかし、結局のところ、日米安保の財政負担は主に日本によって担われてきた。二〇一〇年十二月に日米両国は、二〇一一年度から五年間日本が毎年支払う額を再計算し、約二千三百億円とすることで合意した。[2] 日米安保問題および沖縄における米軍基地をめぐる長期にわたる対立は、日米同盟の再構築や日本の軍事的独立を確立する必要性をめぐって論争に火をつけてきた。

三月十一日の地震と津波は、直後の救助活動で日本が四苦八苦していた時、両国間の和解を促進させるものになった。米国は救助の手を差し伸べたが、それは米国国防総省主導による新たに作られた「トモダチ作戦」と呼ばれる二国間緊急災害救援活動を通してであった。

地震と津波の二週間後、米海兵隊がトモダチ作戦の下、気仙沼大島に到着した時、それは島民にはこの上なく嬉しい光景であった。島民は三千四百人で、東北地方で最も人口の多い島だったが、孤立状態に置かれてしまった。電気もなくなり、通信機能も限られ、飲み水と食料も制限されていた。自衛隊はヘリによっていくらか救援物資を投下し、救助活動を行っていたが、もっと大規模助な支援が必要だった。

大島は陸前高田のちょうど南に位置し、本土の気仙沼港から通常二十五分フェリーに乗るか、一本の橋でアクセス可能だった。その橋は津波で跡形もなくなり、火事によって、また海底の隆起でフェリーや非常用ボートが島の主要港の桟橋につけられなくなり、救助活動は遮られてしまった。

火は危険なほどに燃え上がり、手に負えなかった。打ち砕く波で石油貯蔵タンクはぱっくり割れ、悪臭を放つ有毒な重油が漏れ出ていた。流れ出た重油に火が周り、対岸の気仙沼にある建物や水産加工工場、水に半分浸かった家々にも火は燃え移った。海底地震は、深さ約二十四キロの比較的浅いところで起こり、エネルギーのほとんどを海底で放出した。続いて起きた巨大地震は、海底が構造プレート運動によって押し上げられ、ひどく隆起した結果であった。プレート運動は、東北沿岸に沿って海底を隆起させたり、もしくは沈下させたりしただけでなく、日本列島の本州を二・五メートルほどずらしたという報道もある。(3)

これら諸々の要因が大量の瓦礫と相俟って、緊急の救援物資や装備を運べるフェリーや救難艇の接近を不可能にさせてしまった。自衛隊は、浅瀬に停泊して大型車両や救援物資を運搬するのに必要な平底揚陸艇を所持していなかった。そこでトモダチ作戦に支援を求めた。

トモダチ作戦の一環として気仙沼大島の救助にやって来た部隊の中に、海兵隊のカール・ヘンドラー中尉とケヴィン・ミラー伍長がいた。二人が最初にこの地震と津波のニュースを聞いた時は、マレーシアのコタ・キナバル港にいた。第三十一海兵遠征部隊に所属する急襲揚陸艦エセックスで、数時間前に入港して、ホテルにちょうどチェックインした時、彼らはエセックスに至急戻るように呼び出しを受けた。(4)

四月三日急襲揚陸艦エセックスが目的の大島に到着すると、海兵隊員は、自衛隊および他のアメリカ部隊と連携して何ができるか調査するために上陸した。第三十一海兵遠征部隊の歩兵大隊における小歩兵隊がいくつか送り込まれたが、もっと救援が必要なことがわかった。ヘンドラー中尉は海兵遠征部隊の司令部の一員として、その時、ミラー伍長もいる四十二人編成の小隊を率いるように命じられた。彼らの目的地は大島の南端にある駒形という小さな集落だった。上陸後は徒歩で行くことになった。

海兵隊員たちは、急襲揚陸艦エセックスから大島まで、機械類や救援物資を山のように積み込んだ揚陸艇で移動した。島まで二十キロ、一時間の移動の間、海兵隊員たちは寒さの中、身を寄せ合っていた。

海岸線に近づくにつれ、隊員たちはその光景に衝撃を受けた。一週間にわたる移送の間、ニュース報道で見た被災地の写真は、その被害の程度を明らかにはしていなかった。

津波は、それが達した範囲のほとんどすべてを破壊してしまった。巨大な石油貯蔵タンクは、穴が開いてつぶされ、浜に打ち上げられて、死んだ鯨のように道路脇に横倒しになった。木造の建物や家屋は粉砕され、コンクリートの構築物は内部をえぐられ、板材や瓦礫の土塁が残された。壊れた車があちこちに散乱していた。多くの大小の漁船が陸上に打ち上げられ、いくつかは有名な森林の山腹に引きずりあげられた。八・五平方キロの大島は「緑の真珠」と呼ばれ、一部は国立公園に指定されていた。今は、その海岸、港そして地区は茶色に染まって、残骸だらけの荒廃地となった。

「私たちがそこへ着いたとき、写真では本当の姿がわからないと知りました」とヘンドラー中尉は語る。(5) オハイオ州クリーブランド出身の二十五歳の彼は、約二年前に軍務についた。「私たちが瓦礫を移動し終えるには百年もかかるかと思えました」と言う。ミラー伍長もまた、あのように大規模な惨状は見たことがなかった。「けれども海兵隊のいいところは、命令を受けると直ちに実行に移すことです」と言う。「そして我々はそのとおり行動しました」。

四十三名の海兵隊の隊列が、なかば凍結した泥に覆われた道路を歩いて、駒形地区へ向かって進んだとき、その地区の住民は、彼らが通ると立ち止まり、何度もおじぎをした。「自分たちに必要な作業の最中であるにもかかわらず、住民からそのような丁寧なあいさつを受けるとは、思いもよりませんでした」とヘンドラーは言う。「彼らはみんな自分たちの家に、重い荷物や水を運んでいるところでした」。

お菓子の贈り物や礼状に対しても大きな感動を受けた。どこからともなく男性が現れて、ヘンドラーにお菓子の袋を手渡し、そしておじぎをした。それは海兵隊にとっては恐縮する瞬間だった。その男性はおそらくそんなに食べ物を持っていないとわかっていたからだった。ある若い女性は、英語と日本語で書かれたお礼のカードで謝意を伝えた。「私たちは任務に専念することだけが常でしたので、その結果や努力によって感謝されることは、ほとんどありませんでした」と彼は言う。「小隊の海兵隊員は、自分たちのやっていることが本当に重要なものだと認識しました」。

海兵隊は、その地区で小さな港の清掃を始めた。船をつり上げて海に戻し、また近くの破壊された家屋から、山となった板材や瓦礫を移動した。夕方、彼らは、国立公園の丘の中の、自衛隊のテントの近くにキャンプを設営したが、その時には、横なぐりの雪が木々の大枝を抜けて降り込み、凍った地面に吹きまくった。天候には注意するように言われていたので、保温効果のあるあらゆる衣服の類いを可能な限り持ち込んだ。その地方の住民は、非常事態に配属された日本の警官たちが近くのホテルに泊まったにもかかわらず、海兵隊や自衛隊がテントで頑張っているのに感心した。

二日目、多くの住人が彼らに加わるためにやってきた。彼らは心地よい驚きの気持ちを感じた。もともと市民たちと協力し合うことはめったになく、もっぱら自分たちだけで働くのが常だったからである。ミラー伍長は、ある仲間が次のように言ったことを思い出す。「『現地の人がなんと、自分に手を振ってきたのですが、自分はどうしていいのかわからなかったんです』。そこで私は言ってやりました。『そうさ、手を振りかえすんだよ』」。

テネシー州ノックスビル出身の二十歳の伍長は、一年半前に海兵隊に入る前はミュージシャンだった。彼はコンサートで演奏をするため、また海兵隊員の息子として多くの旅をしたが、もっと多くの経験を積みたいと思ったのだ。親戚は、彼が他人を助けることに情熱を持っているのを知っていたので、ＭＥＵ（海兵遠征部隊）への入隊を勧めた。そこは人道的支援、災害救助および救出作戦に従事する部隊だった。彼にとって、他人を助けることは常に人生の不可欠な要素だった。

自衛隊の隊長は海兵隊の小隊に対し、身振り手振りで指示を送った。双方ともお互いの言葉を話せなかったのだ。その隊長は、瓦礫の中には住民にとって貴重な、個人的な品物がたくさんあると伝えた。例えば写真のアルバム、絵、本、装飾用の小間物のような、人の気持ちに関わるものである。その他のものはすべて廃棄されていった。海兵隊は、住民たちが地区に戻ったとき手にすることができるように、その相当数の小さな品々をまとめておいた。「それは自分たちにとって最も真剣な仕事でした」とヘンドラー中尉は言う。「私たちが選び出したものは、単なるゴミではありませんでした。それは住民の人生の大切な部分だったのです」。

大島の住民たちは、海兵隊の救援について決して忘れることはないと言う。島民である八歳のキクタ・

ワタルは彼らのことを自分の勇士と呼んでいる。「僕はあの人たちのことを『明日への架け橋』と名付けたよ」と、海兵隊の助けを借りて作った小さな土手について触れながら、自分の感情を多少抑えて、はにかみつつ言う。彼の母親のレイコは、息子が、その手助けに対する謝礼としてもらった海兵隊のピンバッジを目の前にさし出す。「私たちもそれを、『荒海に架ける橋』と呼んでいます」と、彼女はほほえんで付け加える。海兵隊が、津波によって島の奥まで運ばれた、彼の家の重い漁船をつり上げて運び、海に戻すのを見た後、ワタルは、海兵隊による島の清掃任務に加わることを希望した。[6]

　ワタル、彼の両親、同居している祖父母は、押し寄せる津波からかろうじて生きのびた。ワタルは津波が襲ったときには幸いにも学校にいた。地震の直後に母親は、高台に位置する学校へ駆けつけ、彼が他の児童や先生たちとともに無事でいることを確認した。レイコは、一九六〇年のチリ地震津波を経験した彼女の母親から話を聞いていたので、津波の持つ危険性をよく知っていた。

　ワタルの祖父母はそのとき家にいたが、やはり安全な場所に移る必要があった。祖母の方は友人の家に行くことができたが、祖父は歩くことができなかった。祖父は最近事故に遭い、足にギブスをつけていたのだ。レイコとその夫は、間一髪で祖父を親戚の家に連れて行くことができた。彼らの家は津波によって湾の近くで破壊されたが、その後背地にあった彼らの魚類倉庫へは、わずか数十センチのところまで波が迫った。その後、被害を免れた魚類倉庫に暮らしながらなんとか毎日をしのいでいた。

　ワタルは、父親や親切な海兵隊員に指導を少し受けながら、地区の清掃場所で、島におけるトモダチ作戦に加わることができた。彼が道路に小さい土手を築いていたとき、日本の写真家とテレビ局のカメラマンはこの共同作業に焦点を当てた。ワタルは翌日ＮＨＫと全国紙に登場した。彼は海兵隊派遣のポスターにまで登場する実在の子どもとなった。母親は、海兵隊は彼らを元気づけ、また生活の再建に取りかかるきっかけを与えてくれたと語る。「それはワタルにとってはとても大きな教訓となる体験でした」と彼女は言う。「彼はそのことをこれからの人生の糧とするでしょう」。

トモダチ作戦は、アメリカ軍に対する日本人の印象を向上させるのに役立った。調査によれば、その作戦以降のアメリカに対する日本人の見方は、この十年近くで最もよくなっている。その作戦では三月十二日から概ね五月十一日まで、自衛隊の先導の下にアメリカ海軍の二十四隻の艦艇、百八十九機の飛行機そして二万四千人のアメリカの要員が動員された。伝えられるところでは、両国で約七十三億円（九千万ドル）の費用が共同で支出された。(7)

地震と津波のあとの最初の一週間に、アメリカ軍はおよそ二万人の住民の救援を行い、交通施設の復旧を行ったが、それには地域の重要な空の拠点、仙台空港も含まれていた。その作戦は、福島第一原子力発電所事故の初期段階でも、重要で有益な役割を果たした。アメリカ海軍は、発電所の原子炉を冷却するために二百万リットル近い真水を供給し、海兵隊化学・生物兵器対応部隊は、近くで作業に当った自衛隊の部隊を指導した。米軍の無線操縦式無人機は、モニタリングと日本政府へのデータ収集のために発電所の上空を飛んだ。地上での支援には、アメリカ原子力規制委員会および国防省とエネルギー省からの担当者が派遣された。(8)

「アメリカ史上、単独では最大の人道的な救援作戦」と表現され、この平時における任務の遂行は、両国政府および主要新聞により、大成功だったと賞賛された。けれども日米間に、異論のある意見や問題点も出されている。それは主として、地域間の紛争や戦時には不可欠な、効果的で機密の意思伝達システムが不備であったという指摘である。(9)

日本にはいまだ九十一の米軍基地があり、うち三十一は沖縄群島に立地している。沖縄本島の基地面積はその総面積の一九パーセントを占めている。第二次大戦後の二十七年間、沖縄は米軍の統治下にあった。二〇一二年五月十五日は沖縄の日本復帰四十年の記念日に当たる。復帰以来アメリカに対して、島から撤退するようにとの声高で怒りに満ちた要求が絶えない。二〇一二年四月の日米間の協定によって、米国の約九千人、つまり兵力の半分が、沖縄から、グアムまたはアジア太平洋地域の他の場所へ移動することになるだろう。(10) だが、沖縄が中国の近くに立地していること、そして中国の軍事力が地域で増大する懸念のために、アメリカ軍の沖縄駐留は今後も続くであろう。

海兵隊の登場と国際的な救援隊の相次ぐ日本への到来は、フライ人と呼ばれる外国人が日本から去っていく中で、ある種象徴的な出来事だった。中国からの十五人の救急隊、アメリカ、ドイツおよびスイスからの捜索犬を連れた隊が、三月十四日の月曜日に第一陣として到着した。三月二十九日には、それは世界中の国々からの二十五チームに達し、人道的な援助と物資供給の申し出がなされた。百三十四の政府と三十九の国際的な組織が支援を申し入れてきた。災害後のおよそ一年の時点では、寄付は五千二百億円と見積られ、また九十三万人がボランティア活動に参加した。(11)

俳優、歌手、有名人が支援を申し出た。日本の俳優の渡辺謙は「Kizuna 311」というウェブサイトを立ち上げて、ハリウッドの友人たちからの励ましのメッセージをビデオで伝えた。彼はあるビデオで宮沢賢治の「雨ニモマケズ」の詩を朗読して登場した。ジャッキー・チェンなどのアジアの歌手や芸能人たちも、「雨ニモマケズ」を支援のテーマソングとしてプロデュースした。日本でのコンサートは地震と津波以降は中止されていたが、数少ない勇気ある人がいた。シンガーソングライターのジャック・ジョンソンは、地震が襲ったときには大阪のホテルで自分の部屋にいたが、予定していたコンサートに出かけた。その時間は、津波の映像が世界中を駆け巡った直後の時間だった。彼は計画していたコンサートツアーを中止せざるをえなかったが、後日、日本の救援基金のため五万ドル（約四百万円）を寄付した。ポップスシンガーのシンディー・ローパーは、災害の当日に来日した後にも逃げることなく、予定どおりのコンサートツアーで聴衆を楽しませた。その後、彼女は東北の被災地を訪れ、その地域の民間人としての広報担当役となった。(12)

日本は、災害によって被災した国々に対する緊急の援助と資金について、世界で最も気前の良い供与国の一つである。けれども日本は、国際的な支援を国内に受け入れるに当たって、政府が多くの過ちをおかした苦い教訓を持っている。神戸地震の際に、自国で処理できるからと言い張って、政府機関は高慢にも海外からの援助を断ったことである。壊れた建物の下で動けなくなったり、地震に続く火事によって命を落とした犠牲者たちは、救助を申し出た国際的な捜索救助隊によって救われた可能性もある。この失敗から、日本では新しい形のボランティア活動が多数生まれた。それは、国内的、国際的な双方で、非営利および非政府的な組織への関心の高まりにともなって、誕生した。

二十五年にわたってこのような活動の中心にいるのがセラジーン・ロシートである。東京を拠点にしてアメリカ人の彼女は、非営利ＮＧＯ（非政府組織）のコンサルタントとして活動している。彼女は、ワークショップ、セミナー、トレーニングプログラムを促進する活動を主な仕事としている。それは、非営利での運営および活動に関する実践方法を教えるためのものである。彼女はまた、地方のコミュニティーから日本や国際的な企業に至るまで幅広い依頼者に、最も実践的な協力関係について助言している。東北の災害に当たって彼女は、寄付、支援の申し出および救助組織との活動に関して、情報提供と助言によって最も重要な役割を果たした。彼女のブログは、最初の二、三週間、常に更新され続け、暗く絶望的な時期にあって光を照らす標識となった(13)。

地震と津波に見舞われた直後から、セラジーンのもとには国内や海外の人たちから大量のメールが届き始めた。それは寄付の申し出やボランティアの取りまとめ先についての問い合わせだった。東北へ行く用意はできていないので、質問への回答や、人々が救援活動に参加できるようにセラジーンはウェブサイトを立ち上げることに決めた。三月十二日の土曜日の夜から二週間、彼女は毎日十五時間インターネットに向き合った。昼間は、立ち上げたウェブサイトへのリンクを付記したツイッターやフェイスブックでボランティア情報を送り、夜間は、海外からの電子メールに返信した。

3・11の震災によって、非営利団体（NPO）や非政府組織（NGO）が国内で援助活動を行う上でまったく新たな一連の課題が掘り起こされたことをセラジーンはすぐに知ることになる。最も驚いたのは、地震・津波多発国であるにもかかわらず、日本にはNPOやNGOが国内で利用できる国が運営する災害対応の仕組みが何もないことだった。日本政府は、NPOやNGOが海外の災害に利用できる資金提供と活動の調整についてのシステムしか持っていなかった。皮肉が際立ったのは、外務省がその災害支援のネットワークを国内向けのネットワークの立ち上げに積極的に利用しようとしたときだった。NPOやNGO向けの国内災害基金を創設し割り当てるルートの開設は、支援の大混乱を招いたのだ。

セラジーンは、被害の大きかった自治体と援助を申し出る熱心な多くのボランティアとの間に大きな溝があることも指摘している。災害や緊急事態が発生した場合に備えて、全国の各地方自治体が、救援活動を調整する災害ボランティア・センターを設置していた。ボランティア・グループは、現場で支援活動に着手する前に、まずセンターに指示を仰がなければならなかった。構想としてはよいのだが、多くの町や村は３・11の震災の深刻な被害を受けており、各地のセンターはほとんど調整に手が回らなかった。国内、海外の多くのボランティア・グループはセンターを介すことなく、大きな組織から見過ごされ孤立している小規模の町や村に的を絞り、それが効果をあげた。

地域のセンターによっては、善意によるものとはいえ、住民のニーズと噛み合わないところがある反面、画期的な取り組みをしたセンターもあった。ある災害センターは、インターネットで住民に通知し、助けを必要としている人を調べたと説明した。しかし生存者や被害を受けた人々のほとんどがインターネットを利用していなかった。大半がインターネットを使わない高齢者だったのだ。セラジーンは〈災害ボランティア活動〉の成功例として石巻市を挙げている。「石巻市長は判断力のある人で、支援の調整についてＮＰＯと一緒に対策を練ることを望んだのです」。

福島第一原発事故から出た放射能は、国内および海外の災害支援団体にとって重大な問題となった。放射線による避難区域での活動を選んだ団体は多くはなかったが、それが公認されることはなかった。ＪＥＡＲＳ（日本地震動物救援会）◆[1]、アーク（ＡＲＫ　アニマル・レフュージ関西）◆[2]などの動物救護団体は置き去りにされたペットや家畜を助けるという勇気ある活動を行った。多くのペットや家畜は放置されて餓死するか、または自力で生き残っていた。震災の衝撃的な映像に、杭にしっかり繋がれたまま逃げることもできず、衰弱した馬や犬たちの心痛む写真があった。優先度からみると、残念ながら動物の救護は後回しにされる課題だった。

日本赤十字社は多くの不満を招いた。赤十字社は被災地に義援金を配分する最大の慈善団体であり、その寄付額は約八百億円という高額にのぼった。しかし分配があまりにも遅いことで非難の矢面に立たされた。「多くの人が不満を感じましたが、赤十字社がどのように機能するのか皆理解していないのです。赤十字社というのは役所的なシステムで対処する進行係なのです。この義援金全般も当然、役所的な過程を経て分配される仕組みなのです」とセラジーンは語る。(14)

長期の革新的な経済支援を提供する国際人道支援のNGOの一つに、オレゴン州に本部を置く「マーシー・コー（Mercy Corps）」がある。同NGOの元国際緊急支援ディレクターのランディ・マーティンは、ピース・ウィンズ・ジャパン、プラネット・ファイナンス・ジャパンと連携して、経済復興の取り組みと資金提供について戦略を練りモニターするために、約二年間の予定で日本へ来た。イリノイ州の広大な大豆畑に隣接した工業型農業の町の出身であるランディは、若くしてまず国際的な仕事に興味を持った。「生まれ故郷を離れるまで、私は外国語を耳にしたことがなかった」と彼は明かした。大学のミクロネシアのプログラムに関心を持つようになって以来、今では世界中の最も過酷な災害の分野のベテランとなった。外見からはわからない。しかし、優しくもあるが、じっと見つめる視線が被災した人々を支援することに打ち込む生き方を映し出している。(15)

災害時にマーシー・コーに協力するマルカ・オルダーは、二週目に即、ランディに同行して被災地に入った。結局、彼女は現地の経済復興マネージャーとしてピース・ウインズ・ジャパンを補佐することになった。組織作りの達人で日本語も話せる彼女は、以前、JETプログラムで九州の南の島に住んだことがある。三十歳になるまで、すでに、彼女は深刻な災害の支援を経験していたが、その中には二〇〇四年の壊滅的なインド洋津波（スマトラ島沖地震）◆3もあった。(16)

三月十一日に目が覚めてニュースを見たとき、マルカはそれほど深刻ではないことを祈った。彼女の心には、東南アジアの津波が一生に一度あるかないかの経験として刻み込まれていた。日本を支援するためにやってくるとは思ってもいなかった、とマルカは認める。NGOがこんなに裕福な国の救援活動を望むわけがない。しかし、被災時は富める国でも専門的な支援が必要とされる。ほとんどの場合、組織作りと調整がお金より重要なのです、とマルカは言う。マルカは二つの重要なプログラムの支援を可能にした。

一つは、手元にない現金に代わる無料の商品券だった。地方銀行の支店は津波で破壊されているか、営業できない状況になっていた。クレジットカードは現地では使用できなかった。商品券によって住民は必要なものを買うことができるし、寄付の品に頼らなくて済む。「現金の投入が経済復興を後押しするのです」と彼女は言う。これによって事業は継続され、地元の従業員の雇用も継続される。費用のかかる救援活動ではなく、地元の経済を利用して町や村を復興させるシンプルだが、効果的な方法だった。

それは効率と分配についても利点があった。避難センターでは分配が大きな問題だった。公平性から、同じものが全員に行き渡るか、そうでなければ誰にも配布されないかだった。全員に行き渡る十分なコートがなければ、誰も受け取れない。そのため廃棄されるか、保管場所で眠っている寄付の品がたくさんあった。

マーシー・コーは、日本で使うための寄付金として約六百万ドル（約五億円）を受け取っており、陸前高田、大船渡、気仙沼、南三陸の被災した町に集中して投入した。「災害にはそれぞれ大きな違いがある。これまで私はこれほどの瓦礫をみたことがないし、あのような素早い対応もみたことがない」とランディは言う。大混乱にもかかわらず、ほとんど誰もが四十八時間以内に避難場所にやってきたことは、彼には驚きだった。ランディが救援活動を続けている二十五〜三十年の間で、このように迅速な対応を見たのは初めてだった。「これまで例のないことだった」と彼は述べている。

対応についてはマルカもいつもとの違いを感じた。「自衛隊は素晴らしい仕事をした。飲料水、風呂、洗濯機付きトラックなどの支援。彼らは本当にやるべきことをやっていた」。ＮＧＯが不在だったが、それは日本では事前にNGOは登録する必要があったからだ。マーシー・コーは日本で活動するピース・ウインズ・ジャパンとの連携があったので承認された。日本では政府がNGOとの調整を行った。途上国では国連が調整役になる。

東北での初日、ランディは気仙沼まで災害救援用のみかんを積載したヘリコプターに同乗した。着陸後、営業を開始している店に行き、店内で真っ先に目に付いたのがみかんだった。そのことから、分配されたものが必需品ではないことがよくあることを思い知らされた。「そういったことが市場の復興を妨げ、地元の住民を復興資金に依存させ続けるのだ」とランディは言う。彼らの初期目標は、救援物資の配給から市場を基盤とした支援に徐々に移行することだった。

一週間経つと、商店は営業を再開し始め、流通の販売網が戻った。気仙沼で津波に直撃されたコンビニエンス・ストアがランディの目を引いた。瓦礫は取り除かれ、泥も掻き出されて、店員は制服を着用し、商品を値引きして売っていたが、それだけでなく店の外では従業員が「営業中」と書かれた大きな表示板を掲げていた。店にはできたてのおにぎりまであった。

まるでグランド・キャニオンのような高さ約六メートルの瓦礫に両側を囲まれた水産物の加工場もランディの目を引いた。加工場の建物は押し流されることはなかったようで、上の階には発電機が置かれていた。すでに瓦礫はきれいに取り除かれ、漁船の入港に備えていた。

住民にとってもう一つの大きな問題は、ほとんどの人が車を失ったことによるその後の移動手段だった。マーシー・コーの援助を受けたプログラムの一つとして、ピース・ウインズ・ジャパンは、避難所から商店やその他の地点へ運行するバスのサービスを提供した。町がほぼ全壊した陸前高田のような町では、店が営業している大船渡などの隣町へ行くバスが運行された。

店を失った商店主に対しては、マーシー・コーとピース・ウインズ・ジャパンは、トラックの荷台に小規模の店舗を乗せた移動販売車の入手を支援した。移動販売車はまず避難所を回り、それから仮設住宅を回った。特に高齢者には助けになった。しかしマルカは、「インドネシアだったら、すぐに避難所の周辺にたくさんの店が現われてくるわ」と指摘した。起業家精神が欠けていることや新しい試みに消極的なことに彼女は驚いた。初めのうちは地元の商工会議所も企画に好意的で喜んでいたが、状況にもかかわらず規則や認可にこだわった。食品を販売するには法律で決められた車両でなければならないと言うのだ。

マルカとチームメンバーは手続きを手早く進めようと市役所へ行ったが、相変わらずの対応に直面した。柔軟性のなさは不可解としかいいようがなかった。店を失った商店主が思い切って決断した。「待ってられない、やろう！」と言った。後日彼は「私が商売をして儲けているのを知ったとしても、アメリカの人たちは悪い気はしないだろうか？」と尋ねるのを聞いてマルカたちは驚いた。より安く食料を提供するためではなく、自分の儲けのために受け取った支援金を使うことを彼は気にしていたのだ。マルカは、自給自足（自立）が目標なのだと彼に説明した。支援者たちは経済活動の再開を試みていたし、追加の援助金で町を支援するよりむしろ利益を求めて、移動販売車が活躍することを望んでいた。最終的に企画は受け入れられ、その他の商店主たちも参加した。移動販売車がやってくると、特に高齢者や遠く離れた仮設住宅で生活する車のない人たちなど、誰もが喜んだ。

災害援助の「第一段階」の次は「第二段階」の復興と再建になった。しかし、被害の大きい事業者は再建のために借金することに消極的だった。事業者によっては家のローンなどと重複する借金を背負い込むことになるからだ。県や国は大幅な補助金や要望に沿った支援を提供するが、支払いは二〇一二年になってからだ。水産業はもともと季節に関わるものだけに、苦境に立たされた。大船渡では、サンマ漁のピークは九月である。サンマは全国に出荷され、年間で最大の収入源だ。建物を借り、たくさんの備品（フォークリフト、魚箱、水槽など）を調達するために、水産業者にはすぐにでも資金が必要だった。

マイクロファイナンス◆[4]は実行可能な解決策だった。プラネット・ファイナンス・ジャパンや気仙沼信用金庫と提携して、マーシー・コーは従業員二十名以下の被災した小規模事業者を対象に「三陸復興トモダチ基金」と名付けたマイクロファイナンスのプログラムを立ち上げた。プラネット・ファイナンス・ジャパンはフランスのNGO「プラネット・ファイナンス・グループ」と協力関係にあり、途上国でマイクロファイナンスのプログラムに重点を置いた活動をしている。信用金庫は日本中にネットワークを持ち、協同組合の銀行や信用組合のような働きをし、中小企業に融資をする。気仙沼信用金庫はこの地域で十二の支店のうち七支店を失った。気仙沼信用金庫の資金に加えてマーシー・コーには寄付で集めた四百万ドル余りがあった。NGOが金融機関と協力するのは珍しいことだった。

このプログラムは成功例としてマスコミに注目され、地元経済の復興モデルとして現在も利用されている。「プログラムの利点の一つは規模の拡大が容易なことだ。運営経費が増えないので、人々がより多く預けるほど、効率がより高くなる」とランディは語る。

桜井市長による救援の嘆願は世界中に反響を起こした。毛布、衣類、食料がアメリカ、ヨーロッパ、その他多くの国から南相馬を宛先として日本に届き始めた。配送品は相馬の港あるいは放射線汚染地区から離れた地域に送られて、市の職員が受け取りに行った。線量計や放射線測定器を送ってくれる人もいた。数ヵ月後、南相馬市は支援の終了を頼まざるをえなかった。市は支援物資の入ったすべての箱の取り扱いに窮したのである。

セッコはユニセフの支援のおかげで、調理師として働いていた陸前高田の保育所が再開できたと思っている。ユニセフのスタッフやボランティアは保育所のニーズについて丁寧に耳を傾けてくれた。彼らは新しく借りた施設の掃除やペンキ塗りを手伝ったり、備品をたくさん寄贈してくれた。セッコは皆がユニセフの支援にとても感謝していると語る。「彼らなしではこうはいかなかったでしょう」。

第9章　出発

「希望を持つことが大事です」
——アルフォンス・デーケン

セツコは夫のタクヤを絶対見つけなければと思った。内心では彼が生きているという希望をまだ抱いていた。だが恐ろしい考えがその決意を砕こうとしていた。津波にさらわれたのだろうか？　十一日の朝、市の暫定の災害対策本部に向かって足早に歩きながら、セツコは苦悶していた。そこは普段は公立学校や施設の食事が調理される新しい建物で、高台に位置していた。彼は絶対そこにいる。たぶん生存者の支援の取り組みにあたっているのだろうとセツコは考えた。生来リーダーシップがあり、いつでも人助けをいとわずする人だから。

前夜は、ほんの十六時間前に津波から危機一髪で逃れたばかりの、残っていた保育所の園児たちの世話をしながら、眠れない凍える夜を過ごした。我が子を見つけて安堵した親たちはそれぞれ恐ろしい経験を語り合った。セツコは最悪の事態への心づもりをした。恐れと心配と愛が入り混じった感情に押されるように、彼女は前に進んだ。しかし、なじみの建物に足を踏み入れた時、彼女は目の前に繰り広げられている惨状への準備はできていなかった。

数百人もの、凍えて泥にまみれたショック状態の生存者たちが、必死で自分の家族の消息を求めていた。途切れることなく増える一方の、消息を問い合わせる人々を手助けするためにボランティアがテーブルを準備しているところだった。非常に多くの質問に答えは得られなかった。津波が市役所と、市民の全記録を一掃してしまっていた。それはあたかも陸前高田にはかつて誰一人として存在していなかったかのようだった。

一ヵ月前の選挙で選ばれたばかりの戸羽太市長と生存していた職員が、警察と消防を加えて災害対策本部会議を組織した。徐々に辛抱強く、組織は個人のしばしば耐え難い悲劇にもかかわらず混沌状況から動き出していった。市長の妻クミは、海に近接する自宅から津波で流された。市役所の屋上に逃れたとき、彼は妻を助けに自宅に急行することを考えた。しかし市長としての責務が彼を押しとどめた。同僚たちも市も彼を必要としていた。十歳と十二歳の二人の息子たちはもっと高台にある学校で助かっていた[1]。

セツコにとって、多くの市役所の職員が流されたことが明らかになっていくのはひどく辛いことだった。地震のあと職員が、市役所から避難したということを彼女は聞いた。タクヤが困った人を手助けしようと現場に留まったということはありうるだろうかと考えた。混雑の中で夫を探している時、セツコには心臓の鼓動が早まるのが感じられた。だが夫の影も形もなかった。夫の消息を得るには、消息不明者の受付デスクでボランティアをするのが一番だと気づいた。

停電でコンピュータがダウンする中、それぞれの名前、連絡先、行方不明の親族の詳細を書きとめなくてはならなかった。しかしそこに人々がどんどん押し寄せるうちに、セツコは圧倒されていった。時間とともに列は長くなった。「どうしたら母を、父を、祖父母を、兄弟を、わが子を見つけられるのですか」と、人々は涙と怒りと懐疑と失意の中で尋ねた。その中にはセツコの親しい友人や隣人もいた。彼らの気持ちがわかるだけに、一層彼女には対応が辛かった。唯一の慰めは誰もが何らかの被害を受けていたことだった。心の傷や悲嘆や苦悩がない人は一人もいなかった。

その夜、極度の疲労の中でセツコと保育所の同僚は、暖を取って体を休めようと一枚の毛布に身を寄せ合ううちに、泣きつかれて寝入った。その女性の夫は生存していたが、二人の幼い子どもと両親はまだ行方不明だった。彼女は彼らが車で避難しようとした際に津波にさらわれたと確信していた。セツコはその日ずっとそんな推測が何度も繰り返されるのを耳にしていた。誰もが避難を急ぐ中、車は渋滞に引っかかり、運転者も同乗者も津波にさらわれた。時として生死の境は、ほんの一回、ハンドルをどの道に切ったのかということに過ぎなかった。人々が車でなく、走って逃げてさえいたら、と彼女は思った。せめて避難所がもっと慎重に、津波境界線より高いところに選ばれてさえいれば。せめて市が建物を海にあれほど近いところに建てることを許可しなければ。(2)

翌日、セツコは他の二人のボランティアに加わり死亡登録のテーブルを受け持った。遺体の仮安置所となっていた数ヵ所の公立学校の体育館のうちのどこかで身内の遺体を確認した後、家族がやってくるのがここだった。ここでもまた、彼女と他のボランティアは悲嘆にくれる人々の長い列に向き合った。間に合わせの書類の記入に加えて、火葬の手配も手伝わなくてはならなかった。

陸前高田の火葬場は部分的に被害を受けており、一日七遺体しか焼却できなかった。それまでに七百体の遺体が見つかり、戸羽市長は集団埋葬を避けるために、近隣の町の火葬場に支援を要請していた。(3)デイヴィッド・チュムレオンラートが住んでいた東松島町などの多くの町には、利用できる火葬施設が十分になかった。家族は、汚い場所での一時的な合同土葬を受け入れなければならなかった。土葬は第二次世界大戦以前と大戦中は日本の標準的な埋葬方法だった。火葬の習慣は戦後の急速な経済成長および都市化とともに広がった。限られた土地と衛生上の理由から、東京や大阪などの大都市では火葬が必要になる。天皇、皇后はともに二〇一二年に火葬の選択を示し、皇室の土葬の伝統を破った。(4)

死亡登録に際し、セツコや他のボランティアは、困難な手続きについて説明しなくてはならなかった。家族は遺体を焼却可能な戸板の上に載せ、毛布で包み、指定された火葬場に移送する方法を見つけなければならなかった。しかし厚板や余分の毛布を見つけることは、多くの家族が家を失っていたので、ほぼ不可能に近かった。車とガソリン不足が困難に一層拍車をかけた。町の数ヵ所の葬儀社が津波で流されてしまったため、棺や火葬後の遺骨を入れる骨壺も足りなかった。

遺族は亡くなった人に対する愛情や愛着と、変わり果てた姿の間で、痛ましいほど葛藤していた。中にはひどく損傷した遺体もあったからだ。要請に対して激昂する人もいた。セツコは、皆同じ状況にいるということを、彼らに気づいてもらえるように穏やかに話すように努めた。

遺体を取り扱う作業は、日本では現在は主に病院の看護師と葬儀社によって行われているが、その慣行は完全に制度化されているわけではない。遺体に対してはまだ敬意があり、魂が「極楽浄土」に転生したり、「菩提」を会得するために適切な儀式をもって扱われなければならないと信じられている。この仏教と神道から生まれた信仰は、二〇一一年の津波の後の、長く辛い行方不明者捜索の間、非常にはっきりと認められた。(5) 一年以上後まで、肉親の捜索を続けた人たちもいた。(6)

死にまつわる儀式は日本が近代化するとともに変化した。しかし東北のような地方では時間の流れも緩慢で、伝統が残っている。一九五〇年代までは、ほとんどの人は家で亡くなり、家族が遺体に付き添った。保健医療の向上とともに、病院が一般的な死に場所となった。

日本の葬式のほぼ八五パーセントが仏式であり、葬儀のやり方は宗派や地域によって変わる。葬儀は通常は通夜から始まる、二、三日の行程で行われる。典型的には、通夜は死後の第一夜に家で行われるか、死後の翌日に葬儀場で行われる。家で行われる場合、遺体は初めに布団に寝かされシーツをかけられ、親族や近隣の人々に見てもらえるようにされる。家族の一人が一晩中、遺体の「見守り人」として、また、死が実際に起こったことを確認するために付き添う。納棺師は、より多くの参列者に見てもらえるように、遺体に着衣させ納棺する。通夜では飲食物が供され、厳粛な式から一転にぎやかな騒ぎになることはよく知られるところだ。

死体の防腐処理は慣例ではなく、火葬まで遺体を保存するためにドライアイスが用いられる。時には、故人の来世への旅に役立つようにと、草鞋《わらじ》、手甲、杖が棺に加えられる。葬式は通常その翌日に葬儀場か寺で行われる。

通夜か葬式の時に近親者以外の人が香典を出す慣習がある。金額はその人の年齢、富、故人との関係によって、三千円から三万円の幅がある。これは平均すると約二百三十万円の葬儀費用の足しになる。家族はその後、香典のほぼ半分または四分の一の価値の物を香典返しとして、気遣いに対する返礼をする。(7)

葬式が終わると、故人は飾られた霊柩車で火葬場に運ばれる。家族の立ち会いの下、棺を焼却炉に入れる。成人の遺体では焼却に要する時間は約九十分である。その後、感情の伴う儀式がある。近親者が特別な箸を使って、灰の中から骨のかけらを取り出すのである。その際、第二頸骨は、その形が瞑想の際、祈っている仏の姿に似ているので、とりわけ大切なものと考えられている。骨は骨壺に入れられ、死後四十九日まで家の仏壇に安置される。その日まで魂が現世をさまよい、その日に来世に生まれ変わると信じられている。骨壺はそのあと、家の墓に移されて、カロートに保管される。(8)

死者には、来世で使うための戒名がつけられる。死者は名前を呼ばれると振り向き、来世に赴く旅の歩みがにぶるといわれている。(9) 戒名は位牌に書かれ、家の仏壇に置かれる。追悼の儀式は通常その家の仏教の宗派と地域の習慣によって決められる。

三月十一日以後、震災の被害が大きかった地域に納棺師はほとんどいないか、いても遠方で、伝統的な遺体のための準備作業は事実上不可能だった。今でも東北では納棺師は「納棺」の儀式を家族や親しい友人の前で行う。儀式の間、遺体がほとんど見えないようにして、納棺師は熟練の技術で、遺体をそっと拭き清め、白い「経帷子」を丁寧に着せる。普通、顔には化粧を施す。そのあと納棺師は遺体を棺に納める。

このシーンは日本映画「おくりびと」の中で、繊細に再現された。青木新門は、東北に近い地方出身の、かつて納棺師であり映画の発想のもととなった人物であるが、この儀式が家族と死者の間に生み出す重要な繋がりについて指摘する。「それは死者と生きている人がコミュニケートし合う瞬間です」と説明する。「生きている人の垂直の世界と、生きている人と死者の間の水平の世界があります。水平のつながりを作ることがとても大切なのです」[10]。

第二次世界大戦末期の中国東北部の満州での、青木の難民収容所での幼時の体験が、彼と死との長い旅の始まりだった。彼と三歳の妹は、その地域から日本人がパニック状態で脱出する間に母親とはぐれてしまい、難民収容所に連れてこられた[11]。ちょうど八歳の彼には妹の面倒を見ることは不可能で、妹は栄養失調ですぐに死んだ。彼は背中に妹を背負って収容所の一時しのぎの火葬場まで運んだことを忘れたことがなかった。「だから、私は他のほとんどの人とは違う死についての認識をしています」と説明する。「私は何年も前の妹の死からずっと、死のプロセスについて様々な思考を重ねてきたのです」。

青木が十年に及んだ納棺師としての仕事を始めた一九七〇年、東北ではまだ、家族の男性が浄めと着衣と火葬を執り行った。しかし日本の急激な経済成長と、離れて住む家族の増加や社会的医療保険や入院の増加に伴い、すべてが変わったと語った。「一九五五年ごろまでは九〇パーセントの人が家で亡くなった。今は東京のような都会では九〇パーセントが病院で亡くなり、遺体は直接、火葬場に運ばれる」と彼は推測する。家族と死者をつなぐ最後の儀式はすたれてきたと彼は説明する。

家で誰かが亡くなった時、地方の社会では、男性の親戚が火葬に向けて遺体の準備をすることが一般的だった。遺体をまず、冷水の入ったたらいにつけ、上から湯をかけ、それから擦って清めた。魔物から守るために小さな刀が胸に固定され、体は白い「経帷子」でしっかり包まれた。両手は、数珠をつけ手を合わせて拝む形にされた。

青木の説明によると、一九六五年頃までは両脚はたたまれて胴体に結わえられ、垂直の箱型の棺にぴったり収まるようにされた。高齢者の場合、長年の腰をかがめての稲作や野菜の耕作で腰が曲がっているのが一般的だったので、座位で納められることは自然だった。時には、死にゆく人は、自然に胎児の形と同じように身体が曲がったものだ。

男たちは棺を肩に担ぎ、火葬場まで運んで行った。そこは火葬用の焚き木が用意された村はずれにある特別の施設だった。火葬は夕方から始まり終わるまで約八時間かかった。今日のような一般的な棺に変わったのは一九六五年頃より後で、共同体の行う葬式から民間会社の行う葬式へと移行した頃である。横長の棺は火葬炉の形に合っており、霊柩車その他の乗り物で運ぶのも容易になる。だが、青木は「遺体をまっすぐ平らに寝かせ、棺のふたを閉めるのは容易ではありませんよ」と苦笑して言う。

長年じかに死を相手に仕事をしているうちに、青木は亡くなって間もない人や死を迎えようとしている人の顔に彼が「不思議な光」と呼ぶものを見るようになった。「人は一対一で死と戦っているとき最後の最後に生と死が自ずと溶け合うという点に達し、その瞬間、人はその不思議な光に遭遇するということかもしれない」と彼は書いている。彼は慰めと理解を求めて仏教書を当たった。そして、この「光」が普遍的な現象であり、宗派の違いを超えて共有されるものであることを知った。彼はまた臨死体験した人が「輝く光を見た」という多くの報告に言及している(12)。

人が死の際にあるとき、この荘厳な「光」がやってくる。すると、人は深い感謝と許しと安らぎの感覚を覚えるのだと青木は言う。もし死にゆく人にまだ肉体的に力があれば、その人は「ありがとう」と言うか、あるいは目で感謝の念を伝えるだろう。「最後に顔に微笑を浮かべて死んでゆく。それが最後のメッセージとなるのだ」と彼は説明する。「だからこそ、家族や愛する者たちにとって人の臨終に立ち会うこと、あるいはこの真実を知ることが非常に大切なのだ」と。彼は宮沢賢治の詩「眼にて云ふ」(13)に言及する。この詩は南相馬で遺族のために話をしたときに取り上げたものだ。「東北の人たちにとって、津波で流された、愛する者たちがこのように死んでいったと知ることが大切なのだ」。

「眼にて云ふ」

だめでせう
とまりませんな
がぶがぶ湧いてゐるですからな
ゆふべからねむらず血も出つづけなもんですから
そこらは青くしんしんとして
どうも間もなく死にさうです
けれどもなんといゝ風でせう
もう清明が近いので
あんなに青ぞらからもりあがって湧くやうに
きれいな風が来るですな
もみぢの嫩芽《どんが》と毛のような花に

秋草のやうな波をたて
焼痕のある藺草《いぐさ》のむしろも青いです
あなたは医学会のお帰りか何かは知りませんが
黒いフロックコートを召して
こんなに本気にいろいろ手あてもしていただけば
これで死んでもまづは文句もありません
血がでてゐるにかかはらず
こんなにのんきで苦しくないのは
魂魄《こんぱく》なかばからだをはなれたのですかな
ただどうも血のために
それを云へないがひどいです
あなたの方からみたらずいぶんさんたんたるけしきでせうが
わたくしから見えるのは
やっぱりきれいな青ぞらと
すきとほった風ばかりです。

（宮沢賢治「眼にて云ふ」）

青木の言葉から、今も嘆き悲しんでいる多くの人々、特に子どもを亡くした人々は慰めを与えられた。三重に降りかかった災害の一年後、石巻の大川小学校に通っていた行方不明の子どもたちの遺体を探して、母親たちはまだ地面を掘っていた。掘削機を操作する免許を取った母親さえ何人かいた。ここでの出来事はこの津波の最大の悲劇の一つだった。七十四人の子どもたちと十人の教職員が、避難にあたって最善の場所を決断できなかったために流されたのだ。

「たとえ子どもの遺体が見つかっても、母親の悲しみは消えない」と青木は説明する。「母親にとって、掘り返すことより、自分の子どもが微笑みつつ死んでゆき、お母さんや家族や今生きている人たちに深い感謝の気持ちを胸に去っていったのだということをわかった方がいい」と言う。私たちは彼らが苦しみながら、冷たい水の中で恐怖でいっぱいでただ一人死んでいったと思うかもしれないが、実は、「彼らにはきれいな青空とすきとおった風が見えたのだ」と言う。

しかしながら、気持ちの整理など容易につくものではない。[14] 身内だけの慎ましい儀礼をすることで、死者を鎮魂し、亡くなった者たちともう一度つながろうとする遺族もいる。東北学の研究者で大学教授の赤坂憲雄は彼が見たある家族について語る。その家族は津波の後いまだ行方不明の親族のために海に花を投げ入れていた。「その人たちは美しかった。映画の一シーンのように、一人ずつ順番に花束を投げ入れていた」と。最後にその家族は海を背にして集合写真を撮った。「彼らはおそらく苦しみや悲しみや怒りを表すにはほかにやりようがなかったのだろう」、「こういう儀式が東北沿岸では多くのところで行われているのだと思う」。

女たちが癒しを求めて浜へ行くという話も聞くと彼は言う。女たちはそこへ亡くなった子どもや親族の声を聞きに行くのだ。東北でもほかの地方でも、海岸線はこの世とあの世が接する一種の神秘的な境界と考えられている。伝統のある神聖な行事が今でも浜で死者の霊を迎えるために行われている。

二〇一一年の大惨事以来、幽霊を見たという話がメディアで数多く報道されている。赤坂は桜井市長のいる南相馬から遠くない浜辺で頻繁に起きる出来事を取り上げる。夜、海辺を走る車が突然見えない物体にぶつかる。気になったドライバーが車を止め、車の外へ見に行くが何も見つからない。その奇妙な出来事を近くの警察に知らせると、これが初めてではないと言われる。

日本には幽霊話が豊富にある。特に口承文学の長い歴史を持つ東北に多い。日本の文化はまたアニミズム的な信仰、数霊、言霊、超自然現象、死に基づく迷信でいっぱいだ。赤坂は、幽霊は想像の産物だが、死者を悼むプロセスでは重要な役割を担うと感じている。「人が大変な目にあったり愛する者を亡くしたとき、幽霊のようなものがその喪失感を癒すのを助けてくれることが必要なのだ」、「私も幽霊を見たことがある」と。(15)

三月十三日、日曜日の夕方だった。セツコはタクヤの消息を聞いた。彼の遺体が自宅からそう遠くない川の近くで発見されたのだ。セツコには夫が自分と家族のところに帰ろうとしていたのではないかと思えた。

翌朝、全身の力を振り絞って夫の遺体が保管されている小学校の仮設の遺体安置所へ行った。何らかの形で傷を受けているか、あるいはほとんど見分けがつかないのではないかと覚悟していた。何はともあれ遺体は見つかったのだ。まだ行方不明の人がたくさんいるのに、と彼女は考えた。悲しいこととはいえ彼女は一人ではなかった。義理の姉妹と近所の人が一緒に行ってそばについていると言ってくれた。

体育館に足を踏み入れたとき、その光景に息を呑んだ。遺体が大きな袋に包まれて床を埋め尽くしていた。警察官が彼女をタクヤの遺体のところへ連れて行った。タクヤの隣に横たわっていたのは彼の親友の一人だった。二人は幼なじみだった。セツコはその偶然に驚いた。こんなところでもあなたたちはまだ一緒なのねとセツコは思った。

警察官が丁寧にタクヤの袋を開けると、タクヤがつけている職場のＩＤタグが見えた。それが彼の身元確認を容易にしたのだ。恐れとためらいを感じながら次に顔を覗き込んだが、見て驚いた。なんと穏やかで、なんときれいな顔だろう。滑らかな頬と閉じたまぶたに触れたときそう思った。切り傷もあざもなかった。きちんとブラシをかけた黒い髪は薄くなっていて、これだけが五十八歳という年の証しだった。着ているものは泥まみれだったが、体は膨れたり形を損なったりしていなかった。彼女が知っているいつもの夫のように見えた。ちょっと昼寝をしていて、いつ目を覚ましてもおかしくないというくらいだった。毎日身につけていた時計はまだ動いていた。ずっしりと重い絶望の中に安堵感を覚えたとき、彼女の眼から涙がこぼれた。彼は津波に流され、さまよった末に、彼女と家族のもとに帰ってきて、今ついに危険を脱して安全な場所にたどり着いたのだ。

三月二十日火葬場へ向かう道で、セツコとタクヤの子どもたち、息子のリゲルと娘のコトネは小さなトラックの荷台で棺をしっかりと押さえていた。損壊して瓦礫だらけになった道路を行く間、トラックが上下に激しく揺れたのだ。この家の宗派の僧侶に火葬場で葬儀を行ってもらえたことは幸運だった。

骨壺が手に入らないので、三人は家にある花瓶で間に合わせ、慣習に従ってお骨を拾い遺灰を詰めた。(16) 家に戻った後、その花瓶を家の仏壇に安置した。そこにそのまま四十九日の間置かれることになる。家を失い、避難所で暮らす遺族たちはわずかに残った所持品と一緒に骨壺を保管した。

セツコとコトネはタクヤの好きだったものを集め、今は額に入った彼の写真を置いた仏壇の脇に並べた。携帯電話とペンケースが中に収められた使い古した革の書類カバン、職場のＩＤカード、空のタバコの箱、家族で友人と野外バーベキューをするときによく使ったホルダーに入れた缶ビール。自然、キャンプ、バイク旅行、家の周りのガーデニングを愛したタクヤのペンナイフ、そして一冊の愛読書『君の帰る場所』――これには彼の魂がいつでも家に帰るようにというセツコの願いがこもる。彼女はしばらく彼の時計をはめていた。彼の存在を感じられるようにしたかったからだが、かえってこれは彼女を落ち込ませた。結局それをほかの大切な遺品を集めたものと一緒にした。

空の澄んだ夜には星を見上げ、根っからの天文マニアだった彼が望遠鏡で空を眺めて長い時間を過ごしていたことを思い出すことだろう。息子が生まれる以前から、タクヤは星のリゲルからとって息子の名をリゲルと決めていた。リゲルはオリオン座の巨星で夜空に最も明るく輝く星の一つである。娘コトネの名は日本のハープである「琴の音」にちなんで彼がつけたものだ。

コトネはできるだけ頻繁にセツコの家に滞在した。費用を節約するため、横浜の家から列車ではなく夜行バスを使った。セツコは娘がそばにいてくれることがありがたかった。セツコは生まれてこの方ずっと陸前高田に住んでいたので、友達も親類も大勢いたが、みんな今は生きていくことに必死だった。自分の悲しみでほかの人たちに負担をかけたくなかった。私よりもっと悲惨な人たちがたくさんいる、そう自分に言い聞かせた。彼女は死亡登録のボランティアと支援活動で忙しくしていた。だがそれでも、不意に、あるいはタクヤのことを思い出すと、胸の中に喪失感と恐ろしい空虚感がこみ上げた。苦痛が消えてほしかった。時間がかかるのよ、時間が、と彼女は思った。でもどのぐらい?

悲嘆や死別の経験は極めて個人的なものだが、文化や宗教に影響されている。しかし、これらの違いを超える部分があり、それが立ち直りのプロセスで不可欠な役割を果たす。「東北では、人々は共同体とつながっていると感じている。そしてそのつながりのおかげで彼らは悲しみを乗り越えることができるのだ」とポール・シルバーマン牧師は言う。(17) 日本の禅寺のアメリカ人住職である彼は、今はニューヨークに転居しているのだが、「精神的、社会的健康は（社会との）融合からもたらされる」と言う。

シルバーマンは、ブッダのある有名な説話を挙げる。子どもを亡くして嘆き悲しむ婦人がブッダのところへやってきた。偉大な聖人は彼女に死者を出していない家を見つけ、芥子《からし》の種を二、三粒もらって集めるようにと言った。後に彼女はブッダのところへ戻ったが、結局、種は一粒も集まらなかった。肉親を亡くしたのは自分一人ではないと気付くことで彼女は癒されたのだ。

悲嘆にくれる人たちのカウンセリング（グリーフ・カウンセリング）◆1をするとき、シルバーマンは価値観を重要な手がかりとして指摘する。「文化に対しては柔軟でなければならないが、彼らの価値観に合わせて話をすることが必要だ。これが癒しのプロセスで彼らを助けてくれるだろう。仏教でも、カトリックでも、どんな宗教でも、望ましい価値観や誠実さは同じなのだから」。

しかしながら、グリーフ・カウンセリングは、日本では新しい。第二次世界大戦後、死について語ることはタブーも同然になった。日本はあのような惨憺たる破壊と天皇および国家のために死ぬことの讃美を経験していたからだ。社会の雰囲気は復興と経済的安定の追求へと転換した。親族の死という私的な悲しみを分かち合うということはまた、非常に大切にされてきた我慢という日本的精神に反してもいた。これは禁欲と自己犠牲がとりわけ求められてきた東北ではなおさらのことだ。

日本は一九九〇年代後半以降毎年約三万人の自殺者を出している。世界でも自殺率が高い。政府の調査◆2で、東北大震災の四ヵ月後、二〇一一年六月までに被害の大きかった宮城県の自殺率が三九パーセント増加したことがわかった。災害からずっと続く禁欲生活がポストトラウマ（心的外傷後）のうつ状態を覆い隠してきたかもしれないと報告書は注意を呼びかけた。家畜や作物が福島原発からの放射能の影響を受けたため、農業従事者が自殺を図ったという報告もある。[18] 高齢者や生き残った者の罪悪感に苦しむ人たちもやはり脆弱であることがわかった。

「希望がかぎだ」とアルフォンス・デーケンは言う。彼はデス・エデュケーション（死への準備教育）とグリーフ・カウンセリングを日本で最初に始めた提唱者の一人である。穏やかな太った八十歳の老人はそれをテーマにした本を今までに日本語で三十四冊出版し、数々の賞を受賞し、医大や看護学校で数百回講演をしてきた。カトリックの神父であり、東京の上智大学の名誉教授でもある彼は一九五九年に初めて日本へ来た。(19)

デーケンが初めて死に出会ったのはナチス時代のドイツで、子どもの時だった。第二次大戦中、クラスメートが連合軍の爆撃で焼死するのを目撃し、反ナチ活動家の祖父が連合軍兵士に射殺されるのを恐怖のうちに見た。だが死生学を自らのライフワークと決めさせたのは、八歳の時に経験した四歳の妹の白血病による死であった。死に臨んだときの妹の強さと彼女の希望のメッセージが彼を深く動かしたのだ。(20)

デーケンは一九七七年、上智大学で人気の講座、死の哲学を開講した。だが日本で死や悲嘆（喪失の悲しみ）への向き合い方を変えるのは時間のかかるプロセスだった。一九八三年に「生と死を考える会」(21)を設立したとき、それはこの種の活動の先駆けとなった。一九八六年にはベストセラーになった死についての教育に関する全三巻の著作（『死への準備教育』全3巻）が出版され、この問題への関心が高まる転機となった。(22)それでも政府の政策はこの問題に関して消極的だった。

これを阻害しているのは、生きている人を慰め、カウンセリングすることよりも葬式の方に専心する日本の仏教の伝統である。「若い仏教の僧の話によると、自分たちはホスピスで働きたいのだが、先輩の僧にそれは我々の仕事ではないと言われたそうだ」とデーケンは言う。一方、神道では慰めの対象は専ら死者の魂であり、そうして幽界に帰する助けをする。死は穢れとして扱われ、そのため神道の神官は死体の浄めの儀式を執り行うために呼ばれるのだ。

一九九五年の阪神淡路大震災後にグリーフ・カウンセリングをした経験から、デーケンは東北の被災者も同様の支援を必要としていることがわかっていた。なにしろ彼らは突然何重もの喪失を味わったのだ。彼は利用できる専門家によるカウンセリングがないことに驚き、政府の役人を非難する。二〇一一年五月、東北から東京へ避難して移住した人たちのカウンセリングをしたいと申し出ると、役人は「彼らは精神的支援を必要としていない」。だからデーケンの支援サービスは「必要ない」と答えた。翌朝新聞で、避難所での数件の自殺の記事を目にした。「役人たちはこんな出来事や問題に気づいてもいなかった」と彼は言う。

日本でも若い人は死や臨終についての教育を受け入れる傾向にある。いろいろな高校で講義をしてデーケンが気づいたことは、高校生たちは疑問をいっぱい抱えていて、進んで議論に加わることだった。「若者は死や臨終に直面することに自然な好奇心と個人的な関心を持っている」と彼は言う。上智大学の彼の学生八百人のうち、約二〇パーセントは身内の死を経験しているが、それについて親と話すことはタブーだということがわかった。

三月十六日タチバナ・ユカリは、とうとう父親が遺体で見つかった、と言うニュースを聞いた時、耐えられなかった。すぐに親友のチエに電話した。十八歳の二人は小さい頃からずっとお互いに信頼できる友達だった。ユカリはチエが話に耳を傾け、自分の気持ちを理解してくれるだろうとわかっていたからだ。(23)

石巻の彼女たちの家から離れていない女川の水産加工工場の吹き抜けの二階の階段で倒れているのを消防士が見つけた。運送会社のトラック運転手として二人の同僚と工場への配達をしているところだった。生き残った一人は、他の二人に五分程離れた高台にあるスポーツ公園に一緒に行こうと説得した。そこは海からかなり離れているように見え、小高い丘の上に位置していた。ユカリの父親ともう一人の運転手は二階建ての工場は十分高いと確信していた。その辺は一九六〇年のチリ地震津波では被害を受けなかったからだ。

他の多くの人たちと同様に高い場所を目指さなかったことが、ユカリの父親の運命を決めた。女川では、津波がいくつかの大型漁船を三、四階建てのビルの上に引き上げていた。水が引いた時には、船はそのまま上に残され、まるで奇妙なノアの方舟のような自然の残酷なイタズラだった。ユカリは、凍えるような渦巻く水の中をもがき最後の息をしようと抗い溺れていく父親の恐ろしいイメージを打ち消そうとした。もし五分歩いて高い丘に登ってさえいたら、どんなに違っていただろうとしばしば考えてしまう。

ユカリは亡骸を見るのが怖かった。三月十六日遅くに祖母や他の家族と遺体を確認しに行くのに、彼女にはありったけの勇気が必要だった。父親の会社の社長と一緒にその娘も、彼女たちに同行した。会社の人たちが、公立学校の外の大きなテントに保管されていた未確認の遺体の中から見つけた。今、遺体はビニールシートにくるまれ、年齢や身体的特徴が記載されたフダが添えられていた。そのシートをめくった時、ユカリとその他の人々はショックで目を見張った。彼はシャツを着ていなかった。目に見える傷やアザはなかった。まるで、眠っているようだった。

石巻の葬儀場は壊れているか、津波で亡くなった何千人もの人々でいっぱいだった。すぐ近くの仙台に受け入れる葬儀場が一つあった。四月五日に火葬場を使える時間が確保できた。火葬場のスタッフは親切で、棺や骨壺を用意するのを手伝ってくれた。七月二日に菩提寺で葬儀を行った時、僧侶は彼らにこんなに早く再会したので驚いていた。ユカリの曾祖母の葬儀が、津波のほんの数ヵ月前に行われたばかりだったからだ。

家の仏壇が壊れてしまったので、ユカリと祖母は仮設住宅の小さな居間のタンスで間に合わせた。そこにはたくさんの先祖の位牌と黒の太枠の額に入れた父親の写真が一緒に置かれていた。祖母は、一家の位牌を守っている。百年続く着物メーカーのただ一人の直系の子孫であるユカリに、位牌は伝えられるだろう。一族には、きっと良き時代があったのだ。

ユカリが三歳の時に両親は離婚し、それ以降は祖母と曾祖母によって育てられた。父親は彼女の人生の中でいたりいなかったりしたが、ユカリは今でも身近に感じていた。母親は離婚後ユカリの前から消え、父親は再婚し、また離婚した。ユカリは母親の顔を思い出すことができず、思い出せるような写真も持っていない。母親が生きているかどうかさえ、はっきりわからない。両親が、いなくなったため彼女は孤児とみなされるだろう。「孤児と感じてはいない」彼女は力強く言う。祖母や他の家族が近くに今でもいる。「でも、津波で両親を失って孤児になった子どもがどんなに大変か、わかる」。

百三十ヵ所の避難所、残った家、修復された戸籍簿を通しての長期の調査の後、陸前高田で児童支援センターのボランティアによって両親を亡くした十八歳以下の子どもたちが四十一人いることがわかった。市の福祉課長であるカンノ・トシナオは、やっかいな事態に直面していた。このような状況のためにつくられた財政支援は、一つもなかった。「けれども東京のような大都市と違い、ここでは非常に密接なコミュニティーがあり、子どもが拒否されたり、親族によって引き取られないことは考えられない」と彼は言う。(24)

陸前高田のほとんどの孤児たちは、生活環境や金銭的な制約はあるが、親族に引き取られた。十一歳のサトウ・ユキのように残った数人の孤児は、養護施設に送られた。(25) 彼女は仙台にある世界的なカトリックをベースとする学校と孤児院であるラサールホームに二〇一一年五月から住んでいる。「彼女は立派にやっ

ていますよ」、メキシコ生まれで二十年間日本で暮らす学校長のロドリゴ・トレビーニョ師は言う。(26)

多くの子どもたちと同様、津波が襲って来た時、ユキは学校にいて、ちょうど四年生が終わるところだった。両親だけでなく、四歳の妹と祖父母も一緒に失った。しばらくは仙台に住む二人の叔父とその家族の所にいたが、二人の叔父は災害の後で仕事を失い、経済的に困難だった。近くのラサールホームにいるので、彼女は叔父や叔母やいとこともしばしば会うことができる。

トレビーニョは、日本の孤児には使える選択肢がほとんどないことを認めている。(27)「日本人は普通、養子をとらない。これは、彼らの文化にはない。外国人で日本の子どもたちを養子にしている人もほとんどいない」と彼は説明する。ラサールホームではユキが十八歳になるまで世話ができるが、その後は規則により出て行かなければならない。この対応は、トラウマになるかもしれない。ホームは、一年間の「アフターケア」プログラムでこの過渡期を和らげようとしている。トレビーニョは言う。ホームのドアは、仮の居場所としていつでもすべての「卒業生」に開かれている。「我々は最近、仕事を失った卒業生たちを受け入れた」と彼は言う。(28)

ホームには、最大で約八十人の子どもたちが入所可能である。その中で、ユキは両親を二人とも失ったただ一人の孤児である。(29)トレビーニョは彼女の叔父に助言したり、地域の福祉課と連携しながら彼女を見守っている。幸いなことに、彼女は養子の子どもに昔から起こるようないじめを学校では受けていない。彼女は、一週間に一回セラピスト（治療専門家）と面接している。カウンセラーは時には一緒に食事をしたり、勉強をみることもある。彼女にはスポンサーさえいる。スポーツ用品会社のアシックスは、スポーツ用具を寄付している。

それでもユキは震災の影響を受け続けている。ラサールホームのスタッフは、彼女が突然泣いたり、うなされるのを聞いてはいない。彼女は父親の遺体が見つかって、気持ちが落ち着いたことを静かに打ち明けた。カウンセラーは、ユキが家族の話をあまりしないから冷たいと感じる人もいると言う。子どもではあるが、彼女は勇敢で強い。十代の間に彼女は喪失感と更に闘っていくのだろう。

「悲劇を理解し、適応する子どもたちの能力を大人たちは見くびりがちである」とNGOピース・ウィンズ・ジャパン東北支援チームのイワモト・キクは言う。キクは、被害の大きい地域の子どもたちや若者の心的外傷後ストレス障害（PTSD）のサポートプログラムを立ち上げるために来ていた。それは、オレゴン州ポートランドを本拠地とする非営利団体マーシー・コーが始めたものだ。「カムフォート・フォー・キッズ」と呼ばれるこのプログラムは二〇〇一年9・11のテロリストの攻撃の後、マーシー・コーによって開発され、トラウマに襲われる子どもたちをサポートする方法を介護人や両親に教育するものである。(30)

津波に家族と家を流されてしまったことを静かに彼女に話した何人かの子どもたちとの力強い会話をキクは思い出す。「彼らは大人たちみたいに泣きながら悲しみを表すようなことはしなかった」彼女は言う。「子どもにとっては、すべてを整理するのに時間がかかる」。後にキクはその少年たちのうちの一人の母親に話したことがある。その母親は子どもが動揺するのを恐れて息子に悲劇のことについて話していなかった。「母親が決して尋ねなかったので、子どもは母親に自分の感情を説明する機会がなかった」。

そのプログラムを立ち上げるためにピース・ウィンズ・ジャパンのサトウ・マオは最初に教育委員会に働きかけた。(31) 政府が心理的プログラムを提供してくれるだろうし、NGOが同じことをするのは難しいだろう、と言われた。「しかし、政府のプログラムは一年後の二〇一二年四月まで実行されなかった。理由は津波に襲われた人々の数が圧倒的に多かったからだ」とマオは言う。

日本には子ども向けの良く開発された心理社会的支援プログラムの歴史がない。公立学校にはたいてい生活指導のカウンセラーが配置されているが、教師たちが問題のある子どもとその家族を助けることをいつも求められている。震災後の数週間に、相談員や介護人の役割を務めることができた人はほとんどいなかった。学校は、一ヵ月後に授業を再開させようとすることにも忙しかった。心のケアには関心が低かった。

「日本の教育者たちは、子どものメンタルヘルスを非常に心配している。しかし、彼らはNGOと働くことの利点を認めていなかった」とマオは言う。単にマーシー・コーだけではなかった。ユニセフとセーブ・ザ・チルドレンも、県と国と働くのに同じような難しさに直面していた。そこでピース・ウィンズ・ジャパンは学校組織を飛び越え、避難センターで活動することを決めた。東京や大打撃を受けた地域外から訓練されたボランティアたちが、子どもたちと触れ合うために呼び寄せられた。二〇一一年八月にセンターはいったん閉じたが、仮設住宅で再開した。

三つのプログラムが作られた。一つはスポーツで「ムービングフォワード」と呼ばれ、地元のジュニアスポーツクラブと連携して行われ、ナイキがスポンサーとなった。もう一つは「アートキャラバン」と言われ、子どもたちが親しみやすいアート用具が置かれた簡素な場所で、デッサンや水彩画を描くことによって気持ちを表現することができた。三つめは「お茶っこ」（ティータイムの東北弁）で、大人向けに開かれ、アートキャラバンの近くで自分の子どもを見ながら、親たちが座っておしゃべりしてお茶を楽しんだ。このようにして相談員たちと指導員たちは直接、子どもたちと親たちと関係を持つことができた。

このプログラムが、明らかに役に立った子どもたちがいた。マオは津波で父親を失った六年生の女の子を思い出す。彼女はスポーツチームのキャプテンで、ムービングフォワードプログラムに参加していた。「彼女は強かった。泣いたり、不満を言ったりしなかったが、緊張しているように見え、誰にも喪失体験を話さなかった」とマオは言う。「私たちには若くて、とても親しみやすい地元の指導員たちがいて、彼女はその人たちに心を打ち明けてくれた。彼女は微笑んだり、声に出して笑ったりするようになり、他の子どもたちを助けることさえするようになった。私たちは彼女の変化を見ることができた」。

子どもたちは避難所から仮設住宅に移る時、適応していくのに大変な力が必要だった。「多くの子どもたちにとって避難所の生活は、常に学校の友達に囲まれていたので、現実から守ってくれた」とキクは言う。「まるでキャンプみたいだったよ」とある男の子は彼女に言った。仮設住宅はクジで決められるので、子どもたちは友達とそれまでのコミュニティーからたいてい離された。子どもたちは知らない人たちと付き合って行くことに慣れていなかった。「子どもたちが仮設住宅に移った時に、彼らは現実に突き当たった」。最初、多くの子どもたちは引きこもり、外では遊ばなかった。居場所は限定され、騒いでいると叱られた。「しかし、少しずつ新しい生活に慣れた」。「彼らは新しい日課を作り出し、自分たちの生活とスケジュールを管理し始めた。そしてまた、彼らは一緒に遊ぶことができる新しい仲間を見つけた(32)」。

ピース・ウィンズ・ジャパンのキクは素晴らしい回復力を目撃した。「多くの人が心的外傷後ストレス障害（ＰＴＳＤ）を予想していた。しかし私が見たのは回復力と小さな子どもたちも含めて人々がどんなに強いかだった」と彼女は言う。「ストレス障害よりも、私は『外傷後成長』の考えを信じている。この考えは、ダギーセンター（家族を亡くした子供たちの心のデイケアセンター）から学んだ。人々は自分自身の悲嘆に向かい合い、人生を思い通りにする力を持っているのだ」。

四月に学校が再開された後、デイヴィッド・チュムレオンラートはどの児童たちにもＰＴＳＤを見つけられなかった。その主な理由は、個人的に児童たちと過ごす時間がなかったからだ。しかし、彼は震災について話すことにためらいを強く感じた。ふと洩らす児童たちもいた。「うちの家族は三人だったけど、今は二人だ」と。それ以上深く聞くことはためわれた。

サイトウ・トオルの母方の祖父は津波に流された。四月後半に仙台港の近海で遺体となり、浮かんでいるのを見つけたのは、ヘリコプターか巡視船だった。五月十五日にトオルの家族に連絡が来たのは、X線によって歯が確認された後だった。女川の臨時墓地から腐敗した遺体を掘り起こし、五月二十一日に火葬にした。葬儀は五月二十二日に行われた。トオルは祖父の死や震災について話すことは嫌ではない。彼は言う。彼と彼の友達は立ち止まってはいない。しかし、かつて彼の家があった汚れたままの区域をゆっくり歩く時の物哀しい眼差しは、彼の喪失の重さを示している。時がトラウマを癒すかもしれないが、トオルは決して忘れてはいけないとわかっている。

第10章　東北魂

こはいことはない
おまへたちの罪は
この世界を包む大きな徳の力に比べれば
太陽の光とあざみの棘のさきの
小さな露のやうなもんだ
なんにもこはいことはない

——宮沢賢治「ひかりの素足」(1)

避難区域と放射能汚染レベル

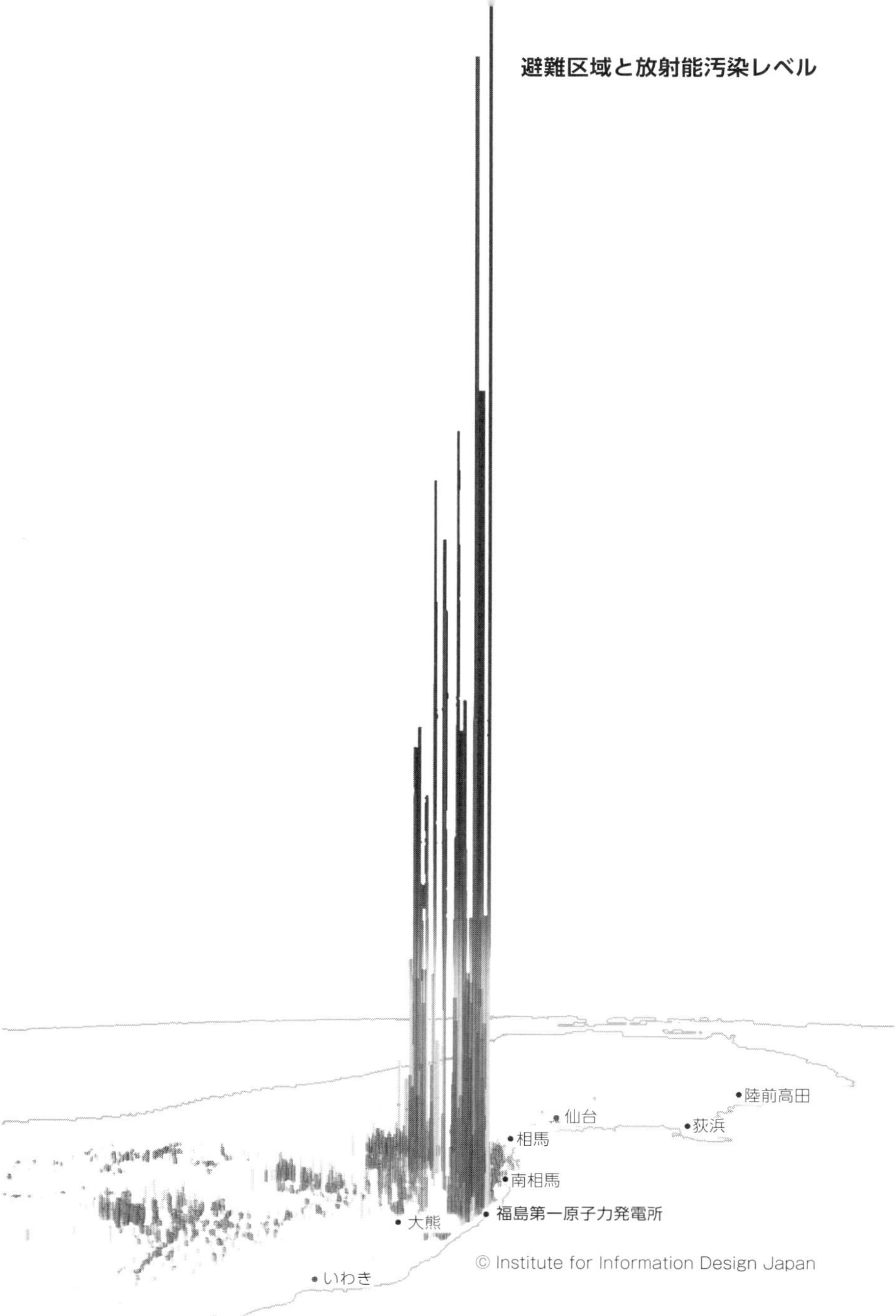

二〇一一年三月十一日の朝、南相馬とその市長は日本のどこにでもある小さな地方都市と同様、日常的問題に取り組んでいた。人口の減少と老齢化、きしみ始めた福祉サービス、地方経済の悪化である。夕暮れまでには、桜井市長の市役所は深刻な大災害に呑み込まれてしまっていた。

この地震と津波で子ども百名を含む九百四十七人の命が南相馬市で奪われた。福島第一原子力発電所から拡散した放射性粒子は市を汚染し、多くの住民が避難へと追い立てられた。二〇一一年四月の時点で、人口の三分の一にあたる二万七千人が日本中に散らばり、北米やヨーロッパのような遠くまで逃れた人もいた。[2] 病院や学校では屋外に線量計を設置し、空中放射線量が点滅する赤い数字で示された。桜井市長の言う「地方自治体のメルトダウン」で八百三十人の市役所職員のうち約百五十人が離職したが、これは二〇一一年の大災害によるとてつもないストレスのためであった。

南相馬でのような苦悩は東北の海岸線に沿った至る所で同じように起こっている。今回そこでは一万九千人が死亡または行方不明となった。津波の後、広島、長崎の原子爆弾投下直後を思い出させるぽっかりと口を開けた亀裂のある風景が残された。新聞記者たちは、沿岸沿いの多くの町や市で、車のカーナビがすでに消えてしまった目印をまだ指しているのを発見した。生き残った人たちは何ヵ月にもわたり自分の持物を探し求めて汚泥を丹念に調べていた。一時避難センターでは、もし所有者が生きているなら自分の物だと名乗り出てくれるのを期待し、ぬかるみから取り出した写真を入口のところに並べておいた。その地域の至る所で瓦礫の山に家族の写真が置かれ、お菓子や果物が供えられ、数百人もの名もない愛する人たちへの即席の祭壇ができていた。海岸ではよく家族の人たちが海に向かって花を投げているのが見られた。悲しみを向ける場所を見つけようと懸命だったからだ。

記憶を呼び覚ますものはもはや一掃されてしまった。岩手、宮城、福島県にあるこうした多くの海岸沿いの町で、最も頑丈なビルのさび付いた鉄骨だけが立っている。一部屋からなる仮設住宅が校庭や公園、またありとあらゆる公共スペースに出現し、大災害で住む場所を失ったおよそ三十四万人が住んでいる。こうして書いているときにも、二千二百万トンもの瓦礫がほとんどの海岸沿いの町や市の郊外に山積みになっている。日本各地の地方自治体は放射能汚染を恐れて、どれ一つも移動させるのに反対だったが、少しずつ態度は和らぎ始めている。

二万二千隻の漁船に加え、破壊され大きな損害を被った三百の漁港の一つに相馬がある。東北沿岸沿いの数千人の漁師は放射能の恐怖で港内に閉じこもったままだ。東北の漁業とは海と海洋資源のことだが、津波で国と地域の被った漁業総損害額を見積ると一・二兆円になる。(3) 長期にわたる影響を予想するのはさらに難しい。福島の漁師のうち海に戻ったのは二パーセント以下である。さらに、たとえ漁船や漁をする道具があるとしても漁獲物を売ることはできない。(4)

東北に残っている漁師のうちおそらく三分の一が大災害のため産業を追われ廃業するだろう。(5) イチダ・ヨシオのように跡継ぎ息子もいない男たちは、借金をして仕事を立て直す意欲はそう強くない。「漁をしても、売れるかどうかわからない」と、窮地にある仕事仲間に同調し彼は言う。「放射能の値がどの程度であろうと、孫に食べさせるつもりはない」。結局、もし原発からの漏れが止まり、約二十万トンの現場の汚染水が処理されれば、海の放射線量は少なくなるだろう。二〇一二年六月、ついに市場向けに漁業が再開されたが、タコと巻貝に限定されていた。この二種類は放射能の影響を受けにくいと考えられていたからである。しかし地元での海産物の評判が回復するにはきっとさらに時間がかかるだろう。

東北のコミュニティーは再建できる、しかも多くの場合きわめて速く、と歴史は明らかにしてきた。しかし今回の復興をそう簡単には予測できない。二〇一一年三月十一日以前でさえも南相馬や陸前高田のような地域社会では人口の三分の一以上が六十五歳以上で活気を失っていた。この災害で都市への移住が一層速まり、再建に必要なエネルギーや税金がこの地域からさらに奪われてしまいそうだ。大部分の町や都市は決して以前と同じにはならないだろう。町自体が生き残れない所もいくつか出てくるだろう。

この災害は日本の歴史上不気味な、たぶん決定的な瞬間に起こった。戦後の目覚しいベビーブームが終わって、今日一億二千七百万人以上がこの混み合い、資源も限られ、欠陥を生じる国土に住んでいる。一八六〇年代近代化へ向けての旅が始まった時、日本の人口は三千万人だった。一八九六年の大津波災害以来、住民は被害を受けやすい海岸地方近くへと移り住んだ。日本の原発ネットワークは危険な御都合主義に駆られてのものだ。つまり石油はほとんどなく、原発に適した用地にも不自由な国で、長い戦後経済発展に電力を供給する必要があった。二十世紀の変わり目までには人口同様経済的発展もすでにピークを越えて久しかった。二〇一二年厚生労働省は日本の人口は来たる半世紀以内に急激に三〇パーセント落ち込む。その一方、寿命が伸び、それはこの国にとってさらに負担になるだろうと予測した。人口減少と高齢化のため、政府は増大する社会福祉コスト問題に必死に取り組みながら、世界の工業国の中でも最大の国庫借入金の償還に努力しなければならない。たとえ二〇一一年三月にプレート（構造プレート）変動がなかったとしても、日本は難しい選択に直面している。

福島第一原発からの放射能は、この国全体の八パーセントを覆い、復興は困難だ。放射能の影響は激しい論争になっているが、ほとんど間違いなく、深刻な影響があるというより、恐れられているのだ。知らないうちにじわじわと影響してしまう、耐え難い先行き不安は、それ自体、放射性降下物と共に生活する人たちにとって大変なストレスとなる。

原子炉の専門家であり、京都大学原子炉実験所の助教、小出裕章は「これは人類全体が文字通り一度も体験していないことで、私たちにはわからないのです。[6]私自身も今後何が起こるかわからないのです」と言っている。大量に汚染された飯舘村、浪江町、および周辺地帯の住民を対象とした政府による最初の大規模調査で、セシウム一三七（この放射能半減期はおよそ三十年と報告されている）が、百九人のうち三十二人の尿サンプルから見つかった。[7]セシウム一三四は半減期が約二年だが、被験者の約半分から見つかった。二〇一一年三月二十六日〜三十日まで、飯舘村とそのほか十五の市町村で行われた子ども向けヨウ素一三一スクリーニング検診で、最大〇・一マイクロシーベルト見つかった。「これは年間線量五十ミリシーベルトに相当する」[8]。子どもは地面により近い所にいる。したがってより多くの毒素を摂取し、とりわけ放射能の影響を受けやすい。この災害後、数ヵ月間にわたり母乳に少量の放射能が発見されたので、政府は公的資金による検診を行うと公表しなくてはならなかった。[9]

かつて繁栄していた原発周辺の町は、例えばワタナベ・カイの故郷、人口一万千人の大熊町もそうだが、二〇一一年三月、政府の避難指令が出て、からっぽになってしまった。加えて数は不明だが、およそ五万〜十二万人が放射能を恐れ、自主的に引っ越してしまった。屋内にいるか福島県周辺に住んでいれば安全だと政府は主張したが、無視された。[10]残った母親たちは子どもに放射能は危険だと注意しなければならなかった。一方、ある批評家が指摘するように、母親たちは子どもが周辺の空気、土、水、食物中のすべての粒子に過敏になりすぎないように努めなければならなかった。[11]仕事に拘束されていたり、原発事故にそれほど関心がない親戚や夫の考えに逆らって、数千人もの母親達が子どもをよそへ連れていき、そこで新しい生活を始めた。家族はバラバラになった。年老いて、体が弱り、地域社会を奪われた仮設住宅に住む人の中で、自殺発生率が増えてきている。あるぞっとさせるような出来事の一つは、うつ状態になった中年の女性が、狭苦しい仮設住宅でわが身に火を放ったのだ。彼女の家族はいま、東京電力に責任があると訴訟を起こしている。

白いつなぎの作業服を着用し、マスクをした作業員たちが、まず学校、公園、地方自治体のビルへ入り、ホースで水を撒き、掘削機を使って、汚染された土を削り取り、廃棄した。東北地方各地から土を積載したトラックが、立ち入り禁止区域内の放射性廃棄物置き場へと向かう。この仕事は東北地方に建設ブームを作り出すのに役立ったが、ある地方紙によると、東京ドーム八十杯分の放射能を含む廃棄物の山が放置されるだろう、と言っている。[12] この方法がうまくいくかどうかは怪しいものだ、との声は、広く行き渡っている。政府の規定では土壌を約五センチ削りとらなければならないと明記しているが、多くの農民によると汚染は地中ずっと深くまで及んでいると言う。飯舘村やその他の山岳地帯の森で、作業員が来てくれるのを待ちわびている間にも、毒素が土壌に流れ込み、再び汚染するだろう。

多分独特の核後遺症を抱える日本では民衆の文化は、例えば放射能を吐き出すゴジラから宮崎駿のアニメ『風の谷のナウシカ』に至るまで、核災害への薄気味悪い警告であふれている。宮崎のアニメでは、移住者たちは有毒なジャングルから毒物が侵入してくるのではないかと、たえず恐怖の中で暮らす太古の世界が描かれている。機能不全となった不安定な原子炉は、些細な挑発に激怒し、今にも致命的被害を引き起こそうとする、ナウシカに出て来る、巨大な芋虫のような王蟲（オーム）を思わせる。メッセージはいつも同じだ。自然を軽蔑する人間はその報いを受けるのだ。宮沢賢治の物語『なめとこ山の熊』で猟師の小次郎はその肝がほしくて熊を殺すが、結局彼の獲物である熊に殺されてしまう。小次郎の遺体の上空で天は判決を言い渡しているように見える。「すばるや参《しん》の星が緑や橙《だいだい》にちらちらして呼吸をしているように見えた」。

桜井市長は、多くの地方の首長同様、自分の町を復興させなければならないと同時に、残っている市民を守らなければならないというプレッシャーの間で締め付けられる思いに苦しんでいた。南相馬市は最も危険な汚染物質セシウムを南相馬中学校の校庭から除去したと言っている。大きな線量計が学校の正門の外に設置されて、大きなデジタル文字が放射線量を示している。地元の親たちを安心させるためだが、ある程度の効果しかない。災害の一年後の二〇一二年三月、三百六十人いた生徒はまだ半数しか戻ってきていない。点滅する赤い線量計文字は〇・二マイクロシーベルトを示しているが、これは多くのヨーロッパの都市でのバックグラウンド放射線量より低い。

しかし二〇一一年三月と四月の放射線量はこの十倍だった。それは政府の指針による放射線量、一年に一ミリシーベルトを超えていた。そこで政府はそれに応じ、最大許容限界を二十ミリシーベルトに引き上げたが、これが激しい抗議を受けるきっかけとなった。福島の至る所から数千人が自主的に京都、九州、さらに千八百キロも離れた沖縄にまでも避難した。親たちは毎週東京の文科省の外でデモをした。なぜならそこで指針が決定されたからである。二〇一一年三月十一日までは地方で、静かに暮らしていた中産階級の母親たちが、気がついたらエリート官僚に向かって激しい非難の叫びを浴びせているのだ。南相馬に残った子どもたちは、二〇一二年四月まで、戸外で遊ぶのは一日二時間までと制限されていた。が、それ以降市長は規定を一部緩めた。自ら線量計を携帯し、放射線量がまだ高すぎるので子どもを学校に通わせるのを認めるわけにはいかないという親もいる。市長は未婚で、子どもがいないので危険を過小評価しているのだ、と親たちは言っている。(13)

国道六号線は南相馬の高校から約五キロ離れている。六号線を右に折れ、太平洋海岸沿いに三〜五キロ行くと、損傷した原発の周囲二十キロの立ち入り禁止区域にぶつかる。原発が地震で崩れ、瓦礫になる以前にはこの幹線道路を進むと、死骸のような無様な姿の原発のすぐそばまで行けた。しかし今は、線量計を胸にピンで留めた警官がいて、地元の人は、桜井市長でさえ入れない。彼の畑は避難区域のちょうど反対側にある。報道陣や市民が裏道を通り思い切って中に入ろうとすると、逮捕される可能性もある。禁止区域内の暮らしは時が停止してしまったようだ。家々は見捨てられ、雑草に埋め尽くされている。かつてここに住んでいた八万の人たちは、わが家に戻れるとして、一体いつなのか聞かされていない。自分たちの地域社会を活気ある所にしようと必死に努力し、大熊、浪江、双葉、富岡の町長たちはどこか他の地に「臨時の」町を作ろうと計画している。

東北は日本の最後のフロンテイアの一つだった。この地域は豊かで活気あふれる文化があるが、貧困と苦闘に満ちた歴史もあった。それと共に厳しい環境があり、地元の人の回復力を形成してきた。日本人は彼らの粘り強さを東北魂と呼んでいる。俳人松尾芭蕉（一六四四〜一六九四）は日本の「辺境」を行く彼の旅に関し、有名な紀行文『奥の細道』の中でこの地域の魂に注目した最初の一人だった。

作家であり、熱烈な仏教徒で、また社会活動家の宮沢賢治（一八九六〜一九三三）は、時に東北魂の化身と見られ、この地の事実上の桂冠詩人である。彼は故郷岩手県で貧困に苦しむ小作農たちの生活を向上させようと、短い人生の最後の年月を捧げた。彼の作品は死後約八十年を経て姿を現したこの災害を奇妙に予見しており、三月十一日以来窮地に立つ故郷の人たちにとって物事の真価を測る試金石となった。一人の子どもの死と深い苦悩を乗り越える物語『銀河鉄道の夜』の中で、賢治は書いている。「僕はもうあんな大きな暗《やみ》の中だってこわくない。きっとみんなのほんとうのさいわいをさがしにいく。どこまでもどこまでも　僕たち一緒に進んでいこう」。「雨ニモマケズ」は今回の災害の代表的詩になった。その簡潔な言葉は東北人の回復への、また更なる苦闘への祈りの詩句として受けとめられている。地元には、大人になってこの詩がきらいになった人もいる。全国メデイアで執拗に引用され、自己犠牲と個人の努力というメッセージは「がんばれ」という新たな命令のように思われるからだ。多くの人が、まさにその気になっている時、やり続けろ、我慢しろ、決してあきらめるな、と言われているように聞こえるからである。

千年前、東北の先住民蝦夷《えみし》は朝廷の支配に抵抗し、大和国家に征服された。十五世紀〜十七世紀にかけて戦争財源を補充するために使われる税金が経済を弱体化させ、この地域はすっかり疲弊していた。戊辰戦争（一八六八〜一八六九）で日本は近代への参入を成し遂げた。この間地方封建領主は誤った選択をし、東京の優勢な官軍よりも弱体化していた幕府側と手を組んだ。東北の専門家、赤坂憲雄が言及しているように、歴史上この地域は常に敗者側にいたのである。(14)

東北地方の地形と気候の過酷さによって、土地の人々の生きるための本能は研ぎ澄まされてきた。この地方の冬は厳しく、長い。シベリアから吹き寄せる冷たい風が日本海からの水蒸気と混ざり合い、北西の海岸地帯と山脈に世界一の降雪量をもたらす。三つの平行する山脈が地域を分断し、東側は太平洋である。寒流が世界有数の豊かな漁業資源を生み出している。

しかし、東北の歴史に重くのしかかっていることは、その地方の大稲作農業である。一六〇〇年代初期には米どころの一つとして称えられ、支配者である大名の命令でその地域の農民は、米を生産するように強制されていた。変わりやすい天候や厳しい年貢の取り立てによって、恐ろしい飢饉も生じていた。

東京への寄与は今日でも続いている。三月十一日以前、東北地方は日本の米の四分の一を生産していた。政府補助金が首都への食糧供給を支えていた。東北の海岸沿いの市町村には、賑わう漁港があることで有名だった。漁師のイチダが獲ったカレイやイワシは、世界最大の鮮魚卸売市場である東京の築地に運ばれていた。福島原発はまた、とくにエネルギーを必要とする首都の需要を満たすために建設された。第一原発はその地域に数十億円の助成金をもたらしたが、地元に対して一ワットたりとも電力を供給しなかった

――この悪魔との取引を、多くの地元の人たちは今ひどく悔いている。皮肉なことに、放射能のため仕事を奪われた一部の農民や漁師たちは、第一原発の仕事に誘い込まれてしまった。東北一帯に貼られたビラ広告によると、一日の仕事の賃金は、一万四千円である。「中年の男性、大歓迎！」という文言は、その人たちが若者よりも放射能の影響を受けにくいという理由からである。

東北の人たちの昔からの言い伝えによれば、自嘲的に男からは兵士を、女からは遊女を、農民からは米を、自分たちが東京へ差し出す歴史的役割が語られている。首都への原子力エネルギーや東北の安い労働力の移転を加えれば、東京はこの東北の強靭な「地方の人々」にまだ大きく寄りかかっていると地元の人たちには思えるようだ。その地域が今日、日本の国民総生産のわずか四パーセントにすぎないというのに。

再び横柄な態度を示す南の首都の傲慢さの犠牲になっているという一部の東北の住民たちの感情は、東京に本社のある東電が支払った原発の補償金がどれほど満足できないものであるのかがわかったことで、強まっている。二〇一二年夏までに、ほとんどの被害者は百六十万円より少ない金額を受け取った。多くの人は、正式に始まる請求手続きのため、事故発生の半年後の九月十二日まで待たなければならなかった。東電は大半は郵便で、補償のために五十八ページの請求用紙の送付を始めたが、それには避難の間に被った交通費やその他の手数料の領収書や、被害前の所得水準を証明する銀行や税金の明細書、そして移動後に健康が悪化した場合には書類による証明を求めていた。[15] 一ヵ月後、東電が受け取った要件の満たされた書類は、七千六百通にすぎなかった。それは送付した書類の約一〇パーセントに当たる。その理由は、書類の作成にあまりにも骨が折れ、あまりに詳細にわたっていたからである。[16] 請求用紙に付随する説明書は百六十ページにも及んだ。ごうごうたる批判の中で、東電は単に万全を期そうとしただけだと説明したが、大幅に請求手続きを簡素化せざるをえなかった。

東電の補償の枠組みは政府の避難命令に密接に依拠しており、強制的に避難させられた人たちだけが損害賠償を請求する資格が与えられることを意味した。東電は放置された不動産やその他の財産の問題を回避したが、それは政府の構想が、大熊、双葉、飯舘、その他のひどく汚染された地域からの避難民は、いつかは自分たちの家や農地や港へ帰ることを前提としているからである。それが可能だとも、望ましいとも、ほとんどの科学者は思っていない。二〇一二年七月に、政府はついに年間五十ミリシーベルト以上被ばくしている汚染地帯は、少なくとも五年間は居住不可能であることを認めた。放射能汚染地域は汚染の程度に応じて三つのエリアに区分けされた。この措置は、カイの家族にとって双葉の家屋に対する補償をようやく請求できることを意味した。

しかし、いわきや南相馬についてはどうだろうか。南相馬の市長は経済的損害で東電を訴えることを表明していた。七万人の市の人口のうち約二万七千人が永久に退去するかもしれず、それらの人たちから税金を取り立てることもできずに、たぶん財政破綻を来たすだろう。[17] 誰がそれに対して支払ってくれるのか？

補償の枠組みは、引き続く低レベル放射能からの被ばくによる長期間の影響を考慮していない。[18] 結局、これらの要求が始まるだろう。そして、官僚や法律家は人間に対するセシウム、ストロンチウム、プルトニウムの影響を判断するのに、ひどくいらだたせるような、不正確な科学と取り組むことになるだろう。日本には補償請求に対して事件発生から二十年の時効制度がある。誰もその後になにが起こるかわからない。

福島の大惨事による総コストの見積もりは、補償も含め、大幅に変動する。二〇一一年十月に東電は政府の第三者委員会から、二〇一三年三月までの二年間の要求に対して四兆五千億円を準備するように話を受けた。この災害の全体のコストを最も大きく計算すると、補償や第一原発六基の原子炉の廃炉を含め、四十兆～五十兆円におよぶ。これは、二〇〇八年と二〇〇九年におけるアメリカのサブプライムによる金融破綻の清算のための予算に近い数字である。[19]

誰がそれを支払うのか？　東電は、福島に降り注いだ放射能に対しては、それを「所有」してないから責任がないと、すでに法廷で主張している。「放射性物質……福島第一原発からまき散らされ、降下したものは、そこの個人の土地所有者に帰属するもので、東電のものではない」と、原発から西約四十六キロにあるサンフィールド二本松ゴルフ倶楽部の運営者からの不動産の汚染を除去しろという要求に対する聴聞の手続きの間に、東電の弁護士が東京地裁で述べている。オーナーたちはその主張に驚愕したが、裁判所は東電の責任を基本的には認めなかった。[20]もし、この結論が法的な申し立てにおいて堅持されるならば、地方および政府はそのツケを払わされることになるだろう。誰もそんなに驚かなかったが、二〇一二年五月に日本政府は東電を国有化し始めた。そして、一兆円を実質的に破綻している東電に投入したが、これは近年の歴史の中で最大の救済の一つだった。[21]

福島原発の災害の犠牲者は二つの選択肢に直面することになる。一つは、もしガイドラインで資格があるならばの話であるが、自分たちの主張について東電との和解に応じるか、もう一つは裁判に訴えるかである。あるものは闘うだろう。東電や政府の戦略は、日本の歴史上最高額の責任訴訟になると思われるが、その訴訟の間に、福島の数千の犠牲者に対して、請求を可能な限り制限的で、役所的で、困難なものにすることで、効果的に補償請求を抑制することにある。日本で最も有名な集団補償訴訟では――それは一九五〇年代に九州の水俣市周辺で起こった水銀中毒だが、和解に至るまで四十年を超える歳月がかかった。今日でさえ新たな請求者が現れている。福島原発事故のほとんどの犠牲者は、カイの両親のように、当面帰郷する望みを捨て、くじけずに毎日を生きている。大熊町の彼らの食堂が下向くにつれ、彼らはいわき市の学校給食で働き始めた。

福島においてこの大規模に繰り広げられている後世に残る出来事は、人の手による核の大惨事の唯一の経験を持つ国において、とくにひどく心を苦しめる。広島と長崎で少なくとも二十二万五千人が殺され、傷つき、四十三万人の被爆者が後に残された。被爆者とは日本が原爆で生き残った人たちに付けた名前である。この大災害は、新たな科学を刺激して、被害者への放射能の影響を数十年間にわたってモニターし、必然的に原発の賛成派と反対派の原子力科学者の間の衝突に政治色を加えることになった。二〇一一年三月以来、多くの関心を持って見ている人たちは、福島の被ばく者というもう一つの世代について言及するようになった。その人たちはまた、一生不安や政府支援や差別にさえ耐えていかなければならないのである。

東北は回復することができるのか？　必然的に、この問いはさらにもっと根本的な問いに導く。日本はどのような国になるのを望んでいるのか？　この国の並外れた工業化への活力は失われてしまったように思える。エネルギーの自給自足の夢は崩れ去っている。人口は高齢化し、減少している。つまらない小競り合いをしている日本の政治的リーダーシップでは、経済のランキング表で国の順位が滑り落ちるのを止める力はなさそうに思える。二〇五〇年までに、日本はもはや先進国とさえ見なされなくなるかもしれない。[22]国の衰退の気配は、破壊されたままでまだ再建されていない漁港から、数百キロ離れた国の政治経済の中心地にまでずっと広がっているように思える。

しかし過去から根本的にやり直そうというきざしを東北で見ることができる。三月十一日の惨事の影響から、福島の県議会は県内の十基すべての原子炉の廃棄を求める請願を採択したが、それは原発に反対する全国的な運動の最初の政治的な一撃だった。災害の一年後の二〇一二年三月までに、五十四基すべての原子炉が稼働を停止し、一九七〇年以来日本は初めて原子力のない状態になった。しかし、日本の知事や地方議会は原子炉の再稼働を拒否する法的手段を有しておらず、単に道義的、政治的影響力だけである。二〇一一年の夏、菅直人政権の最後の業績の一つは、国内の電力会社により多くの再生可能エネルギーの購入を義務づけるための法律を通したことである。巨大な新たな太陽光発電施設が日本の北部やほかの所で建設されつつある。意外なことに、二〇一二年六月に、第一原発に二基の原子炉を設置した東芝が、南相馬の破壊された海岸に日本最大の太陽光発電プロジェクトを立ち上げつつあると発表した。

首都の権力の中枢では不快感を示した。福島危機が噴出したちょうど一年後に、菅直人の後に交代した野田佳彦首相は、起こったことに対し「誰も個人は責められるべきではない」と述べ、基本的に東電の幹部たちの責任を免責し、指導者の誰一人として刑事訴追されることがないことを保証する手助けをした(23)。二〇一二年までに、福島危機の後に辞めた二十人の役員の約半分が、他のどこかで収入のいい地位を見つけていた。面目を失った清水正孝前社長は富士石油株式会社の社外役員に任命されたが、これは東電と密接な関係を持つ会社である。富士石油は、会社として清水の「エネルギー分野での深い経験」を活用したかったと述べた。

政府は、日本最大の企業ロビー経団連と国内最大の発行部数の読売新聞の後押しで、原子炉は再稼働しなければならないと発表した。原発の夢を終わらせることは、数十億ドルの資本投資を廃棄し、日本が現在世界のリーダーである産業から撤退し、国の競争力を損なうことを意味するだろう。この危機で温室効果ガスを削減するという日本の公約にすでに穴が開いてしまったし、石油とガスの輸入代金が一日一億ドル増加して、この国はここ三十年間で初めて貿易赤字に陥った。二〇一二年七月現在、燃料の輸入によって、貿易赤字は記録的に上昇し、ほぼ三兆円に達した(24)。

それでも桜井市長は東北の多くの市長と同様に、国はもう一つの道に舵を切らなければならないと信じている。彼は自分の市が再生可能エネルギーの世界的な中心地に変わることを望み、またこの危機が二十年間目標が定まらず、漂流していたような国を活気づけるだろうと信じている。日本は太陽光発電や地熱エネルギーの分野で世界をリードしている。数千人の若者が東北にボランティアで働きに来ている。大学の学生は、ほかの専門職を求めて原子力工学をやめ始めた。農民は代替作物の生産を試みている。学校の生徒たちは国の問題への新たなアプローチについても考え始めている。「これは我々が利用しなければならないエネルギーだ。それが我々の未来だ」と、市長は語った。

東北の津波で破壊された海岸線も厳しい選択を迫られている。町や市や村を今までより大きなコンクリートの壁の後ろに再建するか、あるいは自然と闘うのではなく海から後退して、それと共存する道を見つけるかである。最も被害を受けた地域の多くは、十九世紀には自然の潟や沼であり、二十世紀に非常に長い期間をかけて町や水田として干拓された。人口が減少している現在、海岸地域は海に戻すべきだろうと、東北生まれで歴史家の赤坂憲雄は主張する。たとえその地域が太平洋の素晴らしい景色を破壊することは受け入れたとしても、十分な高さの津波防止壁を建設するだけのコンクリート材はない。(25)

福島市郊外の山岳地帯の住民は、環境省から温泉リゾートを地熱発電のセンターに変えるための資金を獲得した。一時間当たり千百キロワットの総発電量を目標とし、その地域で使われるすべての電力を十分にまかなうことができる。政府の避難命令を拒否した飯舘村の農民のイトウ・ノブヨシは、数百万坪の土地にひまわりを栽培することを望んでいるが、それはひまわりが放射能を吸収することがわかったからだ。(26)

東北の環境保護家、畠山重篤は、いかに適切に手入れされた森林が自然の脅威から家屋を守り、いかに海に栄養分を補給するかについて、もっと関心を払うことを薦めている。彼は国連から、森林の再生に人生を捧げた人たちを称えた「フォレストヒーローズ」賞の受賞者の一人として選ばれたが、より高い壁や防潮門の建設が海から山を切断し、海の資源を破壊するだろうと語った。「我々にとっては、いかに津波の恐ろしさに対処しようかと思いをめぐらせるよりも、海や山といかにうまく付き合っていくかを考える方がはるかに重要なことのように思える」(27)。

そんな考えにイチダのような東北の漁師は共鳴する。海が船や家屋や友人を奪って以来、将来がもたらすものは何だろうかと思い巡らせて、彼はその年を過ごした。「資源が枯渇しつつあることを嘆き悲しむ代わりに、これから我々はいかに資源を適切に利用するかを考えるべきだ。とりわけ禁漁が解けた後では。以前は、お金を儲けるために海に出かけていた。それは需要と供給の問題だった。もし多く捕獲すると魚の価格が低下する。これからは、かつてのようにむやみにできるだけ多くを捕獲しようとするより、だれもがお腹を満たすためだけ獲るという厳しい一線を引かなければならない」。

宮沢賢治の魂がこのような心情の背後に潜んでいるように思える。今から先立つこと八十年前に時代を先取りしていたのかもしれないと思われる哲学を明確に表している。合理主義者、科学者、自然愛好家でもある深い宗教家、賢治は、もし自然と共存することを学ばないとしたら、日本人は「精神的には死んでいる」だろうと信じていた。日本人がこの古い教えを一度思い出したら、苦難がいかに暗黒に満ちたものであろうとも、「それは癒しと光の巨大な宇宙の、わずか一つのシミにすぎない」(28)。

もうはたらくな
もうはたらくな
レーキを投げろ

この半月の曇天と
今朝の激しい雷雨のために
おれが肥料を設計し
責任あるみんなの稲が
次から次へと倒れたのだ
稲が次々倒れたのだ
働くことの卑怯なときが
工場ばかりにあるのではない
ことにむちゃくちゃはたらいて
不安をまぎらかさうとする
卑しいことだ

さあ一ぺん帰って
測候所へ電話をかけ
すっかりぬれる支度をし
頭を堅く縄って出て
青ざめてこはばったたくさんの顔に
一人づつぶっつかって
火のついたやうにはげまして行け

どんな手段を用いても
辨償すると答えてあるけ(29)

（宮沢賢治『春と修羅』第三集）

エピローグ

6-10Sv	1度の被ばくで1週間以内に死亡
1Sv	後年にガンを発生する人々が5%増える蓄積放射線量 （=福島原発に連続して滞在した場合　2.8ヵ月相当）
2579 μ Sv/h	2011年3月20日11:00における福島原発の放射線量[*][2]
500 μ Sv/h	2011年4月の福島原発における平均放射線量[*][2]
およそ0.05 μ Sv/h	原発事故以前の日本の平均放射線量
0.1Sv/year	作業者の5年間の平均放射線量の推奨限界値[3]
0.25Sv/year	福島における作業従事者が許容される年間限界放射線量 （=福島原発の場合　21日相当）[**]
2.7 μ Sv/h	航空便のクルーが上空で受ける自然放射線量[5]
27 μ Sv	東京－ニューヨーク間のフライト
3分相当	（=福島原発の場合　3分相当）[**]
0.002-0.004 Sv/year	年間自然放射線量[1] （=福島原発の場合　6時間相当）[**]
10000-3000 μ Sv	全身のCTスキャン[5] （=福島原発の場合　40時間相当）[**]
20 μ Sv	胸部X線検査 （=福島原発の場合　2.5分相当）[**]
5-10 μ Sv	歯科X線検査 （=福島原発の場合　1分相当）[**]

1 Sv = 1,000,000 μ Sv 1シーベルトは100万マイクロシーベルト
(*) 東京電力本社による福島原子力発電所における測定（2）
(**) 東京電力本社による福島原子力発電所における測定（2011年4月）
(***)1日あたり24時間暴露したとの想定

(1) www.world-nuclear.org/education/ral.htm
(2) www.tepco.co.jp
(3) www.icrp.org/
(4) www.bbc.co.uk/news/health-12722435 (20120622)
(5) Bailey, Susan (2000年1月) 航空搭乗員の放射線被ばく概要、原子力ニュース
(6) www.icrp.org/docs/Rad_for_GP_web.pdf (29129622)
(7) Hart, D.; and Wall, B.F. (2002) 医療および歯科におけるX線調査に関する英国民の放射線被ばく、英国放射線防護局

放射線レベルの説明
事故後の福島第一原発の放射線レベルをエンパイアステートビルの高さにおくと、事故前の日本における平均放射線量はクレジットカードの幅でしかない。

桜井勝延市長は、いつものように闘志に満ちて――そして走りながら――現れた。彼の市は二十一世紀最初の大規模な原子力災害の象徴的な被災地として、世界的にありがたくもない名声を博したが、市を立て直すという彼の固い決意は変わらない。地震後の冬の間中、汚染された空気から逃げもせず、それまでにも何度となく出場していたマラソン大会に向けたトレーニングのため、市内の田舎道を走った。二月下旬、東京マラソンのために地域のチームの人たちと出発する前に、五十六歳の市長は赤のたすきを市に作らせた。首都には国中のテレビカメラが集まることを知っていたからだ。たすきには「心一つに南相馬の再興を」と書かれていた。

東京都民が線量計を首に掛けていない桜井市長を見るのは初めてだった。四時間九分という完走時間はトップから二時間遅れていたが、本当の見せ場はその後の記者会見だった。タイム誌は世界で最も影響力のある百人のリストに彼を載せて、二〇一一年災害の象徴として取り上げ、彼は今や日本ではちょっとした有名人だった。競技後、記者たちは彼に質問を浴びせた。確かに南相馬の状況は非常に苦しいままだ、と彼は認めた。しかし、希望を持つ理由がたくさんある。「私は私の市を救うことを決して諦めない」と言った。

桜井市長が抱える問題は途方もなく手強いが、彼の楽観主義はそれに負けないくらい力強い。市の除染には四十年かかるかも知れないと専門家たちは言った。人口は回復しないかも知れない。子どもはホットスポットを避けるため、何年も屋内に留まらなければならないだろう。誰が再建の費用をまかなうのか？家は再建されつつある、と市長は答えた。全市民の医療検診は地域住民の安全を保証するだろう。学校の除染もすんだ。再生可能エネルギー産業の計画も進行中である。農業従事者も漁業従事者もやがてまた仕事を始めるだろう。

三月十一日に市を襲った災害への対処に加えて、桜井市長はそれ以前の人生で残された問題とも格闘していた。産業廃棄物処理場反対の彼の闘いを終わらせた法廷は、費用の支払いを命じていた。彼の名前で訴訟を起こしたため、その費用は自分の給与から支払わなければならない。彼の農場はまだ使い物にならないし、補償金も受け取っていない。年老いた両親は市内の狭苦しい仮設住宅に住んでいる。そして、海岸を二十キロ南に下った福島第一原発はどうなっているのか？

二〇一一年十二月以来の政府の表向きの説明は、原発は「冷温停止状態」になっており、それは放射能の放出がコントロールされ、核燃料の温度は沸点以下に保たれているというものだった。しかし、その言葉の使い方に疑問を投げかける人もいる。技術者たちは溶けた燃料が正確には損傷した原子炉のどこにあるのかについても、またその正確な状態についても、おおよその見当をつけているだけである。燃料は東電が毎日注入している何千ガロンという水で冷やされているが、その水の除染との格闘も続いている。約二十万トンの高濃度に汚染された水は巨大な千トンタンクに入れられて、現場で溜まり続けており、タンクは第一原発の施設内の使用可能なあらゆるスペースに所狭しと設置されている。それらの水がどこへ行くのか誰も知らない。

日本政府は原子炉の解体と最大二百六十トンの核燃料の除去には、四十年かかるだろうと言っているが、それは仮に技術的に非常に複雑な仕事に関して障害が何もなかったとしての話である。放出された放射能の政府による最終集計は九十万テラベクレルで、それはチェルノブイリでの放出量の約五分の一である。(1)チェルノブイリの事故から二十五年目に当たるため、この放射能の人間の健康への影響は激しく議論されることだろう。ウクライナの約二百万人の人々はいまだに永続的な医療検診の対象となっている。子どものうち、甲状腺に相当量の放射能を受けたと思われる四十万人は経過観察が推奨されている。隣国のベラルーシでは、一九八六年以降甲状腺ガンの発生件数が増加している。最終死者数の推定は数十人から数十万人と大きな幅がある。(2)

四号機の損壊した建屋について新たな懸念が持ち上がっている。約千五百本の燃料棒が使用済み燃料プールに保管されているからだ。四号機から約五十メートル離れた使用済み燃料共同プールにはそのおよそ五倍が保管されている。それは日本だけでなく海岸線を越えて世界の大半を汚染する量である。昨年の地震で受けた損傷によって燃料棒は保護用の格納容器を持たないままとなっている。もう一度強い地震が来れば「我々がいまだ経験したこともないような世界的大惨事」が引き起こされるだろうと、元スイス大使の村田光平は二〇一二年三月の公聴会で警告した。(3)

ワタナベ・カイの家族のように一年前に放射能から逃れた人々は何十年経っても帰らないかも知れないということを、政府と東電はどんなことがあってもいずれは認めざるをえなくなるだろう、と今や多くの人が思っている。大災害の波紋は世界に広がり続けている。世界で四番目の産業大国のドイツは二〇一一年六月、原子力発電を二〇二二年までに再生可能エネルギーに転換すると明言した。イタリアは同月、原子力発電計画の再開を放棄することを国民投票による圧倒的多数で決定した。スイスは新しい原発の建築を凍結するように命じた。おそらく一時的ではあるが、タイと中国は原発計画を凍結した。しかし、驚くべきことに日本は二〇一二年五月停止中の原子炉の再稼働を始めた。(4) 最初に再稼働したのは、水田と山に囲まれ、ギザギザの入江に護られた絵はがきのように美しい大飯町である。それは福島の反対の日本海側に位置している。六月に原子炉を再開させるようにという政府の命令は、日本ではここ数十年で最大規模の反対運動を引き起こした。夏中、老いも若きも東京の中央にある首相官邸の外に集まり、反原発のスローガンを叫んだが、多くのマスコミは無関心を決め込んだ。十七万人近い人が集まった二〇一二年七月の前例を見ない規模の反原発の集会を、日本最大の発行部数を誇る読売新聞は無視した。野田首相は遂に八月中旬に抗議者の何人かと会うことに同意した。日本の政府が民衆の抗議に応じるのは稀なことだが、野田の態度は曖昧で、ただ政府は原子炉を段階的に廃止することを「視野に入れて」エネルギー政策を「検討中」であると言っただけだった。政府が原子力発電を頑固に支持する理由の一つはもちろん廃棄の費用であり、もう一つの理由は防衛である。「原発を持つことは日本が核兵器を作れることを示す」と元防衛大臣の石波茂は同じ八月に言った。「日本がプルトニウムを貯蔵していることが、外交上核抑止力として機能する」と読売新聞は二〇一一年に認めている。(5)

福島の事故以前、世界中で約四百四十基の原子炉が稼働し、世界の電気の一四パーセントを発電していた。米国だけでも百四の原子力発電所があった。それらの原子炉が生み出す使用済み核燃料の危険は、稼働する原子炉が増えるにつれて年々高まっている。中国、韓国、インド、その他の国々がさらに数十の原子炉の建設を予定している。この燃料の世界全体の合計は二十五万トンに昇り、米国だけで六万五千トンを超える。それらの多くは管理が不十分で脆弱なプールに保管されている。(6) 菅直人元首相は、「千もの原子炉があって、世界は安全だろうか？」と辞職後に述べている。その問いかけは今後何年も何十年も繰り返されることだろう。

ワタナベ・カイは第一原発で仕事を始め、二〇一二年の初め頃、被ばく量が許容範囲を超えたため、移動させられた。彼は海岸を少し南に行ったところにある第二原発に数ヵ月出勤した。両親は四十キロ離れたいわき市に住み、元の家に帰るという考えは捨てた。カイは発電所を管理可能な状態に戻そうと数ヵ月苦闘したが、そのことが彼を幾重にも傷つけた。特にその業界とそれを運営している人々に皮肉な目を向ける。3・11以前は彼の生活の中心だったかつてのエリート公益事業は面目をつぶし、破綻した。しかし、彼はおおらかで陽気な性格を持ち続け、今でも東電の記念のペンをもらう日を待っていると冗談を言う。

イチダ・ヨシオは毎日仮設住宅から近くの太平洋へ出かける。漁業協同組合は、津波が二階の事務所と中にあったすべての物を流し去って以来、骨組みだけの抜け殻のような建物のままである。事務所の下の倉庫には、今でも漁師たちが集まって漁網や他の用具の点検という日常作業を行っている。ある者は海に船を出して災害が残した浮遊しているゴミや残骸を集め、政府から給付金を受け取っている。月に一度イチダと漁師仲間はもう一度漁業をするかどうか決めるために会合を開いている。彼らはセシウムとかベクレルなど、かつては知りもしなかった言葉を理解しながら、海の放射能の測定値についての報告を聞く。二〇一二年一月、捕獲された三十種の魚のサンプルの半分近くが政府設定の一キロあたり五百ベクレルという数値を超えて汚染されているというニュースが伝わると、うめき声が上がった。発電所近くのプランクトンのセシウム汚染は災害以前のレベルの最大百倍であることがわかった。漁師たちは福島から海に流れ込む川がまだセシウムに汚染されているのではないかと考えている。除染されるのに何年かかるのだろうか？　少なくともイチダにはまだ船がある。しかし彼はもう二度と仕事ができないのではないかと心配している。二〇一二年六月、遂に一部の漁師たちは試験的、限定的に漁をすることが許された。

イチダの懸念は太平洋を超えて伝わっている。二〇一一年八月にカリフォルニア海岸沖で捉えられたクロマグロは福島の放射性物質で汚染されていた。科学者は微量のセシウム元素の二つの同位元素を発見した。セシウム一三七は半減期が約三十年で、事故以前から東太平洋に存在していた。しかし、セシウム一三四はここ数年太平洋では検出されていなかった。この同位元素の半減期は二年で、原子力発電所や核兵器のような人工的なものを発生源とする。科学者たちは体内に取り込まれたセシウムが体内の柔らかい組織に留まり、ガンの危険性を増すと言う。二〇一二年五月にこの調査結果を報告した科学者は、マグロで検出された放射性物質は、日本の安全基準をはるかに下回っているので、人間が摂取しても危険だとは考えられないと書いている。しかし、セシウム一三四の検出は驚きだった。(7)

研究者たちはサンプルの十五匹のマグロは事故当時発電所の近くで生まれたに違いないと結論づけた。クロマグロは西太平洋の日本とフィリピン沖でだけ産卵し、その一部は幼魚になるとカリフォルニア沖まで回遊する。大きさから見て、サンプルの幼魚は事故の約一ヵ月後に日本の海を離れたということが科学者たちにはわかった。報告書の主な執筆者であるダニエル・マディガンは、事故直後に日本の近くにいたクロマグロのセシウム一三四のレベルは通常より四〇～五〇パーセントも高かった可能性があるとロイター通信に語った。(8)

政府は食品や飲料製品に含まれるセシウム濃度の基準を新しくより厳しいものに変えた。それは二〇一二年四月に発効したが、それにもかかわらず食品の安全性についての心配は続いている。新しい規則では、果物、野菜、米、海産物および肉などの一般食品の一キロあたりの放射能の上限は四月一日以前の五百ベクレルから百ベクレルに基準を強化した。牛乳、ベビーフード、特殊調整粉乳の上限は一キロあたり五十ベクレル、飲料水とお茶の葉は十ベクレルである。(9)

新しい基準は消費者の信頼を回復するはずであるが、日本には食品や飲料製品の放射能汚染をチェックする政府の管理システムがない。いまだに地方自治体や農業従事者が測定を行う責任を担っている。

事故後、スーパーマーケットの棚に並んだ野菜、海産物、牛肉から安全レベルを超えるセシウムが発見された時は、混乱と怒りが数ヵ月間社会に満ちあふれた。二〇一一年七月厚労省は高濃度のセシウムで汚染された藁が、肉が市場に出荷される前に牛に与えられていたと発表した。この肉は政府基準の五倍近い一キロあたり二千三百ベクレルものセシウムに汚染されていた。キノコ、ほうれん草、タケノコ、果実、魚、

茶、牛乳は福島原発から三百五十キロも離れた所でもセシウムに汚染されていた。(10)

幼い子どもを持つ母親はいち早く情報を共有し、地方自治体や食品販売業者に注意深く放射能を測定するように強く要請した。彼女たちの取り組みは草の根運動に火を付けた。新しく結成された子どもたちを放射能から守る全国ネットワークには、二〇一一年十二月までに二百五十の個人のグループから五〜六千人のメンバーが集まった。活動の一つとして、行政機関が学校給食における食品の安全を保証するように求めて署名運動を展開し、集まった署名を市長や文科大臣に届けた。

公立の保育所、小中学校で出される給食の材料が大きな関心の的となり、多くの家庭で気まずい議論の種となった。許容できる食品やセシウムのレベルについて、両親や他の家族の意見が異なった時、子どもたちは板挟みになった。学校は子どもたちが弁当を持ってくることを許可したが、実際に持ってきた子どもはほんのわずかだった。他の子どもと違うことをすることは簡単ではない。福島では、子どもがクラスメートにいじめられたり、先生に叱られたりさえしたことが報告された。

仙台では、二〇一二年四月に弁当を持ってくる子どもの家庭に給食費と牛乳代を返金するという方針が正式に決められた。仙台市は給食と牛乳を出している小中学校に約八万人の児童生徒がいる。およそ五百八十人が牛乳を飲まないという正式な選択をした。しかし給食も牛乳も摂らないことを選んだのは六十一人だけだった。これは食品テストへの信頼を反映しているとも言えるが、もしかすると仲間はずれにされることへの不安の反映なのかもしれない。両方が混じっているのだろう。(11)

物理学者の早野龍五博士のような関心をもつ科学者たちは、学校給食の放射能や、ホールボディカウンター（WBC）を使って人々の内部被ばくを正確に測定する取り組みを進めてきた。二〇一一年十一月〜二〇一二年五月にかけて、彼のチームは福島第一原発近くの南相馬市と平田村の約一万人を測定した。測定では大半の人には体内汚染がないことがわかった。放射能のレベルはチェルノブイリ事故の五～十年後のロシア、ウクライナ、ベラルーシの人々と比べてはるかに低かった。彼はこれらの調査結果を核実験が最も多く行われた一九六四年に測定された日本人の今回より高かった内部被ばくの平均値と比べている。(12)

WBC検査とその他の研究に基づいて、早野博士は福島で年間〇・〇一ミリシーベルト以上の放射能を浴びる人は極めて少ないだろうと見ている。これは政府が設定した年間百ミリシーベルトという危険水準よりもはるかに低い。調査結果には以下の事柄が含まれている――地方自治体が検査した五万三千の食品サンプルのうち、一キロあたり百ベクレルという食品規制の上限を超えたのはたった二パーセントであり、二〇一二年一月に測定を始めて以来福島産の牛乳に汚染が見られたことはなく、南相馬の学校給食で汚染が見つかったことは一度もない。早野博士は食物検査は大変有効であり、「健康上のリスクはない」と結論づけた。(13)

しかし、ロンドンを拠点とし、人々から信頼をよせられている独立の環境放射線コンサルタントであるイアン・フェアリー博士を含む専門家たちは、これらの調査結果に疑問を投げかけている。「私は福島の住民の放射能レベルが非常に低く、心配の必要はないという早野龍五博士の明解な結論に同意しかねる」とEメールで書いている。「彼は彼が出した内部被ばく推定値が不確実で、誤差があることについて論じていない。この不確実性の程度は非常に高いと思われる」。フェアリー博士は、内部被ばくに関する委員会であるイギリス政府の放射線内部被ばくリスク調査委員会（CERRIE）の二〇〇四年報告書を提示する。その報告書は内部被ばくによるリスクを推定する場合の多くの不確定要素について警告している。彼はさらに早野博士が放射性同位元素であるカリウム四〇の日常的な経口摂取と一九六四年の核実験による被爆を比較していることは不適切であり、心配することはほとんどないという印象を与える「意図が読み取れ

る」と述べている。(14)

しかしながら、福島の土壌が高濃度の汚染を示しているという早野調査結果には、イアン・フェアリー博士はきっと同意することだろう。野生のキイチゴのような食品やそれを食べているイノシシも汚染濃度が高い。放射線を浴びた土壌によって影響を受けた食糧源の中でも、特にこれらはこの先ずっとモニタリングが必要となるだろうと早野博士は語る。

ウワベ・セツコは、元学校給食の調理師として、また祖母として、この問題を痛切に認識していた。自分の町（陸前高田市）は、福島原発から遠いけれども食品安全に関して先進的だとセツコは語った。学校給食の食材を選ぶ栄養士は、椎茸のような食材は禁止されているので避けている。自家栽培をしたり、家の近くの山々で山菜集めをする多くの住民たちは、土壌や食品中の放射性セシウムを測る測定器を市役所で借りることができる。放射能にさらされた土壌や山林の枝葉は地域一帯の不安の種となっている。

各自が行うセシウム検査の機器を提供する測定所は、二〇一一年では新たなコンセプトであったが、今後、常態になるかもしれない。福島で利用できる測定所は、二〇一一年十二月までに九ヵ所、東京で一ヵ所となった。どの測定所も、市民放射能測定所（ＣＲＭＳ）のネットワークの一部である一つの団体によって運営されている。運営費は、寄付および食品中の放射能測定にかかる料金——検査一回につき三千円——でまかなわれる。検査結果は各測定所のウェブサイト上で公開される。(15)

この事故のタイミングは、米の生産者にとってとりわけ悪いものだった。米産業は利益の見込まれる中国市場へと進出していたのだ。日本の米は、中国の富裕層の間で人気を博していたが、理由の一つとして安全だとみなされていたからだ。中国の日本米の輸入は通常レベルに戻り、東北地方の顧客も次第に地元産の農産物に戻りつつある。しかし福島の稲作農家は長期的な闘いに直面している。二〇一一年度の農産物は、消費するには安全ではないとみなされた。二〇一二年度の米は、この本の執筆時点ではまだ収穫されていないが、セシウムは含まれていないだろうという期待は大きい。農民たちはゼオライトというセシウムを吸着する小石状鉱物を撒いた。また、苗が生育中に根からセシウムを吸い上げないようにするために、高濃度のカリウム入りの肥料を加えた。不安を抱く農民たちには、検査は厳しくなるものとわかっている。二〇一一年度のように、汚染米なら政府は買い上げて処分するのだろうか？[16]

農民たちは、放射能レベルが年々下がるだろうとわかってはいるが、自分たちが直面している難題は長期にわたるものと認識している。中には米作りを諦めて花作りに替えてしまった人もいる。花は放射性物質検査が必要とされないからだ。東京電力を相手取って損害賠償訴訟を起こすというとてつもない大仕事に取り組んでいる農民もいる。[17]

二〇一二年、桜井市長の南相馬において、百三十五戸の農家に、実験的に稲を植える特別許可が与えられた――（但し）収穫米はセシウムレベルにかかわらず処分されることになる、との合意の下で。農民は、二〇一三年も再び米作りが始められるように、自分たちにできることは何でもしている、と語った。[18] この他、農民にできることは、希望と祈りだけである。

デイヴィッド・チュムレオンラートは短期滞在で米国へと出発する直前に、友人の結婚式のために神戸を訪れたが、これは彼の人生を変える出来事となった。神戸で日本人女性のキクカワ・マリに出会い、二〇一二年一月に結婚した。二人はその後、デイヴィッドの教会にもっと近い仙台に引っ越して、彼は市内の公立学校で英語の教師を続けている。しかしデイヴィッドは東松島のこと――その自然や景観だけでなく、地元の人々やたくさんの友達の親切と温かさ――を恋しく思っている。

デイヴィッドは、自分は他の人々を助けるという目的のために津波から救われたのだと痛感しているが、それは自分の教会を通してなしうるのだとわかった。およそ二十三名の信徒たちの集会は3・11以降、突然国際的活動の拠点となった。主に米国と台湾からであるが、関連教会の指導者や教会員らが救援物資と復興支援活動で力添えしようと仙台に流れ込み始めた。

訪問者がひっきりなしに押し寄せて、デイヴィッドは現場の通訳であると共に、ガイド、コーディネーター、リーダーでもあり続けた。全員日本人であるが、その他の教会員はその尽力振りに元気づけられ、以前にも増して活発に活動するようになった。石巻市の仮設住宅で行われた最近の集会で、教会は大きな関心を惹いた。それを見てデイヴィッドは驚いた。なぜならほとんどの日本人が自らを仏教徒とみなし、普通はキリスト教の信条に従わないからである。こうして集まったことは、3・11以降日本の人々が直面してきた気力をくじくような苦難に対する反応で、精神的支援や指導が更に必要なことを示すものである、とデイヴィッドは見ている。

大学院は将来の目標である。デイヴィッドは日本語教育専門のライセンスを取って、理想を言えば、科学を教えたいと思っている。今のところ、英語教育は楽しく続いているし、給料も確実に入る。米国に戻っても、就職の見通しが心配なので、デイヴィッドは日本で経済的安定が得られて嬉しく思う。

デイヴィッドとマリは、将来どこで家庭を持とうか話し合い中である。マリは日本の方を好むが、デイヴィッドはテキサスの方が環境が良いと感じている。タイ人のルーツをもち、日本人妻をもって日本で暮らしているアメリカ人として、デイヴィッドは恐らく文化面でも、その他の面でも、いかなる違いもうまくこなしていくだろう。津波に呑まれ、九死に一生を得た体験の後で、彼の人生は今や前途有望なのだ。

ウワベ・セツコは、陸前高田市の公立学校と保育所の調理師として三十一年間勤務して、二〇一一年の九月に退職した。セツコは、働いていたことを懐かしがらず、元同僚と定期的に集まっては楽しんでいる。

新たな生活で忙しくなったのだ。

二〇一一年の十月、セッコの息子のリゲルは、広告業に就いていた仙台から陸前高田市に戻って来ることに決めた。母親が夫タクヤのいない人生になんとか適用しようと苦労しているのを知っていたからだ。母親は大抵独りきりなので、その話し相手になりたいと思って。だが、それだけではなかった。リゲルは母親と同居しようと、新たな伴侶とその二人の連れ子、七歳と九歳の男児を連れて行きたかったのだ。喪に服していた家は、活気や笑い、愛情の拠り所になった。セッコは、にわかにできた新たな家族の活気あるテンポに合わせようと目下調整中なの、と笑いながら認める。

災害直後の一年間、セッコは自分の夫や陸前高田の人々の相次ぐ葬式に参列した。二〇一二年三月十一日の一周忌に、リゲルは新たに迎えた妻と二人の連れ子と一緒に菩提寺の先祖の墓にお参りをした。一方セッコは、公立学校で行われた市が主催する大慰霊祭に出かけた。

この式典に、セッコは妙に気分が害される感じがした。東京から政界の大物がずらっと居並んで席巻していたからだ。その中に東京都知事の石原慎太郎もいた。この物議を醸す都知事は、今回の地震と津波の大災害を日本の現代の「我欲」に対する「天罰」であると発言した。驚くべきことに、この一ヵ月後、東京都民は石原を都知事四期目にまた選出したのだ。この記念行事は、市が死者を悼む手助けをするはずだったが、出席者の紹介が延々と続いて、広報活動の機会のように感じられた。しかし、セッコは天皇陛下の言葉には——大きなスクリーン上に生中継されたのだが——深く感動した。その言葉はセッコの気持ちにぴったり添うものだった。後に、言葉をめぐってさらに論争が起きることになった。天皇が、放射能の問題を克服しなければならないという「困難な課題」に言及された箇所を、テレビのネットワークが検閲・削除したと一部が非難したからだ。

セツコは生活が落ち着き始めると、夫のことを思う時間も増えた。それは容易なことではなかった。思い出がかつてない程に強く蘇ってきたからだ。ある日のこと、市内を車で通り抜けて行くと、偶然にも夫の遺体が発見された川辺の地点に行き当たった。長い間その地点を避けてきた後で思いがけず遭遇して、気持ちの整理に時間がかかった。

二〇一二年の春、セツコは自宅で花見とバーベキューの小さな集いを開くことに決めた。亡き夫が長年にわたって友人らと企画した数々の花見の集まりのように。しかし、来客たちを招いた後で、セツコは急に怖じ気づいた。突然、時期尚早のように思え、こうした集いが自分を落ち込ませてしまうのではないか、と心配になった。しかしセツコは、とにかく思い切ってやってみた。そのあと「やって良かった」と思った。その晩、たき火を見つめながら、セツコは気持ちが落ち着き、心がもっと安らぐのを感じた。

とはいえ、あんなにも唐突に夫を失ってしまった痛みをセツコはずっと抱えていくことになるだろう。毎朝六時、セツコは夫の遺品で囲まれている仏壇で、タクヤのために祈りを捧げる。家の中は、いまだに夫の物で散らかっている。ただ、近々広い庭の一画に建てられる新しい小さな家に移る予定だ。セツコは、家の外側に友人や隣人を招いて、交流できるようなウッドデッキのスペースを設ける計画を立てている。人生はどうにか進んでいく。

陸前高田市も、断続的に復興、再建が行われている。津波で妻を失ったばかりの戸羽太市長は父子家庭の独り親となり、二人の息子を育てるのに四苦八苦しながら、同時に市の復興八年計画を監督している。市長はいつも自分に対する称賛を払いのけ、妻を亡くした悲しみについて聞かれると不愉快そうに応じる。壊滅状態の東北沿岸を南へ下った所に南相馬市があるが、そこの桜井市長のように、戸羽市長の生活も自分の市に捧げられ、残る二万二千人の住民に留まるように説得を続けている。市長は市から住民が流出するのをじっと見守っている――これまで約千人が去って行った。今後三年間は、市の復興、再建計画を展開し、インフラの再建に費やされることになる。海に近くて津波で破壊された地域での再建は禁止されていた。そこで戸羽市長は、その地域を観光客が訪れる海浜公園にしたいと願っている。

高台に新しい災害公営住宅を建設中であるが、住民は仮設住宅を申し込める。高いところにある農地や山林は住宅地へと転換されることになるが、年寄りがそこに住むには不便だし困難だろう、とセツコは心配している。二〇一二年六月、仮設の新しい商店街がオープンした。

二〇一二年陸前高田市内の住民は、津波の到達した地点を記すために桜の木を植え始めた。後世の人々に海の破壊力について思い出してもらうように期待を込めて。住民たちはもっと桜の木を植える許可を地主から得ようと努めている。桜は、恐らく生命のはかなさを示す、日本で一番説得力のあるシンボルである。津波で愛する者を失ったセツコや大勢の人々にとって、このシンボルは身にしみて感じられる。

二〇一一年七月七日、地震と津波の災害からほぼ四ヵ月後に、サイトウ・トオルと家族は、荻浜の自分たちの集落に近い中学校の避難所から出て行くことができた。トオルの家族は近くの石巻市内に移って、被災者用のプレハブの仮設住宅に住んでいる。二部屋からなるユニット・ハウスは家賃の負担がなく、三年間滞在できる。

仮設住宅には事実上、暖房も冷房もなく、またプライバシーもないが、避難所よりはずっとましだとトオルたちは思う。避難所では、誰の感情も害さないように、そして人との関係が気まずくならないように特別に注意を払わなければならなかった。この体験は誰にとってもストレスが溜まるものだった。

トオルの二人の兄は、石巻に本拠を置く製紙会社に共に勤務して忙しく、新しい仮設住宅で過ごす時間はほとんどない。トオルは、仙台の東北大学のキャンパス近く、ここから一時間ほどの所に住んでおり、時折立ち寄る。東北大学は被害に見舞われた学生たちの授業料を免除し、入学金二十八万円を払い戻してくれた。母親は今、スクールバスの添乗員をしているが、父親は大型車両の運転免許を取得したので、トラックの運転手として働くことを希望している。

二〇一一年、トオルの家族は、住宅保険だけでなく、個人および公的な義捐金から三回払いで約二百万円を受け取った。しかし、父親の経営する製材所に対する保険は、自然災害には適用されなかった。それ以降、追加的な政府の支援金はなかったし、何も期待できない。しかし、トオルの母親は仮設住宅をありがたく思うし、これで十分だと感じている。「私たちは自立する努力をしなければならないし、政府の支援金に頼ってはならない」と語る。

しかし、トオルは働くことができない大勢の人々について思いを馳せ、どのようにやり繰りしているのか、と思う。「自分の両親は今なお健康だし、仕事にも就ける。でも、そうできない人はたくさんいる。その人たちには継続的な経済支援が必要なのだ」と続ける。この災害をめぐる政府の対処とそれに続く復興、再建の努力に一〇〇パーセント満足している人がいるようにはトオルには思えない。だから、被災者の支援にもっと多くのことがなされる必要がある。それは、トオルの一生涯がかかってしまうことだろう。

トオルは大学生活を享受している。ロボット工学を中心に機械工学を専攻することに決めた。キャンパス近くのアパートで独り暮らしを始め、料理の腕を試しているが、うまくできることもあれば、そうでないこともある。学習塾で中高生に教えるアルバイトが家賃の支払いを補助してくれる。

トオルは、郷里の荻浜の美しい地区がひどく恋しいが、そこに戻るつもりはない。いつか自分の子どもたちに、同じように自然に囲まれたところで成長するチャンスがあるかもしれない。一つ確信しているのは、地震や津波への恐怖を抱えながら生きていくことはできない、ということだ。

日本の外で生活することがトオルにとって唯一の選択かもしれない。この国は、常に地震に破壊され、津波に襲われることになるから。二〇一一年三月の大地震以来、関心はこれまで以上に東京に注がれている。二〇一二年三月下旬、文科省のプロジェクトチームは、この巨大都市の中心にある東京湾が、最大震度を記録するような地震の震源地となりうる、と警告した。翌日、内閣府に設置された「検討会」は、南海トラフで生じるマグニチュード九クラスの巨大地震が、東京を含む太平洋沿岸一帯を揺らし、約二十メートル以上の津波を引き起こすこともありうる、と発表した。[19]

たとえトオルが仕事で海外へ移動しても、地震や津波からの避難は、安全とされる地域においてさえ、保証されない。二〇一一年八月、アメリカ東海岸で起きたマグニチュード五・八の予期せぬ地震は、建物をガタガタ揺らし、慌てさせただけではなく、耐震建築基準、安全対策、備えに対する真剣な検討のきっかけとなった。地震がニューヨークとワシントンDCに影響を及ぼしたことが、この見直しを一層決定的にさせた。ワシントン記念塔（ジョージ・ワシントンを記念した石造オベリスク）とワシントン大聖堂に遺されたひび割れは象徴的で、不気味な警告であった。

近年におけるその他の「自然の猛威」には、二〇〇四年十二月二十六日のインド洋の巨大地震と津波（死者二十三万人）や二〇〇八年の中国、四川省地震（死者六万八千人）、二〇一〇年ハイチ地震（死者三十一万六千人）、そして二〇一〇年と二〇一一年のニュージーランド地震などが含まれる。

もしトオルがのどかなシアトルに、つまり米太平洋沿岸北西部沿岸エリアに引っ越したとしても、危険に晒されて生きている数百万人の仲間に加わることになる。北米の太平洋沿岸はカスケード沈み込み帯と平行している。これは、カリフォルニア州の北部からブリティッシュ・コロンビア州の南部におよぶ長さ約千キロの沖合断層である。[20]

調査によって明らかにされてきたが、カスケード断層帯に沿って、巨大地震が二百五十～五百年ごとに起きている。この断層が最後にずれたのは三百十二年前だった。多くの科学者が認めているが、地震が二十分ほどで沿岸に達するような、二〇一一年の3・11津波相当のものを引き起こしうる、ということである。[21]

シアトルは、ワシントン州オリンピック半島の背後にあるピュージェット湾に位置しているので、巨大沿岸津波によるひどい被害を受けないかもしれない。しかし浅い断層がピュージェット湾の下に発見されているので、シアトルのちょうど沖合で津波を引き起こすこともないとはいえない。[22] シアトル市と周辺地域は対策が考えられていないとの不安が大きくなっている。

地震予測が生命と財産の保全に対する明白な解決策のように思われるだろう。だが地震予測は、プレート・テクトニクス理論へ理解が深められたにもかかわらず、依然として極めて難しい。歴史は、地球の地質学的動きを決定する諸要因は本質的には予測不可能であることを教えてきた。しかしながら、日本の3・11巨大地震以降、世界中で地質学者や地震研究者らは、更に理解を深めながら自分たちの仮説を見直すことができた。一つ決定的な変化は、巨大地震がいかなる沈み込み地帯でも起こりうるという認識である。

この巨大な破壊、悲劇、そして天文学的な復興費用という将来のリスクをどうすれば軽減できるのか？

簡単に言えば、いつ地震が起こるかを予測する複数の方法を見つけることだ。これが真の津波予測を可能にしてくれるだろう。古代津波の堆積物など津波の地質学証拠を検証することがリスク縮小の手がかりを与えてくれるだろう。先祖から伝わる数々の警告や歴史的記録も決して無視できない。短期・長期の地震予測。サテライトとＩＴネット網を採り入れた新たな数々の警報システムの確立。またこのシステムと地域および地方の関係当局との全面的な連携などが、理想的な対処法となるだろう。追加の対処法として、警報を聞いた時何をするべきか、全住民を訓練することである。

次の巨大地震はいつ、どこで発生するのだろうか？　その解答は得にくいかもしれないが、明らかなことは、備えるために我々にできること、しなければならぬことが数多くある、ということだ。

日本語版へのあとがき

震災のあと、猛烈な勢いで一気にこの本を書いてから五年が過ぎたが、いくつか驚くことがある。なかでも著しいのは、震災が過去の方法と決別させるだろうという大方の予想に反して、日本の多くの会社がいつもの仕事に戻ってしまったことだ。日本の歴史上、二大政党制とでも呼ぶ短い経験に終止符を打って、自民党も戻ってきた。

国内の原子炉を廃炉にするという先の民主党の政策を自民党がくつがえし、原発も戻った。最新のエネルギー計画は、必要なエネルギーの二〇～二三パーセントを原発でまかなうものとしている。これは全く非現実的な目標である。原発は支持を失い、プラントは老朽化し、ほとんどすべてが複雑な法律的な闘争のテーマである。保守系のメディアから無視されたり、少ししか扱われず、ものすごい数の反原発の抗議も薄れてしまった。

二〇一六年四月、唯一稼働している原子力発電所に近い九州で、二〇一一年以来の強い地震が発生した。震源地は原発の北百二十キロで、川内原発の二基の原子炉に問題は起こっていないと九州電力は発表した。原発の再稼働を望む人々は、福島の原発事故後の安全基準に安心していた。しかし、今回のことは地震に対する原発施設の独特の脆さを改めて強く印象づけた。

またこの地震はメディア、とりわけＮＨＫの曖昧な役割を再び際立たせた。二〇一六年四月二十日の会議でＮＨＫ会長籾井勝人は、九州の地震の報道において、政府の指針に従い、外部の専門家の見解を放送しないよう部下に指示した。「それは国民の不安を煽るだけだ」と言った。ＮＨＫの使命はウェブサイトに次のように出ている。「公共放送として自主自律を堅持し、健全な民主主義の発展と文化の向上に役立つ、豊かで良い放送を行うことを使命としています」

二十年間にわたって主力の報道情報番組「クローズアップ現代」を担当してきた国谷裕子が降板した時、「独立性」とは正確にはどういうことなのか、古くからの議論が再燃した。国谷は、夜の番組「報道ステーション」の司会を務めた古舘伊知郎やライバル局ＴＢＳのレギュラーだった岸井成格と並ぶ、歯に衣を着せない三人のリベラルなニュースキャスターの一人だった。日本は今後も独立した強力なメディアを保持しなければならない。しかし福島の原発事故が自己規制への傾向を強めてしまっているように危惧される。

防潮堤も今まで以上に規模が大きくなって再建が進められている。世界で最大を誇った釜石の防波堤を含め、ほとんどの防潮堤が二〇一一年の津波の衝撃で破壊された。ところが政府は数ヵ月後、福島、宮城、岩手の三県に数百の防潮堤や防波堤を建設することを取り決めた。建設に要する総額三兆円は税金でまかなわれる。計画はこれだけではない。二〇一二年の農水省と国交省の共同報告は、三万五千キロの海岸線のうちの一万四千キロに津波対策が必要だとした。

これらの防潮堤には首相の妻、安倍昭恵でさえ疑問を投げかける。多くの地元住民は、防潮堤で海が見えなくなり、安全だと錯覚する、海の様子を「知る」ことができないと言っている。千八百人の住人のうち四十人が死亡した宮城県の小泉地区では、予算二十三億円という十四・七メートルの高さの防潮堤を建設しているが、これはすでにそこには存在しないコミュニティーを保護することだろう。集落は内陸三キロのところにすでに移転を終えているからだ。基本的に米作りの水田を守ることに金がつぎ込まれている。

ところで、インタビューに答えてくれた六人の人たちはどうしているだろうか？　原発災害に関連した他の数千人の労働者と同じようにワタナベ・カイは、汚染水タンクをモニタリングしたり、福島県内の広範囲の除染をしたり、福島第一原子力発電所の中や外で、時には危険で健康に影響する一連の作業にたずさわってきた。彼は、増加傾向にある数多い派遣労働者の一人である。仕事があればどこでも、派遣会社から送り込まれる契約社員だ。

彼の一生は、これから先も、福島およびこの第一発電所と結びついている。おそらく働ける間はずっとそうだろう。世界で最も複雑な産業事故を終息させ、もとに戻すには何十年もかかるだろう。カイの月給は三千ドルで、東京で得る給与よりも数段よいことを彼は知っている。家族は双葉に戻ることを諦めて、多くの避難民のようにいわき市で暮らしている。自分の健康については多量の放射線を浴びた不安がいつも心の奥にある。しかし彼はたくましい。二〇一一年三月のメルトダウン以来、作業との関連が否定できないとして、二〇一五年にプラントで初めて作業員が白血病の労災認定を受けた。

桜井市長は今も職務に専念している。ひたむきな仕事ぶりを有権者から認められて、圧倒的な支持を得て二〇一五年市長に再選された。壊滅した市の人口は五万七千人にまで回復した。しかし数千人の母親と子どもは南相馬では暮らしていない。市内の保育所は以前の半分だと市長は嘆く。これは福島の避難地域での共通の問題だと指摘する。十五歳～六十四歳の働ける人がすでに県外で生活をしている。「それは子どものいる世代です。よい暮らしを求めてたくさん出ていきました」。除染チームは、一軒一軒除染作業をしているが、終わったのは二万三千世帯のうちの約半数にすぎない。費用は数十億円にもなる。しかしいつものように自身のパワーと楽観主義のおかげで市長は苦難を乗り越えるだろう。

イチダ・ヨシオは海から遠く離れたところに家を建て直した。「車で五～十分の所だよ。若干不便だけど、最後は命が大切だから。幸い、津波で家族は誰も亡くなっていない。親戚にはいるけど」とイチダは言う。八メートルの防潮堤がつくられて、海が見えなくなった。「防潮堤には違和感があるけど、人命を守るためにはしょうがない。漁業は試験操業に限られている。週に一、二回だけしかできない。でもずっとタコを獲っていたから、週一回だった。シラスやコウナゴは週に二回」と言う。原子力発電所については、「安倍さんは、安定している、コントロールされていると言っているけど、維持するのは無理。廃炉になると思う」と言う。

サイトウ・トオルは、東北大学工学部の最終学年で、医療機具を開発している会社で働こうと考えている。一年に一度、荻浜の育った地区を訪ねる。しかし両親は不動産を石巻市に売却した。関係当局が再建に努力してきたことに不満はない。最終的に再建するかどうかは個人の問題だから、それを邪魔しない環境があれば十分だと言う。

デイヴィッド・チュムレオンラートの息子は今、三歳で、二〇一五年の十一月には妻のマリが女の子を出産した。現在、家族は四国の徳島で暮らしていて、デイヴィッドは土地の測量会社で働いている。仙台や東京に比べると小さいが、マリの両親が近くにいて便利だ。「ここに住んで働いているが、気持ちは今も宮城にある」とデイヴィッドは言う。二〇一一年以降、ほとんど変わっていないことに驚いている。「多くのことが変わるように見えたのを憶えています。しかし衝撃が薄れて、なにもかも震災以前に戻ってしまいました。それが今、東北から遠く離れた関西にいるせいなのかどうか僕にはわからない。ここで暮らし

ている人たちは震災のことを考えてはいません。でも、少なくともまだ宮城で暮らしていた震災後の二年
間は、日本が変わると考えていたことを憶えています」。
ウワベ・セツコは、陸前高田の家族の土地に、息子、息子の妻、孫たちの家の隣に新築した家で暮らし
ている。庭の手入れをしたり、英語を勉強したりしながら、忙しくすることで夫のことを思い出さないよ
うに努めている。市は海を臨む丘に家を失った数百世帯の家を移転しようとしている。しかし斜面の林を
切り開き、整地して、区画割りをし、大きな建物をつくるなど、すべてのことにおいて、国や地方の役所
（権限が重複する）の許可が必要で、大事な時間が失われている。セツコは、震災以来人口が五千人にまで
減ってしまい、若い人たちが復興に確信がもてなくなっているのを残念に思っている。しかし、なにもか
も悪いというわけではないと言う。「人との繋がりは変わらず、絆はかえって強くなったように思います」。
ほかの多くの人と同じように、今度また災害が起こった時には、政府にもっと速やかな対応をしてほし
いとセツコは思う。安倍首相は先頭に立ってよく指揮を執ったと思う。しかし行政の対応は、現在の法律
だと手順を踏まなければならず、時間がかかった。今後、緊急時の法の整備が必要だ。自衛隊は阪神・淡
路大震災の経験を生かして、迅速に対応し、災害からの復旧に大いに活躍してくれた。近隣自治体やアメ
リカ軍など、直接的な、また後方からの支援によって大いに力づけられ、助けられた。改めて日本国内や
海外の人々との繋がりを強く意識させられた、とセツコは言う。

福島自体では、二〇一五年九月、原発の南十五キロにある楢葉町は、三基の原子炉のメルトダウンの後、
出された避難命令を県内で初めて解除した。町の再開を記念する式典で松本幸英町長は「止まっていた時
計が今カチカチと動き出しました」と述べた。政府の決定を説明して、経済産業副大臣の高木陽介は、帰

宅を希望する住人に避難を要求するほど汚染は危険ではないと語った。

しかし説明は現実とはいくぶん相反する。原発の北西にある大熊、富岡、双葉、浪江の各町の避難民について昨年実施した復興庁の調査では、帰還を望んでいる住人は五人に一人だということがわかった。何千人もの人がしぶしぶ別のところで暮らしてきたが、もし安全と宣言された自分の町に戻ることを拒めば、月々支給されている原発事故の補償金十万円が打ち切られるのではないかと心配している。彼らは帰還を勧められるというより、引き戻されるように感じている。

楢葉町はほとんどすべて国から資金を受けている。公費で建設されたショッピングセンターや新しい保育所があり、中学校は建設中だ。町の郊外にできる新しい工場は、壊れた原発で利用するロボットの設計とテストをすることを考えている。除染のチームが各家屋に——時には数度にわたって派遣されてきた。無料の線量計が帰還する住人に配布されている。地域の水道の濾過施設は一時間ごとに検査されていると、広報室長の猪狩祐介は言う。「この水は日本で一番安全です」と彼は言う。だが、いるべきはずの住民がいない。七千四百人の町の住人のうちで戻ったのは、二百人たらずだ。

第一原子力発電所により近い道路を数キロ進んだところは、まだコミュニティーに人は住めないと考えられている。線量の高い所に迷い込んだ時に備えて、地元の警官は胸に線量計をつけている。県内の数百ヵ所の畑に、地面から削り取った、汚染土壌の入った黒い百キロの袋が大量に積まれている。楢葉町だけで袋は五万八千になると広報室長の猪狩は言う。多くの地域住人は、袋に入った土が撤去されることには懐疑的だ。科学技術的に放射線のレベルが低くても、母親たちは子どもたちを遠ざけることを決めていると避難民の一人カナイ・ナオコは言う。

この仕事の目標は正常化である。楢葉町は福島以後の日本のモデルケースだ。「もし住人がここに戻らなかったら、どこの町でも戻らないだろう。だから、ものすごく責任を感じる」。だれもが福島がチェルノブイリと同じように見られるのを望まない。世界で最悪の原子力発電所の事故からほぼ三十年が過ぎたが、そこでは生活が停止している。学校の壁にはウラジーミル・レーニンのポスターが貼られたままで、まるで一九八〇年代半ばのソ連のスナップ写真を見ているかのようだ。

楢葉町の住人は原発事故を恨んでいるだろうか？「そんなことはない」と地域で料理店を経営しているワタナベ・セイジュンは言う。子どもの頃、夏の間は村で働いていたが、冬になると父親が東京に出稼ぎに行ったことを彼は思い出す。一九七〇年代に原子力発電ができて、多くの地域の人々に生活する収入を与えた。「事故のことで誰を責めることもできない」と彼は言った。「ただ前を見て、今の状態をよくするように努めるだけだ。他になにができるだろう？」

（デイヴィッド・マクニール記）

(7) ロイター通信「回遊マグロに微量のセシウム　米太平洋岸拡散に生物関与」朝日新聞（2012 年 5 月 29 日）、http://ajw.asahi.com/article/0311disaster/fukushima/AJ201205290016.

(8) 同前

(9) 食品における放射線量は、ヨウ素 131、セシウム 134 およびセシウム 137 元素における放射線の強さを基準としたベクレルによって評価される。これらを含む放射能物質から放出された放射線の核エネルギーによって、ヒトの細胞や DNA が損傷を受ける可能性がある。世界原子力協会によれば、長期間にわたり放射線にさらされることで白血病や癌に冒される危険性がある。http://www.world-nuclear.org/education/ral.htm 参照。乳幼児はより敏感である。

(10) 高田亜矢「日本の食物連鎖の脅威が拡散 福島原発事故で」Bloomberg（2011 年 7 月 25 日）、http://www.bloomberg.com /news/2011-07-24/threat-to-japanese-food-chain-multiplies-as-cesiumcontamination-spreads.html.

(11) キムラマキコ（彼女の息子は仙台市内の高校に通っている）、ルーシー・バーミンガムによるインタビュー（2012 年 6 月 3 日）

(12) 早野龍五によるパワーポイントプレゼンテーション "Internal contamination of Fukushima citizens: What we have learned from the recent whole body counter measurements," テンプル大学ジャパンキャンパス（2012 年 7 月 3 日）、http://www.slideshare.net/safecast/temple-u-20120703.

(13) 放射線用語に関する有用な情報は、William Post「放射線量の情報と概要」True North Reports.com（2011 年 3 月 21 日）、http://truenorthreports.com/facts-and-information-about-radiation-exposure を参照。; David L. Chandler「ラド（rad）、レム（rem）、シーベルト（sieverts）、ベクレル（ becquerels）の説明：放射線量の用語辞典」MIT News（2011 年 3 月 28 日）、http://web.mit.edu/newsoffice/2011/explained-radioactiv ity-0328.html.

(14) 内部被ばく調査委員会（CERRIE）2001 年 10 月から 2004 年 10 月の活動、http://www.cerrie.org /about.php

(15) 青木瑞穂「食の安全を第一に考える母親たち」ジャパンタイムズ（2012 年 1 月 4 日）、http://www.japantimes.co.jp/text/nn20120104f1.html.

(16) 影山優理「セシウムのない米を祈る 福島農家」ジャパンタイムズ（2012 年 6 月 1 日）、www.japantimes.co.jp/text/nn20120601f3.html.

(17) 同前

(18) 同前

(19) 共同通信「南海地震のシナリオ 脅威に晒された太平洋沿岸」ジャパンタイムズ（2012 年 4 月 1 日）、http://www.japantimes.co.jp/text/nn20120401a1.html.

(20) Tim Folger「波の前の静けさ」ナショナル・ジオグラフィック（2012 年 2 月）、71

(21) 同前

(22) 同前

ズ（2012年5月2日）、http://www.japantimes.co.jp/text/eo20120502a1.html.

(23) Huw Griffith「日本の首相: 福島に責任を負う人間がいない」AFP（2012年5月3日）http://www.google.com/hostednews/afp/article/ALeqM5ibUo1F9_HHBAR4-ZyT1Fv4PGzlKA?docId=CNG.ccbdca9c1d32e1a2e 21cc3ea00808e2f.191.

(24) 田淵広子「日本 赤字の原油輸入 価格の高騰」ニューヨークタイムズ（2012年1月24日）、www.nytimes.com/2012/01/25/business/global/rise-in-oil-imports-drives-a-rare-trade-deficit-in-japan.html. AP通信「夏にたちはだかるグリーンエネルギーの闇」ジャパンタイムズ（2012年5月10日）、http://www.japantimes.co.jp/text/nn20120 510f2.html; 共同通信「燃料輸入赤字約3兆円にのぼる」ジャパンタイムズ（2012年7月26日）、http://www.japantimes.co.jp/text/nb20120726a1.html.

(25) 赤坂憲雄によるインタビュー

(26) イトウノブヨシへのインタビュー（2012年1月12日）および時事通信「福島　自力での復興に温泉を検討」（2012年5月10日）、http://www.japantimes.co.jp/text/nn20120510f3.html も参照。

(27) ムラタヒデユキ「健全な森が東北のコミュニティ再建の鍵」（2012年4月3日）、http://ajw.asahi.com/article/0311disaster/opinion/AJ201204030019.

(28) 前掲 Pulvers 訳 p. 24

(29) 同前 Pulvers 訳「もうはたらくな」

エピローグ

(1) テラベクレルは放射能を表す単位。ベクレルはフランスの物理学者アントワーヌ・アンリ・ベクレル（1852–1908）にちなんで名付けられた。共同通信「2011年3月の福島メルトダウンにおいて900,000テラベクレル近い放射能物質の拡散が見積もられた:東電」ジャパンタイムズ（ 2012年5月25日）、http://www.japantimes.co.jp/text/nn20120525b6.html.

(2) 議論に有用な調査として、Matthew Penney および Mark Selden,「福島メルトダウンの値段は？チェルノブイリと福島の比較」アジア・パシフィックジャーナル 9、21号3巻（2011年5月23日）、http://japanfocus.org/-Mark-Selden/3535 参照。

(3) Shaun Burnie、松村昭雄、村田光平「最も高いリスク:福島第一原発4号機の放射能問題」アジア・パシフィックジャーナル 10、17号4巻、http://japanfocus.org/-Murata-Mitsuhei/3742.

(4) 共同通信「大飯町議会 原発再稼働を容認」ジャパンタイムズ（2012年5月15日）、http://www.japantimes.co.jp/text/nn20120515a1.html.

(5) 影山優理「大胆な議論を展開する核武装論者、エネルギー議論の中で」ジャパンタイムズ（2012年8月3日）、http://www.japantimes.co.jp/text/nn20120803f1.html（2012年8月20日アクセス）Burnie, 松村および村田「最も高いリスク:福島第一原発4号機の放射能問題」

(6) 前掲、Burnie, 松村および村田「最も高いリスク:福島第一原発4号機の放射能問題」

年 5 月 16 日)、http://www.nytimes.com/2012/05/16/opinion/cherry-blossoms-in-fukushima.html?_r=1.

(12) デイヴィッド・マクニール「日本、福島の広大な除染を公表」アイリッシュタイムズ(2011 年 9 月 29 日)、www.irishtimes.com/newspaper/world/2011/0929/1224304933758.html.

(13) 瀬川牧子「メディアが去った後：福島・自殺と 3.11 が残したもの」アジア・パシフィックジャーナル 10、19 号 2 巻(2012 年 5 月 7 日)

(14) 赤坂憲雄によるインタビュー(2012 年 5 月 9 日)

(15) 東京電力株式会社、賠償金請求書、個人さま用請求書類。東京電力広報部、永井義一と川又浩生への個人的なインタビュー(2012 年 1 月 13 日)

(16)「東電へ賠償請求 1 割のみ　対象 7 万世帯」読売新聞(2011 年 10 月 12 日)、デイリーヨミウリ(2011 年 10 月 31 日)、www.yomiuri.co.jp/dy/national/T111012005321.htm.

(17) ナガタ・カズアキ「被災地は忘れられている：市長」ジャパンタイムズ(2012 年 1 月 16 日)、www.japantimes.co.jp/text/nn20120116a3.html;「チェルノブイリから福島への教訓を学ぶ」におけるデイヴィッド・マクニールによる Tim Mousseau 教授へのインタビュー、CNNGO(2011 年 7 月 28 日)、www.cnngo.com/tokyo/life/learning-lessons-chernobyl-fukushima-645874;「南相馬市が賠償請求へ訴訟も視野に 東電の責任追及」福島民友新聞(2012 年 1 月 6 日)、www.minyu-net.com/news/news/0106/news9.html.

(18) また、予期せぬ災害についても何の規定もなされていない。例えば、汚染された石材が建築現場に使用され、県内に新しく建造されたマンションから放射線量が測定された場合などである。建物に住む家族は転居を余儀なくされ、建物は解体されることとなる。共同通信「新しいマンションの基礎に放射性物質」ジャパンタイムズ(2012 年 1 月 17 日)、http://www.japantimes.co.jp/text/nn20120117a1.html 参照。

(19)「第 38 回中期予報」(2011 年 12 月 2 日、p.3)、http://www.jcer.or.jp/eng/economic/medium.html. および「東電原賠機構に支援申請 6894 億円」朝日新聞(2011 年 12 月 27 日)、http://ajw.asahi.com/article/0311disaster/fukushima/AJ201112270013 および小堀龍之「福島第一原発事故処理費用『5.7 ~ 20 兆円』」朝日新聞(2011 年 6 月 1 日)、http://ajw.asahi.com/article/0311disaster/quake_tsunami/AJ201106010334　および日本経済研究センター「既存の原発が止まれば影響 10 年単位に」(2011 年 4 月 25 日、p. 11)、www.jcer.or.jp/eng /research/pdf/pe(iwata20110425) e.pdf.

(20) 岩田智博「セシウムは誰のものか～東京地裁の決定でわかった東電のトンデモ主張～」AERA および朝日新聞「プロメテウスの罠」(2011 年 11 月 24 日)、http://ajw.asahi .com/article/behind_news/social_affairs/AJ201111240030.

(21) H. T.「東電国有化：国家の権力」エコノミスト(2012 年 5 月 11 日)、www.economist.com/node/21554735.

(22) 経団連によって設立されたシンクタンクである 21 世紀政策研究所は、2012 年 5 月に大きな改革がなければ日本は先進国の立場から脱落すると警告した。レポートでは「何か行動を起こさなければ、日本が再び極東の小国となってしまうかもしれない」と報告している。Kevin Rafferty「経済自壊の招来」ジャパンタイムう看護師を提供してきた。しかし、看護師は心理カウンセリングを行うことまでは期待されていない。居住に当たっての質問や問題を手助けするため、2011 年の秋、仮設住宅の近くに初めてカウンセリングセンターが設置された。サトウ・マオは当時、カウンセリングセンター設置の目的が具体的でなく、カウンセラーたちは自分たちの役割が不明確であったと指摘している。彼女は NGO がカウンセリングの支援をすることが認められていれば住民の相談支援に役立っていたと強調する。

◆1 グリーフ・カウンセリング。人災や天災などによって悲劇的な状況にある犠牲者や喪失を体験した人に対してそうした突然の不幸から立ち直れるようにと提供される専門のカウンセリング

◆2 政府の調査「平成 23 年度版自殺対策白書」(23 年 6 月発表)。コラム 1 に「災害メンタルヘルス支援」と題し、注意を呼びかける。

第 10 章　東北魂

(1) 前掲『Strong in the rain: SelectedPoems』

(2) 警察庁の公式発表では、15,854 人が死亡、3,155 人が行方不明である。

(3) 「東北の漁業の復興」ジャパンタイムズ (2011 年 11 月 2 日)、http://www.japantimes.co.jp/text/ed20111102a2.html.

(4) 阿部庄一、相馬双葉漁業協同組合長への個人的なインタビュー (2011 年 8 月 19 日)。6 人の主人公へのインタビューは 2011 年から 2012 年にかけて繰り返し行われた。

(5) 前掲「東北の漁業の復興」

(6) Energy News「日本の原子力専門家：人類はまだフクシマのようなものは文字通り経験していない。「この放射線と数十年、あるいは数百年間戦うことになろう」(2012 年 5 月 11 日)、http://enenews.com/japan-nuclear-expert-humanity-as-whole-has-literally-never-experienced-something-like-fukushima-we-will-be-fighting-this-radiation-on-the-order-of-tens-or-hundreds-of-years-video (2012 年 8 月 19 日アクセス)

(7) 「福島第一：ANS 委員会報告」アメリカ原子力学会福島特別委員会 (2012 年 3 月、16 ページ)、http://fukushima.ans.org/report/Fukushima_report.pdf.

(8) 青木瑞穂「東北原子力災害避難者 安息の地をもとめて」ジャパンタイムズ (2012 年 3 月 8 日)、3.11 から 1 周年：特別報告、http://www.japantimes.co.jp/text/nn20120308f1.html. 国際放射線防護委員会によると、積算線量が 100 ミリシーベルトを越えると癌による死亡リスクが 0.5 パーセント上昇する。

(9) 共同通信「福島、10,000 人の母乳を安全検査」ジャパンタイムズ (2012 年 1 月 13 日)、www.japantimes.co.jp/text/nn20120113a4.html.

(10) デイヴィッド・マクニール「賠償金のための格闘：災害地域からの教訓」(グリーンピース「福島からの教訓」2012 年 2 月 28 日に掲載)、www.greenpeace.org/international/en/publications/Campaign-reports/Nuclear-reports/Lessons-from-Fukushima/.

(11) Nassrine Azimi「福島の桜」インターナショナル・ヘラルド・トリビューン (2012

tsunami /suicide-rates-in-japanese-region-most-effected-by-the-tsunami-and-nuclear -disasters-have-jumped/story-fn84naht-1226076940518; Rob Gilhooly、「東北大震災以降 自殺者数増大」ジャパンタイムズ（2011年6月23日）、http://www.japantimes.co.jp/text/nn20110623f1.html. さらに、遺体回収という困難な任務を帯びた自衛隊員の中でも自殺者が発生している。

(19) Alfons Deeken 神父、ルーシー・バーミンガムによるインタビュー（2012年4月16日）; Eriko Arita「牧師・哲学者が死を語る」ジャパンタイムズ（2011年9月4日）、http://www.japantimes.co.jp/text/fl20110904x1.html.

(20) Deeken インタビュー。敬虔なキリスト教徒であった亡き Deeken の妹は、天国で再び家族になりたいと思った。キリスト教の伝承によれば、故人の魂は神の国でもある天国に向かうとされ、生まれ変わりという考えはない。

(21) 協会は日本全国に40の支部を持っている。協会の3つの目的は、死についての教育を促すこと、ホスピスプログラムの作成と終末期医療の改善をすること、および愛する人を失った人々同士の相互支援グループを設立することである。

(22) 当時、日本にホスピスは一つしかなかった。現在では200を超えるホスピスが存在する。

(23) タチバナ・ユカリ、ルーシー・バーミンガムによるインタビュー（2012年2月19日）

(24) カンノ・トシナオ、ルーシー・バーミンガムによるインタビュー（2012年2月15日）

(25) プライバシー上の理由から、ここでの彼女の名前は仮名である。

(26) Rodrigo Treviño 師、ルーシー・バーミンガムによるインタビュー（2012年4月7日）

(27) ルーシー・バーミンガム「震災が日本の孤児の苦境を際立たせる」タイム（2011年7月10日）、http://www.time.com/time/world/article/0,8599,208 1820,00.html. 政府が孤児を支援する給付システムが設立された。孤児を育てる里親は親族ではなく保護者として見做され、親としての完全な法的権利を有していない。この状況を複雑にするのは、離婚の際に親権が問題となるからである。唯一、片親のみが親権を有することになる。

(28) Treviño 師は、現在日本の里親施設で暮らす95%の子どもたちには、片親もしくは両親が生存していることを指摘している。およそ半数は虐待のケースであり、日本が国連の子どもの権利条約に調印した1994年以降、劇的に増大した。日本には532の登録された養護施設がある。そのうち34施設が東北に所在し、約3分の1はカトリック教会が運営している。仙台に5ヵ所存在する養護施設のうち、La Salle Home はカトリック系の3つの施設のうちの一つである。

(29) ユニセフは「孤児」の定義として、片親もしくは両親を失った子ども、としている。 http://www.unicef.org/media/media_45279.html.

(30) イワモト・キク、ルーシー・バーミンガムによるインタビュー（2012年3月5日）。「カムフォート・フォー・キッズ」はブライト・ホライズン・ファミリー・ソリューションズと JP モルガン・チェースとの提携によって始められた。死別を経験した子どもたちや家族のための施設であるダギーセンターは、米国オレゴン州ポートランドにある非営利団体であり、本活動に参加している。

(31) サトウ・マオ、ルーシー・バーミンガムによるインタビュー（2012年3月1日）

(32) 地域の社会福祉事務所は定期的に仮設住宅を訪問し主に高齢者の健康診断を行

（7） 中田浩子「伝統作法と形式が深く混合した日本の葬式」ジャパンタイムズ（2009年7月28日）、http://www.japantimes.co.jp/print/nn200907 28i1.html.
（8） 仏壇と墓は、毎年のお盆の時期に冥界から故人の御霊をお迎えする場所である。お盆の行事はキリスト教における万霊節やメキシコの死者の日に似た習慣である。東北地方でお盆は7月15日に、他の地域では8月15日に行われる。
（9） 戒名の選択については議論の余地がある。寺院によっては戒名を名付けるために百万円以上の寄付を要請する場合がある。
（10） 青木新門、ルーシー・バーミンガムによるインタビュー（2012年3月26日）。2008年公開の滝田洋二郎監督による映画「おくりびと」がある。1984年公開の伊丹十三監督によるブラック・コメディ映画「お葬式」は日本の葬儀における明るい側面と暗い側面の双方をはっきりと映し出している
（11） 旧大日本帝国は、満州を1931年から第二次世界大戦の集結まで支配した。
（12） 青木新門、Coffinman: 仏教葬祭社雑誌（The Journal of a Buddhist Mortician）（アナハイム、カリフォルニア、仏教教育センター、2002）、pp78–79、p83。臨死体験において見るものや感情は、神秘や精神世界の立場からではなくむしろ「神経学的メカニズム」である脳の生理現象によって説明できるとする科学的な根拠が増えてきている。Dean MobbsとCaroline Wattは、「臨死体験については何ら異常なものではない。明るい光を見たり、死者とあったり、あるいは自身が死者の一人であると感じた経験は、神経科学によって説明がつくのである」と述べた。Trends in Cognitive Science 15, no. 10（2011年10月）; Charles Q. Choi,「心の平和：臨死体験に科学的根拠を発見」Scientific American, September 12, 2011. http://www.scientific american.com/article.cfm?id=peace-of-mind-near-death.
（13） Roger Pulvers訳『Strong in the rain: SelectedPoems』（宮沢賢治『雨ニモマケズ：詩選集』）（Northumberland, UK: Bloodaxe Books, 2007）、p46.（原書の英訳の出典）
（14） 伊藤真悟「身元不明遺体の遺骨をまもる住職」AFP時事（2012年3月9日）。日本における仏教徒の伝承では、遺体を回収することの重要性を強調している。もし遺体が家族のもとに戻れなければ、御霊はこの世界に閉じ込められると信じられてきた。震災の一周忌のときまでに約500名の遺体が回収されたが、3000人を超える人々がいまだ行方不明であった。
（15） 赤坂憲雄、ルーシー・バーミンガムによるインタビュー（2012年5月9日）。柳田國男（1875–1962）による1910年に発表された遠野地方のフォークロアをまとめた『遠野物語』は、東北地方における文化を理解する上で欠かせない文献である。Christopher A. Robins訳『New Tales of Tono』（井上ひさし『新釈 遠野物語』）（Portland, ME: Merwin Asia, 2012）, http://merwinasia.com/books/forthcoming/New_Tales_of_Tono.htmlについても参照されたい。日本のホラー映画のモチーフには、東北の昔話をベースとしたものもある。
（16） 前掲、中田浩子「伝統作法と形式が深く混合した日本の葬式」
（17） Paul Silverman牧師、ルーシー・バーミンガムによるインタビュー（2012年3月24日）
（18） Richard Lloyd Parry「津波や原子力災害による日本の自殺率の高まり」Australian（2011年6月17日）、http://www.theaustralian.com.au/in-depth/japan-

インド洋沿岸のインド、スリランカ、タイ王国、マレーシア、モルディブ、マダガスカル、ソマリアなど東南アジア全域に加え、東アフリカ等でも被害が発生した。被災地の多くが地震や津波に遭ったことのない地域であったため、津波に関する警報や注意があまりなされず、人的被害を拡大させた。ＵＳＧＳによれば、死者･行方不明者は合計で22万7898人。年末やクリスマス休暇のシーズンだったため、犠牲者には日本や欧米諸国などからの観光客も多数含まれている。 最も被害が大きかったインドネシアのアチェ州では独立を求める武装勢力と国軍の対立が続いていたため、被害状況の調査や救援活動にも支障が出た。軍事政権下にあるミャンマーや長年内戦が続いてきたソマリアでも、はっきりした被害状況はわかっていない。（ウィキペディアより）

◆4 貧困者向けの「小口金融」の総称。マイクロクレジット（小口融資）のほか、マイクロインシュアランス（小口保険）など、様々なサービスがある。特徴として、貧困緩和と事業収益の両方を追求していることが挙げられる。貧困者にお金を貸すことで、彼らの自立をサポートし、貧困の削減という社会的課題の解決に貢献できる。バングラデシュのグラミン銀行が有名。（ウィキペディアより）

第９章　出発

(1) 戸羽太陸前高田市長、ルーシー・バーミンガムによるインタビュー（2011年5月2日）

(2) セツコの家は陸前高田の丘の上にあり、津波による被害はなかった。しかし、本震とその後の余震によって家具が転倒し、その多くが損傷を受けた。

(3) 若林大介、関口陶子「冠水でも死者の葬式を行わなければならない」ウォール・ストリート・ジャーナル（2011年3月22日）、http://online.wsj.com /article/SB10001424052748703858404576214361499201024.html.

(4) 同前および時事通信「天皇皇后両陛下、葬儀の簡略化、火葬をお望み」ジャパンタイムズ（2012年4月27日）、http://www.japantimes.co.jp/text /nn20120427a3.html#.UA5AQmB30Xw. かつて葬祭業を営んでいた青木新門によると、日本のクリスチャンにとって火葬は珍しいことではない。

(5) 仏教が「公式に」日本に伝来したのは6世紀である。以来、葬式、死に関連した様々な儀式、墓地は仏式で行われてきた。神道は、山、大木、岩や島などの天と地の八百万の神々を祀る日本の土着の信仰である。多数の霊や神々を信仰し唯一絶対神を認めず、創始者や聖典が存在しないため、一般にいう宗教とは異なる。日本では子どもの誕生や結婚などの祝賀行事は神式で行われてきた。仏教寺院と神社は互いに隣接した位置にある場合が多く、相互補完してきた日本の慣行をよく表している。

(6) Tomoko A. Hosaka「日本、行方不明者の捜索に全力」AP通信（2011年4月26日）。日本の自衛隊は、警察、海上保安庁および米軍の支援を受けながら、震災発生後数カ月に渡って行方不明者の捜索を主導した。特定非営利活動法人である国際レスキューシステム研究機構が提供した2つの海底ロボットも使用された。行方不明者の捜索は、1年以上に渡って継続された。

www.japantimes.co.jp/text/nn20110314a5.html# .UAWqZ2B30Xw および伊藤聖美「各国から支援の申し出」ジャパンタイムズ（2011年3月31日）、http://www.japantimes.co.jp/text/nn20110331f2 .html#.UAWqxGB30Xw;「義援金5200億円；のべ93万人のボランティア」時事通信（2012年3月6日）

（12）渡辺謙が宮沢賢治の詩文『雨ニモマケズ』を朗読したビデオには英語の字幕があった。http://www.youtube.com/watch?v=iEdVR53lVk&feature=related;「アジアのアーティストが『雨ニモマケズ』を歌った、愛は国境を超える311のテーマソング」April 1, 2011. http://www.youtube.com/watch?v=1CCciATqpQ0; Sarah Berlow, "Cyndi Lauper: Trouper for Tohoku," Japan Real Time (blog of the Wall Street Journal), March 12, 2012, http://blogs.wsj.com /japanrealtime/2012/03/12/cyndi-lauper-trouper-for-tohoku/

（13）Sarajean Rossitto、ルーシー・バーミンガムによるインタビュー（2012年1月31日）。Sarajeanは日本の非営利団体組織はほとんど統一性がなく、ばらばらだと指摘し、一般に次に示す5つのカテゴリに分類する。（1）日本に拠点を置くNGO、（2）海外で活動を行う日本のNPO、（3）小規模な災害でボランティアを派遣する阪神・淡路大震災の後に設立されたNPO、（4）3月11日以降に活動を初めたボランティアグループ、および（5）企業の社会的責任や起業を支援する日本のNPOなどの社会の起業家グループ。

（14）このプロセスで影響を受けた都道府県、日本の省庁、日本赤十字社・赤い羽根共同募金・公益基金では、現金による義援金の受け入れも認められた。海外の赤十字社からの寄付もあった。義援金をどの程度正確に分配するかについては多くの議論が生じた。地方の震災による影響を評価する必要があった。19の都道府県という広大な地域をカバーする必要があったことは大きな挑戦であった。

（15）Randy Martin、ルーシー・バーミンガムによるインタビュー（2012年2月7日）

（16）Malka Older、ルーシー・バーミンガムによるインタビュー（2012年2月23日）

◆1 日本地震動物救援会（Japan Earthquake Animal Rescue and Support）は東日本大地震で被災した動物の救済・支援を目的に、日本を代表するノーキル（＝引き取った動物を殺処分しない）動物愛護ＮＰＯ３団体による協力の下、設立された。発起人は、David Wybenga and Susan Roberts of Japan Cat Network: Susan Mercer of HEART-Tokushima: Isabella Gallaon-Aoki of Animal Friends Niigata. 被災地より保護された動物の写真やデータをホームページに掲載。「一時預かり」や「里親」を募集し、飼い主が見つかった場合は戻すという活動を行っている。（ホームページより）

◆2 アークは非営利、非政治の私設団体であり、1990年、現在のアーク代表エリザベス・オリバーによって設立。オリバーはイギリスから英語の教師として来日。傷ついた動物たちを見て救助にあたっていた。1995年の阪神淡路大震災があった1年間、600匹を越える被災地から来た動物に対応した。マスコミを通してアークの存在が日本中に広まり設備も整うようになった。2008年にはRSPCA（英国王立動物虐待防止協会）の協会員として日本で初めて認定された。（ホームページより）

◆3 2004年12月26日にインドネシア西部、スマトラ島北西沖のインド洋で発生したマグニチュード9.1の地震である。大津波が発生し、インドネシアのみならず、

第８章　助けて、お願い！

(1)　Alex Martin「軍隊による支援が新たなる評価を得ている」ジャパンタイムズ（2011 年 4 月 15 日）、http://www.japantimes.co.jp/text/nn20110415f1.html#.UAWpT2B30Xw.
(2)　高橋浩祐「日米関係の不祥事とひずみ」アジアタイムズ(2011 年 3 月 12 日)、http://www.atimes.com/atimes/Japan/MC12Dh01.html.
(3)　Ian Sample「日本の地震と津波：何がどのようにして起きたのか」ガーディアン（2011 年 3 月 11 日）、http://www.guardian.co.uk/world/2011 /mar/11/japan-earthquake-tsunami-questions-answers; Francie Diep「日本の津波と地震の概要」Scientific American(2011 年 3 月 14 日)、http://www.scientificamerican.com/article.cfm?id=fast-facts-japan.
(4)　第 31 海兵遠征部隊は沖縄県に所在するアメリカ海兵隊の即応部隊である。Karl Hendler 中尉および Kevin Miller 伍長、ルーシー・バーミンガムによるインタビュー（2011 年 5 月）
(5)　Karl Hendler 中尉、Kevin Miller 伍長と Caleb Eames 大尉、ルーシー・バーミンガムによるインタビュー（2011 年 5 月）
(6)　キクタ・レイコ（母）とワタル（息子）、ルーシー・バーミンガムによるインタビュー（2012 年 1 月 13 日）
(7)　Eric Johnston「大きな成功を収めたトモダチ作戦。その成功はただの一回きりなのか」ジャパンタイムズ（2012 年 3 月 3 日)、http://www.japantimes.co.jp/text/nn 20120303f1.html; ジョン・ルース駐日米大使、ルーシー・バーミンガムによるインタビュー（2012 年 2 月 22 日）
(8)　Johnston「トモダチ作戦大成功」地震発生当時、原子力技術者である Carl Pillitteri のほか、38 名のアメリカ人が福島第一原発にいた。事故の 1 年後、PBS のニュース番組で彼の壮絶な経験が語られた：「福島の生存者：『この 1 年間、笑顔になることができなかった』」YouTube video, 6:38, “PBSNewsHour” による投稿（2012 年 3 月 9 日）、http://www.youtube.com/watch?v=qt4 TvT83PJw &feature=relmfu.
(9)　ジョー・バイデン米副大統領の仙台空港における演説（2011 年 3 月 23 日）、http://www.whitehouse.gov/the-press-office/2011/08/23 /remarks-vice-president-biden-sendai-airport および「米軍のトモダチ作戦による支援活動は真の友情だろうか？（Japan Today)」Finance GreenWatch（2011 年 4 月 24 日）http://financegreenwatch.org/?p=844.
(10)　Chalmers Johnson “Tomgram: Chalmers Johnson on Imperial Rights” TomDispatch.com（チャルマーズ・ジョンソン、アメリカ帝国の権利について語る）（2003 年 12 月 5 日）、http://www.tomdispatch.com/post /1112/; デイヴィッド・マクニール「日米、沖縄駐留米軍の撤収に合意」アイリッシュタイムズ（2012 年 4 月 28 日 ）、http://www.irishtimes.com/newspaper/world/ 2012/0428/1224315293728.html.
(11)　伊藤聖美「各国の救援隊が救いの手」ジャパンタイムズ（2011 年 3 月 14 日）、http://

(26) 神保哲生によるインタビュー（2011 年 9 月 16 日）。日本の主要新聞とキー局は当初「メルトダウン（全炉心溶融）」を使わず、多くの議論の末に得た結論である「部分的溶融」という用語を用いることに合意した。福島第一原発の 3 つの原子炉内にあるプルトニウム燃料に対する日本のメディアが非常に小さく取り上げていることに気づかれるであろう。

(27) Richard Lloyd Parry によるインタビュー（2011 年 10 月 6 日）

(28)「福島原子力発電所避難区域内レポート」Youtube ビデオ 12:05、"Videonewscom" による投稿（2011 年 4 月 6 日）http://www.youtube.com/watch?v=yp9iJ3pPuL8.

(29) 神保哲生、デイヴィッド・マクニールによるインタビュー（2011 年 12 月）

第 7 章　フライ人

(1) CBS 60minutes エピソード「日本の大災害」は 2011 年 3 月 20 日に放映された。http://www.cbsnews.com/video/watch/?id=7360240n.

(2) 在東京米国大使館報道室による確認（2012 年 8 月 24 日）。

(3) 同前。在東京米国大使館報道室は乗客に運賃が請求されたことを否定しなかった。

(4) John Roos アメリカ駐日大使、ルーシー・バーミンガムによるインタビュー（2012 年 2 月 22 日）

(5) Steven Mufson「NRC（アメリカ原子力規制委員会）福島報告は切迫した事態と混乱を伝える」ワシントン・ポスト（2012 年 2 月 22 日）、http://www.washington post.com/business/economy/nrc-fukushima-transcripts-show-urgency -confusion-early-on/2012/02/21/gIQAkPTFSR_story.html; Brian Wingfield and Jim Efstathiou Jr.「広がる福島を支援する米国人の避難民 NCR 報告」Bloomberg News,（2012 年 2 月 24 日）、http://www .businessweek.com/news/2012-02-24/wider-u-s-evacuation-at-fukushima -supported-in-nrc-transcripts.html; アメリカ原子力規制委員会,「日本の原子力事故への対応行動：パブリックミーティング / 説明」2012, http://www.nrc.gov/reactors/operating/ops-experience /japan/japan-meeting-briefing.html; SimplyInfo「NRC 福島報告」（2012 年 2 月 22 日）http://www.simplyinfo.org/?page_id=5016.

(6) 記録は、AP 通信および他の報道機関による情報開示法に基づく請求に応じて、2012 年 2 月 21 日に NRC によって公表された。3000 ページに及ぶ記録には、3 月 11 日から 20 日に渡る会話が含まれている。3 月 12 日の 16 ページに渡る会話を含め、多くの部分に手が加えられている。米国の原子力専門家は福嶋事故からの教訓について議論を行った。その後、NRC は福島のものに似た 104 の商業用原子炉について焦点を当て、米国の発電所に多くの安全対策を追加承認した。

(7) David Jolly and Denise Grady「東京の水道水に対する警告」ニューヨークタイムズ（2012 年 3 月 23 日）http://www.nytimes .com/2011/03/24/world/asia/24japan.html?pagewanted=all.

(8) 共同通信「国際的な移住者が震災で日本に足止めされた外国人を支援」ジャパンタイムズ（2012 年 3 月 27 日）

(15) 前掲、広瀬隆『福島原発メルトダウン：世界で最初の地震による津波での原子力災害』。本件が示唆することは、メディアが完全に原子力について無視していたわけではなく、バランスの取れた議論に対して反対の方向へ意見が大きく傾斜していたことを示している。

(16) その時までに、海外勢とフリーランスの記者が町を見ていた（3月18日のフランス通信社が一番乗りであった）。

(17) 前掲、デイヴィッド・マクニール「原子力推進派の学者　日本の産業界の代弁者として非難される」

(18) Ellis Krauss（カリフォルニア大学教授、日本政治学・政策分野）Chico Harlanによるワシントン・ポストでの引用「日本では災害報道は規制されている。息をしていない。緊迫感すらない」（2011年3月28日）http://www.washingtonpost.com/lifestyle/style/in-japan-disaster -coverage-is-measured-not-breathless/2011/03/26/AFMmfxlB_story.html.

(19)「検証：東日本大震災とメディア」Galac（ぎゃらく）（2011年10月）

(20) 同前

(21) M. Fackler「世界に反響する日本の町の叫び」ニューヨークタイムズ（2011年4月6日）および デイヴィッド・マクニール「福島原子力災害後、生存のための戦いに奮闘する町」アイリッシュタイムズ（2011年4月9日）

(22) 増山智によるインタビュー（2011年11月24日）、「原発取材の厚い壁」朝日新聞（2011年7月12日）、http://ajw.asahi.com/article/0311disaster/analysis/AJ201107134358.

(23)「危険地帯の内側」Daily Beast（2011年4月3日）、http://www.thedailybeast.com/newsweek/2011/04/03/inside-the-danger-zone.html;「恐怖と荒廃　日本の原子力災害地域への道」Independent（2011年3月26日）、http://www.independent.co.uk/news/world /asia/fear-and-devastation-on-the-road-to-japans-nuclear-disaster-zone -2253509.html;「傷ついた日本の核の怪獣の影で」アイリッシュタイムズ（2011年3月28日）、http://www.irishtimes.com/newspaper/world /2011/0328/1224293221947.html;「報道の障壁」朝日新聞、佐藤慶一、朝日新聞によるインタビュー（2011年11月28日）

(24) Jochen Legewie,「日本のメディア：黒幕の内面と外面」（東京:Communications and Network Consulting Japan, 2010）、http://www.cnc-communications.com/fileadmin/user_upload/Publications/2010_03_Japans_Media_Booklet_2nd_Ed_JL.pdf]; 有田えり子、「高まる反対の声」、ジャパンタイムズ、http://www.japantimes.co.jp/text/fl20111002x1.html。本書の執筆中、カメラや光学機器メーカーであるオリンパスの損失隠しに関するスクープが完全に流出した。スキャンダルは、かつて日本経済新聞社で証券業界の腐敗を押さえた阿部重夫が編集長を務めるFACTA誌によって明るみとなった。デイヴィッド・マクニールによる2011年12月の個人的インタビューで、阿部は「日本の新聞が捜査報告することはない」と語った。

(25) Freeman「情報カルテルとしての日本の記者クラブ」、デイヴィッド・マクニール「日本のジャーナリズムが崩壊しつつある」外国特派員協会（2010年3月17日）http://www.fccj.or.jp/node/5491.

第6章　世界に伝える

(1)「Sun」誌の元記事は、http://www.thesun.co.uk/sol /homepage/news/3473142/My-nightmare-trapped-in-post-tsunami-Tokyo-City-of-Ghosts.html を参照。「恥の壁のジャーナリスト」については、http://www .jpquake.info/home を参照。さらに、デイヴィッド・マクニール「扇動的な報道」アイリッシュタイムズ（2011年3月19日）、http://www.irishtimes.com/newspaper/world/2011/0319/1224292611835.html も参照

(2)「報道チェック」朝日新聞（2011年4月9日）枝野官房長官は海外メディアの福島関連報道を批判した。「ブレード」は1日あたりの発行部数168,000部である。

(3) 横田孝、山田敏弘「そのとき、記者は……逃げた」ニューズウィーク日本版（2011年4月5日）。英語版は"Foreign Media Create Secondary Disaster（外国メディアによる二次災害）" No. 1 Shimbun, June 2011, http://www.fccj.ne.jp/no1/issue/pdf/June_2011.pdf として掲載。

(4) Mariko Sanchanta「日本のメディアと海外メディアの間に拡がる溝」ウォール・ストリート・ジャーナル（2011年3月19日）、http://online.wsj.com/article/SB10001424052748703512404576209043550725356.html? mod=WSJAsia.

(5) 前掲「Sun」誌「恥の壁のジャーナリスト」およびデイヴィッド・マクニール「扇動的な報道」アイリッシュタイムズ

(6) Jeff Kingston、デイヴィッド・マクニールによるインタビュー（2011年3月21日）

(7)「『放射能が来る』の表紙に批判、アエラが謝罪」読売新聞（2011年3月21日）、http://www.yomiuri.co.jp/national/news/20110320-OYT1T00786htm.

(8) 週刊新潮は東電の経営陣を「戦犯」と呼んだ。週刊現代は原子力災害において非難されるべき日本のエリート原子力科学者たちを皮肉を込めて「御用学者」、「トンチンカン」と呼んだ。

(9) Laurie A. Freeman「情報カルテルとしての日本の記者クラブ」（研究紀要No. 18、日本政策研究所、サンフランシスコ大学環太平洋センター、1996年4月）http://www.jpri.org /publications/workingpapers/wp18.html.

(10)「タイムアウト誌は東電が目の敵にしているこのジャーナリストに出会った」（2011年4月3日）。上杉隆の個人ウェブサイトに再投稿された。http://uesugitakashi.com/?p=677.

(11) M. 脇山とのインタビュー。「メディアは東電の代弁者だ」No. 1 Shimbun（2011年6月）、http://www.fccj.ne.jp/no1/issue /pdf/June_2011.pdf。

(12) http://www.nikkei-koken.com/（2011年10月3日）、デイヴィッド・マクニールによる日経広告研究所との個人的なインタビュー（2012年7月25日）

(13) 詳細については、小泉哲郎「『原発推進PR作戦』の一読三嘆」（『大震災・原発事故とメディア』メディア総合研究所（大月書店、2011年所載）参照。

(14) 週刊現代によると、東電は朝日新聞に掲載した広告に約2600万ドルを費やした。東電の季刊誌「SOLA」は元朝日新聞記者によって編纂されていた。「スクープレポート メディア 最大のタブー 東電マネーと 朝日新聞」週刊現代（2011年8月22日）

(8) 第二次世界大戦後、天皇崇拝を強要した天皇制は廃止され、昭和天皇の憲法的役割も変わったが、依然として君主を崇拝する者も存在したため、天皇（昭和天皇の息子）が街を去ったという噂は人々を不安にさせた。

(9) 竿白真一「天皇陛下、国民へむけて前例のない言葉」ロイター（2011年3月16日 ）、http://www.reuters.com/article/2011/03/16/us-japan-quake-emperor-idUSTRE72F23520110316（2012年8月19日アクセス）

(10) John M. Glionna「原発事故における放射能リスクに直面する日本の原発避難民」ロサンゼルスタイムズ（2011年12月4日）、http://articles .latimes.com/2011/dec/04/world/la-fg-japan-nuclear-gypsies-20111204.

(11) デイヴィッド・マクニール「原子力発電所における死の恐怖の中で支給される高額の賃金」インディペンデント（2011年3月30日）、http://www.independent.co.uk/news/world/asia/suicide-squads-paid-huge-sums-amid-fresh-fears -for-nuclear-site-2256741.html; Paul Jobin,「東電のために死ぬの？ 福島原子力契約労働者」アジア・パシフィックジャーナル 9,18巻3号（2011年5月3日）、http://japanfocus.org/-Paul-Jobin/3523; および Jake Adelstein and Stephanie Nakajima「東電：誰が電気を消すか？」アトランティックワイア（2011年6月28日）、http://www.theatlanticwire.com /global/2011/06/tepco-will-someone-turn-lights/39364/.

(12) 塩崎彰久、Craig Dale によるインタビュー、Canadian Broadcasting Corporation（2012年3月）および朝日新聞「福島原発事故で露呈された政府の欠陥」（2012年2月29日）。朝日新聞元主筆 船橋洋一氏へのインタビュー。「彼（菅首相）は細かいことをききはしたが、危機のもっとも重大な局面において政府のすべきこと、そのときどのような決断をすべきかはわかっていた。その時点では菅首相は正しかった」http://ajw.asahi.com/article/0311disaster/fukushima/AJ201202290078（2012年8月20日アクセス）

(13) 国会「東京電力福島原子力発電所事故調査委員会報告書」英語版 Executive Summary（2012年、33ページ）

(14) デイヴィッド・マクニール「公にされなかった東京都民の緊急避難計画」アイリッシュタイムズ（2012年1月27日）、http://www.irishtimes.com/newspaper/world/2012 /0127/1224310807601.html。

(15)「枝野氏 東電（TEPCO）、原子力安全・保安院（NISA）に不信感を示す」デイリーヨミウリ（2012年5月29日）、http://www.yomiuri.co.jp/dy/national/T120528003609.htm.

(16) 本郷淳「深刻な福島第一原発避難計画、不鮮明な映像から」ジャパンタイムズ（2012年8月8日）、http://www.japantimes.co.jp/text/nn20120808a2.html（2012年8月20日アクセス）

(17) 同前

◆1「民間事故調査報告書」によると、吉田昌郎所長は政府首脳に興奮した様子で電話をかけ、「作業員を現場に留めることができるなら発電所を制御下に置くことができる」と言い切っている。その一方で清水正孝東電社長は「東電は作業員を撤退させるべきで、事態は破局に向かうだろう」という合い矛盾する電話をかけている。

（2011年、Kindle版）より引用。「ほとんどのメディアは大学教授の楽観的な主張を信頼していた。枝野氏が述べたような、格納容器の安全性は放射線量を監視することによって保証できると言うのは、論理的な裏付けの無いものだった。彼の発言は、東電が枝野氏に行ったレクチャーを繰り返したものだった。」メディア評論家の武田徹が後に書いたように、当局と大手メディアの両方が危機の際に行ったことは、人々に潜在的な危険を警告することではなく、人々を安心させることであった。

（17）その後、日本政府は、1986年のウクライナの災害と同じく、福島の原発事故を正式にINES（国際原子力事象評価尺度）レベル7に引き上げた。

（18）BBC『メルトダウンの内面』Dan Edge 監督（2012年2月23日放送）、デイヴィッド・マクニールは本ドキュメンタリーでコンサルタントを務めた。

第5章　天皇の言葉

（1）デイヴィッド・マクニール「空から落ちてくる夜の地獄」ジャパンフォーカス（2005年3月10日）、http://www.japanfocus.org/site/view/1581 参照。

（2）「炉心溶融「紙一重だった」 福島第二原発所長語る」読売新聞（2012年2月9日）、デイリーヨミウリ（2012年2月10日）http://www.yomiuri.co.jp/dy/national/T120209007089.htm; 日本再建イニシアティブ、福島原発事故独立検証委員会調査・検証報告書、2012; Nartin Fackler、「原子力危機の中、東京は東京の避難場所を検討した」ニューヨークタイムズ（2012年2月27日）、http://www.nytimes.com/2012/02/28/world/asia/japan-considered-tokyo-evacuation-during-the-nuclear-crisis-report-says.html?_r=1.

（3）声明は英国大使館のウェブサイトから削除されたが、引用すると「3月11日の大震災の余震と津波による被害を考慮し、東京および東北地方のすべての地域への不必要な旅行を延期することを勧告します。福島の原子力施設の悪化状況、物資、輸送、通信、電力などのインフラ施設の潜在的な混乱があることから、現在東京および東京より北に滞在するすべての英国人は、その地域を離れることを検討してください」デイヴィッド・マクニール（2012年8月21日）、英国大使館とのEmailおよび電話によるやりとり。

（4）主張は、アメリカ国務省の日本デスクの元理事であったKevin Macheによって日本でのみ出版された本の中で展開されている。別の問題で解雇されたMacherは、彼がこの計画に反対したと主張する。ケビン・メア『決断できない日本』（文春新書、2011年）参照。

（5）前掲「炉心溶融「紙一重だった」 福島第二原発所長語る」

（6）3月15日朝の出来事は、2012年4月6日の個人的なインタビューおよび後に公開された東京電力の記録を含む資料から再現された。「菅首相、東電へ福島第一からの撤退を認めないことを伝達」ジャパンタイムズ（2012年3月16日）、http://www.japantimes.co.jp/text /nn20120316a3.html 参照。

（7）同前。および菅直人へのデイヴィッド・マクニールによるインタビュー（2012年4月6日）

トニウムの拡散と甚大な健康被害と脅威を与えていただろう」と指摘した。

(4) 「過去3500年にあった7つのマグニチュード9」共同通信（2012年1月27日）

(5) 共同通信「3・11以前 津波の警戒態勢が骨抜きにされた日」ジャパンタイムズ（2012年1月27日）

(6) 「遅すぎた津波リスクの見直し」AP通信（2012年2月22日）決定的な警告はすでに2009年に行われていた。同年6月の原子力政策に関するパネル会合において、岡村行信（政府産業技術総合研究所）は、869年に東北地方を襲った貞観地震と津波の新たな証拠をより綿密に考慮するべきであると主張し、「なぜこれに触れていないのか、質問したいと思う」と要求し、「それは容認できないと思う」と述べた。

(7) 2012年3月27日のデイヴィッド・マクニールのインタビューで、河合弘之氏は「もし『原子力発電所』が日本に建設されなければならないのであれば、それが稼働する際には細心の注意を払わなければならない。福島のケースではその注意が払われなかった。TEPCOは防波堤を1センチも上げなかった。それは犯罪的な怠慢である」と述べた。

(8) デイヴィッド・マクニール、オオタニ・ナナコ、「最悪の日が来るまで：世界で最も危険な原子力発電所の隣に住んで」アジア・パシフィックジャーナル9、19号2巻（2011年5月9日）、http://www.japanfocus.org/site /view/3527.

(9) 唯一残った1つの発電機は、稼働中の5号機と6号機の原子炉をメルトダウンから救ったことが後に明らかとなった。発電機は海抜約13メートルにあった。

(10) デイヴィッド・マクニール、Jake Adelstein「東電の最も暗い秘密」Counter Punch（2011年8月12～14日）、http://www.counterpunch.org/2011/08/12 /tepcos-darkest-secret/ 参照

(11) 朝日新聞「官邸内分断深刻　5階と地下　流れぬ情報」(2012年12月27日)、同 Panel: Wide comunication gaps hindered response in Fukushima. http://ajw.asahi.com/article/behind_news/politics/AJ201112270046.

(12) 山口真理「原発事故からの避難は高齢者や病人には深刻」AP通信（2012年3月10日）、「原発災害関連死573人以上」読売新聞（ 2012年2月5日）http://www.yomiuri.co.jp/dy/national/T120204003191.htm.

(13) 大西哲光、Martin Fackler「避難において生かされなかった日本の放射能物質データ」ニューヨークタイムズ（2011年8月8日）、http://www .nytimes.com/2011/08/09/world/asia/09japan.html 参照。 SPEEDIシステムは現在オンラインで提供されている。http://www.bousai.ne.jp/eng/.

(14) Mark Willacy「『放射線による危機』で裏切られた日本の市民」ABSニュース（2012年1月20日　）、http://www.abc.net.au/news/2012-01-19/japan-delayed-radiation-details/3782110.

(15) 菅直人、デイヴィッド・マクニールによるインタビュー（2012年4月6日）。「日本の原発のメルトダウンの内幕」Frontline PBS（2012年2月28日）、http://www.pbs.org/wgbh/pages/frontline/health-science-technology/japans -nuclear-meltdown/naoto-kan-japan-was-invaded-by-an-invisible-enemy/ も参照されたい。

(16) 広瀬隆『福島原発メルトダウン：世界で最初の地震による津波での原子力災害』

第3章　水門を閉めろ

(1) 大西哲光「防潮堤は津波をほとんど防げなかった」ニューヨークタイムズ（2011年3月13日）、http://www.nytimes.com/2011/03/14/world/asia/14seawalls.html?pagewanted=all.
(2) フルマ・タケヒロ、ルーシー・バーミンガムによるインタビュー（2012年2月15日）
(3) すべての円／ドル換算は2012年5月～6月によるものである。
(4) 和村幸得『貧乏との戦い四十年』（回想録）（自費出版・1988年）2002年
(5) ミチシマ・シゲタダ、ルーシー・バーミンガムによるインタビュー（2012年2月15日）
(6) 大西哲光「日本は防御に失敗した防潮堤を復活させる」ニューヨークタイムズ（2011年11月2日）、http://www.nytimes.com/2011/11/03/world /asia/japan-revives-a-sea-barrier-that-failed-to-hold.html?pagewanted =all.
(7) 同前
(8) 釜石市による確認（2012年3月29日現在）
(9) 前掲、大西哲光「日本は防御に失敗した防潮堤を復活させる」
(10) Danielle Demetriou「津波から1年：陸前高田——地図から抹消された地——を再訪する」Telegraph（2012年3月10日）、http:// www.telegraph.co.uk/news/worldnews/asia/japan/9134474/Japan-tsunami-anniversary-revisiting-Rikuzentakata-the-town-wiped-off-the-map. html.
(11) 陸前高田町による確認（2012年4月5日現在）
(12) Rob Gilhooly「東北の海に浮かぶ島の要塞」ジャパンタイムズ（2012年3月6日）
(13) Naomi R. Pollock「釜石市提案：伊東豊雄建築設計事務所」Architectural Record（2012年3月）、http://archrecord. construction.com/features/humanitarianDesign/Japan/Kamaishi-City-Proposal.asp.

第4章　メルトダウン

(1) NHKスペシャル「メルトダウン——福島第一原発あの時何が」（2012年1月に繰り返し放送）
(2) 「福島第一：ANS委員会報告」アメリカ原子力学会福島特別委員会（2012年3月、28ページ）、http://fukushima.ans.org/report/Fukushima_report.pdf.
(3) デイヴィッド・マクニール「佐藤栄佐久の警告」ジャパンフォーカス（2011年4月23日）、http://www.japanfocus.org/events/view/79.　佐藤は、原子力政策に反対したために、収賄の容疑をかけられて、地位を御合れたと自著で主張した『知事抹殺　つくられた福島県汚職事件』（平凡社、2009年）参照。彼と福島の地元の人々は、専門家が言う3月11日の災害を悪化させる可能性があったTEPCOの計画を阻止した。十年前、TEPCOは数百トンのプルトニウムを含む混合酸化物燃料を搬入することを提案した。仮にこの計画が実現していたら、核燃料をめぐる問題はより深刻になっていた可能性があった。原子力の独立のアナリストであるShaun Burnieは2012年3月の個人メールのやり取りの中で、「広範囲かつ大規模なプルれた入江のことである。通常山脈状の険しい海岸線を形成し、幅の広い漏斗型の形状をなす。リアス式海岸は湾の奥に行くに従って幅が狭く、湾口部が深いので、潮位および波のエネルギーを増大させることがある。

(11) 中尾政之「明治三陸津波」失敗知識データベースプロジェクト、文部科学省(2005 年 3 月)、http://www.sozogaku.com/fkd/en/cfen/CA1000616.html; アメリカ地質調査所 (USGS)、歴史上の地震、日本・三陸、1933 年 3 月 2 日 17:31 UTC、マグニチュード 8.4、http://earthquake.usgs.gov/earthquakes/world /events/1933_03_02.php.

(12) 共同通信「百カ所以上の指定避難所が津波の被害」(2011 年 4 月 14 日)、http://www.japantimes.co.jp/text /nn20110414a4.html.

(13) 気象庁「地震·津波および火山の活動監視状況」(2012 年 3 月 20 日アクセス)、読売新聞「列島再生　災害に強い国土　後編 4　津波観測　宇宙から海底から」(2012 年 1 月 17 日)、同デイリーヨミウリ (2012 年 2 月 3 日)、http://www.yomiuri .co.jp/dy/national/T120202007018.htm. これに対応する形で、日本政府は現在、直接の津波観測と波高予測を可能とする「緊急津波警報システム」を開発中である。

(14) 神谷説子「防災訓練によって災害から身を守る子どもたち」ジャパンタイムズ(2011 年 6 月 4 日)

(15) 同前

(16) 同前

(17) 同前

(18) 津波の可能性を予見するため、主に 3 つの情報収集手段がある。1 つは歴史上に発生した津波の履歴を調査すること、2 つ目は大地震と津波によって形成された堆積物から地質学的な調査によって年代を特定すること、3 つ目は世界中の潜在的に発生しうる大地震や地すべりから津波のコンピュータシミュレーションを実施することである。米国地質調査所「ここで何が起きるか？」USGS (2011 年 10 月 31 日)、http://earthquake.usgs.gov/learn/topics/canit.php.

(19) Michael Welland「無視された津波の記録：怠慢か、自己満足か、あるいは人間の性か？」Through the Sandglass (ブログ、2011 年 3 月 22 日)、http://throughthesandglass.typepad.com/through_the_sandglass/2011 /03/ignoring-tsunami-records-hubris-complacency-or-just-human-nature .html.

(20) 吉田玲滋「869 年東北津波との類似性の衝撃」ジャパンタイムズ (2012 年 3 月 11 日)

(21) Daily Mail Reporter「日本の小さな村を津波の大災厄から守った神秘の石」Mail Online (2011 年 4 月 21 日)、http://www.dailymail.co.uk/news/article-1379242/Japan -tsunami-Mystic-stone-tides-highest-point-saved-Aneyoshi-deadly-wave .html. 過去の日本の最大の津波の高さは、1896 年の明治三陸地震津波で岩手県大船渡市の付近で記録された 38.2 メートルであった。

(22) NHK スペシャル (2011 年 3 月 12 日 14:25) UTC 放送。

(23) Zachary Cohen「日本の津波が南極の氷棚を破壊した」News Feed, Time.com (2011 年 8 月 10 日)、http://newsfeed.time.com /2011/08/10/scientists-japans-tsunami-broke-off-chunks-of-antarctica/.

(5) デイヴィッド･マクニール「原子力推進派の学者　日本の産業界の代弁者として非難される」Chronicle of Higher Education（2011年7月24日）、http:// chctruoanl Jiacplaen.cesoemch/arratcitecrlse/Pro-Nuclear-Professors-Are/128382/. および最も早く学術的な立場から告発した人物の1人である小出裕章は、彼の原子力に対する反対意見によって10年間も助教の地位に留められた。『原発のウソ』（扶桑社、2011年）参照。
(6) アメリカ原子力学会 “Fukushima Daiichi: ANS Committee Report”（2012年3月28日）
(7) デイヴィッド・マクニール「揺さぶられた炉心：新潟地震により崩壊した日本の原子力プログラム」Japan Focus（2007年8月1日）、http://japanfocus.org/ -David-McNeill/2487.

第2章　津波

(1) 東松島町は航空自衛隊の戦闘機操縦士の訓練場である松島基地で知られている。津波によって松島基地は水没し、訓練用に配備されていた18機のF-2Bジェット戦闘機が破壊された。
(2) 共同通信「フランスへ、日本の町、世界は彼らの牡蠣を」ジャパンタイムズ（Japan Times）（2012年5月2日）
(3) Bruce Parker『海の力（The Power of the Sea）』（米･ニューヨーク:Palgrave Macmillan, 2010、151–152）
(4) 同前
(5) 同前。「津波」という単語は1600年代より使用されており、「港の波」を意味する日本の漁師の言葉から来ている。沖合で操業中の漁師たちは、津波が漁船の下を通過するのがわからいない。戻ってきて、港が破壊されているのを知った。深い海中を進む津波は、振幅が高くないことから気づかなかったからである。さらに、津波は長い波長を持つことから上下運動が非常に遅いことも、検出を困難にしている。津波は、海上でサーファーが波乗りするような、暴風が引き起こす高いピークを持つ波とは全く異なるものである。
(6) 720年に編纂された『日本書紀（または日本紀）』は日本で2番めに古い正史である。最古の正史は『古事記』とされ、711年編纂とされる。
(7) National Geographic Society「津波：殺し屋の波」National Geographic（2012年5月5日アクセス）、http://environment.nationalgeographic .com/environment/natural-disasters/tsunami-profile.
(8) Beth Rowen and Catherine McNiff「2011年日本の津波: 地震で引き起こされた波が広域の破壊をもたらした」Infoplease,（2012年5月5日アクセス）、http://www.infoplease.com/science/weather/japan-tsunami-2011.html#ixzz1tzQvGLmk.
(9) Aislinn Laing「日本地震：原因はなにか？」Telegraph（2011年3月11日）、http://www.telegraph.co.uk/news/worldnews/asia/japan/8375788/Japan-earthquake-what-causes-them.html.
(10) リアス式海岸とは海水面の上昇や谷の沈下に伴う河川系の沈降によって形成さ

注

〈（　）は原注、◆は訳注〉

序　章　2011年3月11日

（1）この箇所は「私の人生で最も恐ろしい数分間について話しましょう」という記事としてアイリッシュタイムズに掲載された（2011年3月12日）、http://www.irishtimes.com/newspaper/world/2011/0312/1224291982348.html.

◆1　アメリカ合衆国の詩人（1874年3月26日～1963年1月29日）。作品はニューイングランドの農村生活を題材とし、複雑な社会的テーマや哲学的テーマを対象とするものが多く、大衆的人気も高く人口に膾炙した。（ウィキペディアより）

◆2　ギリシア神話によれば、トロイ（イリオン）王の娘として生まれたカサンドラは神アポロンから予言能力を授けられたが、この予言は必ず当たる一方で、誰からも信じられることがないというものであった。トロイ戦争の際にギリシア勢が木馬（いわゆるトロイの木馬）を置き去って撤退した際、カサンドラはこれを罠であることを予言により看破したが、市民から聞き入れられることはなく、計略は成功しトロイは滅亡した。この故事により「カサンドラ」は、「周囲に諫言をするが聞き入れられない人」「危機感を周囲に煽る人」の代名詞として欧米文化圏などで用いられる。（nico nico pedia より）

第1章　地震

（1）特記がない限り、本書中の主要人物6人の情報と引用は、2011年3月～2012年7月の間に複数回行われた個人的なインタビューによる。著者による個人的なインタビューの引用については文末脚注に引用しない。

（2）何かと物議を醸す石原慎太郎東京都知事は、地震と津波の直後、現代の日本人の「傲慢さ」に対する「天罰」であると述べた。Justin McCurry「東京都知事 津波は「天罰」発言を謝罪」Guardian（ガーディアン）（2011年3月15日）、http://www.guardian.co.uk/world/2011/mar/15/tokyo-governor-tsunami-punishment. 参照

（3）ルーシー・バーミンガム「日本の緊急地震速報」TIME（2011年3月18日）、http://www.time.com/time/world/article/0,8599,20 59780,00.html. マグニチュードは地震の揺れで測定する。マグニチュードの大きさは対数で表現され、地震のマグニチュードが1増加すると地震の揺れは10増加する。例えば、マグニチュード9である東北における東日本大震災は、マグニチュード8である2008年の中国四川大地震の10倍の規模であった。より詳細については、Robert Coontz「地震の比較」ScienceInsider（2011年3月15日）、http://news.sciencemag.org/scienceinsider/2011/03/comparing -earthquakes-explained.html 参照。

（4）津波の速さは後にサイエンティフィック・アメリカン誌によって見積もられた。Francie Diep「日本の地震と津波の概要」Scientific American（2011年3月14日）、http://www.scientificamerican.com /article.cfm?id=fast-facts-japan.

事　項

地　名（日本）

索　引

人　名

〔著者紹介〕

ルーシー・バーミンガム (Lucy Birmingham)

東京在住のジャーナリストで、脚本家・編集者・フォトジャーナリストとしても活動している。長年、米国タイム誌とそのインターネット版であるTIME.comの記者として働き、またウォールストリートジャーナル、ニューズウィーク、ブルームバーグ、アーキテクチャル・ダイジェストなどの有名新聞・雑誌にも寄稿している。2000年よりNHKの番組に携わる。著作に"Old Kyoto：A Guide to Shops, Inns and Restaurants"がある。

デイヴィッド・マクニール (David McNeill)

エコノミスト誌、ザ・インディペンデント紙の記者で、クロニクル・オブ・ハイヤーエデュケーションのアジア地域特派員。社会学の博士号をもち、アイルランド、英国、中国の大学で教鞭をとった経験を持ち、現在は上智大学講師としてメディアと政治の講義を担当している。2000年より、妻と息子と共に日本に在住。

翻訳監修　西村英一郎
翻訳協力　西浦和孝

えにし書房
Enishi Shobo

雨ニモマケズ
外国人記者が伝えた東日本大震災

2016年 12月25日 初版第1刷発行

■著者　ルーシー・バーミンガム／デイヴィッド・マクニール
■訳者　PARC自主読書会翻訳グループ
■発行者　塚田敬幸
■発行所　えにし書房株式会社
〒102-0074 東京都千代田区九段南2-2-7 北の丸ビル3F
TEL 03-6261-4369　FAX 03-6261-4379
ウェブサイト　http://www.enishishobo.co.jp
E-mail　info@enishishobo.co.jp

■印刷／製本　モリモト印刷株式会社
■装幀　又吉るみ子
■組版　板垣由佳

 ISBN978-4-908073-31-1 C0036
